河南师范大学优势特色学科资助成果

教育部2017年度高校示范马克思主义学院和优秀教学科研团队建设重点项目

《增强大学生对思想政治理论课的获得感研究》（17JDSZK021）

我国高校学生社团发展研究

Woguo Gaoxiao Xuesheng Shetuan
Fazhan Yanjiu

胡继冬　著

上海三联书店

河南师范大学马克思主义"牧野论丛"总序

马克思主义理论学科的建设和发展对于繁荣中国哲学社会科学、做好意识形态工作、发展21世纪中国的马克思主义、落实党和国家的教育方针,具有重要理论价值和现实意义。自2005年马克思主义理论一级学科建立以来,在全国众多专家学者的努力下,马克思主义理论学科的发展呈现一片繁荣景象:学术交流争鸣更加频繁,学术研究范围更加广泛,学术成果迅猛增长。在此大背景下,河南师范大学马克思主义学院决定推出马克思主义"牧野论丛",以期为马克思主义理论学科发展作出自己的贡献。

河南师范大学坐落于广袤的牧野大地,马克思主义学院为河南省重点马克思主义学院,其前身是成立于1951年的平原师范学院马列主义教研室,1986年改设政治理论教学研究部,2001年与学校德育教研室合并,更名为社会科学教学部,2011年正式成立马克思主义学院。学院主要承担马克思主义理论学科建设和全校本科生、研究生及独立学院、继续教育学院学生的思想政治理论课教学任务。学院专任教师中教授20人、副教授36人、博导11人,博士48人,拥有教育部"新世纪优秀人才"1人、河南省优秀专家2人、河南省学术技术带头人2人、河南省高校哲学社会科学优秀学者2人、河南省百名优秀青年社会理论人才4人,1人入选教育部"思想政治教育杰出青年人才"培育计划,1人被评为"高校思想政治理论课教师2017年度影响力标兵人物",1人入选2015年全国思想政治理论课优秀中青年教师择优资助计划，1人获得"全国高校思想政治理论课教学能手"称号，多位教师先后获得"河南省教学标兵""河南省思想政治理论课优秀教师""河南省教学能手"等荣誉称号。

学院现有马克思主义理论博士后科研流动站，马克思主义理论一级学科博士点，马克思主义理论一级学科硕士点，少年儿童组织与思想意识教育、课程与教学论（思政）、学科教学（思政）3个二级硕士点以及中国共产党历史、马克思主义理论、思想政治教育3个本科专业，形成了马克思主义理论本硕博一体化人才培养体系。学院拥有"全国高校思想政治理论课教师研修基地""全国高校思想政治工作队伍培训研修中心""共青团中央中国特色社会主义理论体系研究中心研究基地""中国共产党革命精神与中原红色文化资源研究中心""青少年问题研究中心""少年儿童组织与思想意识教育研究中心""中原红色文化研究中心""河南省中共党史协同研究基地"等多个国家级、省部级学科平台。

2011年建院以来，马克思主义理论学科快速发展，取得了较为丰硕的科研成果。先后获批国家社科基金重点项目3项，一般项目17项，国家自然科学基金项目1项，省部级项目49项，横向课题28项，各项科研经费累计近800万元。获得河南省社会科学优秀成果奖、河南省政府发展研究奖等省部级以上科研奖励20项。出版学术著作30余部，在《马克思主义研究》《人民日报》理论版、《光明日报》理论版等权威期刊发表高层次学术论文30余篇，在CSSCI源期刊、中文核心期刊发表学术论文230多篇，一批学术论文被《新华文摘》《中国社会科学文摘》《中国人民大学复印报刊资料》转载或摘编，在学界产生了较大影响。学院还积极致力于社会服务，在政府决策咨询、理论政策宣讲、红色文化资源开发、教师研修培训、横向项目协作等方面，发挥了积极的作用，服务社会的功能有效彰显。

为支持和鼓励学院教师开展马克思主义理论相关研究，我院从2017年开始组织出版马克思主义"牧野论丛"，本次出版的专著是第三批。该丛书的作者均为我院中青年教师,他们潜心马克思主义理论教学科研工作,本批专著是他们近年来学术研究的结晶。我们相信本丛书的出版一定会激励学院教师更加努力地开展马克思主义理论相关研究,撰写高质量的学术成果,更多专著将陆续与读者见面。当然,他们的专著还有许多不足之处,还敬请各位专家同行批评指正。

河南师范大学马克思主义学院

摘　要

　　在我国高等教育发展初期,与大学生的从属地位一样,我国高校学生社团及其相关研究都没有受到太多的重视,在专门的中国高等教育研究领域,除了对旧中国时期的学生运动有较多的关注外,也很少涉及我国高校学生社团方面。然而,伴随着社会主义市场经济的深入发展和高等教育的逐渐大众化,特别是素质教育已经被提升为我国高等教育人才培养的重要目标后,我国高校学生社团的地位和作用日益凸显,高校学生社团的相关问题也逐渐成为人们所关注和研究的重要对象。

　　目前,国外的高校学生社团活动十分活跃,对高校学生社团的研究成果也比较丰富。我国高校学生社团的相关研究已经积累了不少理论成果,实现了一些有价值的探索。但是,相对于国外来说,我国高校学生社团发展的历史不长,经验不足,对我国高校学生社团的系统属性认识还不够深刻,对高校学生社团发展规律的总结还不够全面,对我国高校学生社团发展的引导策略掌握还不够系统,这也极大地影响着我国高校学生社团的可持续发展和育人功能的正常发挥,亟须推进对我国高校学生社团发展问题的深入研究。为此,本书在马克思主义理论指导下,探索性地结合自组织理论,认为高校学生社团具有自组织和他组织双重属性的系统,其发展运行应该依靠系统内部的动力机制去适应外部环境变化以增加自身的有序性。而在实际发展中,我国高校学生社团发展出现诸多问题,尤其是在当代,我国高校学生社团面临着困境:体制化生存,其实质是我国高校学生社

1

团发展的自组织动力不足,需要进行高校学生社团发展的他组织机制体制创新,激发我国高校学生社团发展的自组织活力。

　　本书坚持以马克思主义理论为指导,以我国高校学生社团发展的动力为主线,把自组织理论分析与高校学生社团实践相融合,探讨高校学生社团发展的基本原理,针对当前我国高校学生社团发展的问题,提出我国高校学生社团发展引导的有效策略。在本书具体的写作中,首先论述了研究的背景和意义、研究的现状、研究的主要内容、研究思路与方法以及研究的创新点等,并对我国高校学生社团发展及其引导策略研究的基本概念、研究问题和理论依据等进行总体说明与概括;接着运用自组织理论对我国高校学生社团的系统演化进行理论分析,揭示我国高校学生社团自组织演化的一般机理;然后从历史的角度阐述我国高校学生社团发展历程及其不同阶段的特征,同时理论与实际相结合,指出我国当前高校学生社团发展所面临的困境及其缘由;而后通过同质物相参照,总结归纳出美国高校学生社团发展经验及其对我国高校学生社团发展引导的重要启示。最后在以上理论分析、现实困境以及同质物参照的基础上提出我国高校学生社团发展引导的有效策略,文末总结出本项研究的主要结论、不足之处以及下一步研究的展望。

目　录

1

绪　论

美国高等教育研究者艾伦・布鲁姆（Alen. Bloom）说："对于任何一个美国人来说，大学校园生活的重要性是怎么估计也不会过分的，因为，大学校园生活是使他文明开化的唯一途径。"①这一观点同样也适用于我国大学生校园生活的实际。学生社团是大学生校园生活的重要内容，它是实施素质教育的重要途径和有效方式，是培养学生德智体美劳全面发展的最佳手段，是新形势下有效凝聚学生、开展思想政治教育的重要载体。在加强校园文化建设、提高学生综合素质、引导学生适应社会和促进学生成才就业等方面发挥着重要作用。2005年3月，共青团中央与教育部印发的《关于加强和改进大学生社团工作的意见》（以下简称《意见》）中特别指出："关注和研究学生社团发展中出现的新情况、新问题，掌握学生社团工作的动态信息，总结和把握学生社团的发展规律，为学生社团的繁荣发展提供理论支持。"②2016年1月，共青团中央、教育部、全国学联联合印发的《高校学生社团管理暂行办法》中同样指出，高校学生社团的基本任务是"遵循和贯彻党的教育方针，坚持立德树人的基本导向，团结和凝聚广大同学，按照自愿、自主、自发原则，善用网络技术和新媒体，开展主题鲜明、健康有益、丰富多彩的线上和线下课外活动，繁荣校园文化，培养同学的社会责任感、创新精神和实践能力，提升同学

---

① 〔美〕艾伦・布鲁姆.走向封闭的美国精神.北京：中国社会科学出版社，1994：357.
② 中青联发〔2005〕5号.关于加强和改进大学生社团工作的意见.

综合素质,促进同学成长成才",这一系列政策文件都表明,进一步加强对我国高校学生社团发展的研究已成为高校学生工作的重要职责,同时也更加明确了学生社团在大学生成长成才、繁荣校园文化中肩负的使命和任务。尽管国内外学者关于高校学生社团发展的研究已取得了不少有价值的成果。然而,我国高校学生社团发展的历史不长、经验不足,对我国高校学生社团的组织属性认识还不够深刻,①尤其是对如何促进高校社团持续健康发展的规律总结得还不够全面。因此,亟须推进对我国高校学生社团发展问题的进一步深入研究。

一、研究的背景与意义

当前,中国已经进入了"新时代",新时代呼唤高等教育的新理论、新方法、新途径。尤其是党的十八大以来,国家层面的高等教育改革创新、推陈出新、百家争鸣。高校学生社团发展是高等教育的重要内容,对高校学生社团发展的探究既是丰富和完善我国高等教育原理与方法论的重要方面,也是对新时期高校学生社团发展现实和高等教育发展需要的必然回应。

(一) 研究的背景

进入21世纪以来,全球的市场竞争、人才竞争日趋激烈,我国的高等教育也加快了改革步伐。顺应高等教育大众化的要求,我国的高校人才培养目标进一步与社会需求接轨,以培养创新型、市场化专业人才为目标的素质教育全面推行,大学校园生态在各方的互动下也发生着重大改变。越来越多的大学生逐渐认识到,在认真学习专业知识的同时,积极参加社团活动来加速自身的社会化进程,提高综

① 李朝阳.大学生社团开放性建设初探.江苏高教,2003(3):107—109.

合素质、提升竞争力,已经成为当代大学生学习和生活的主题。与此同时,国家层面相继出台了一系列政策文件,明确指出学生社团相比于高校的共青团、班级和学生会等具有官方色彩的传统学生组织在密切联系学生、服务学生和管理学生等方面的功能都更胜一筹,作为自我教育、自我管理、自我服务为宗旨的高校学生社团适应了新时期各个方面的需要,在大学生思想政治教育、校园文化建设、提高学生素质、引导学生适应社会以及促进学生成长等方面都发挥着重要作用,因此学生社团在各个高校获得了蓬勃发展。一方面高校学生社团数量在快速地上升,社团成员的数量亦在不断地增加。据共青团中央和中国青少年研究中心的一项联合调查表明,"有80%的大学生参与了校内社团,平均每个大学生参与的社团数为1.5个以上。"[①]而近年来,我国高校学生社团的发展更是迅猛,以上海的高校为例,"截至2016年11月,上海高校学生社团的总数已经超过4 000个,数量比两年前增加了近四成"。[②]另一方面,高校学生社团的活动质量和活动规模也在不断攀升,特别是最近10年来,国内高校学生社团在空间上表现出极强的渗透力,学生社团活动已经延伸至学校的教室、图书馆、宿舍以及校园等各个角落,有些高校的学生社团还进行着跨院系、跨校区、跨校际甚至跨国际的活动,并将社团活动的范围扩展到网络领域。与此同时,我国高校学生社团也加强了与社会的密切联系,获取到一定社会力量的支持。我国高校学生社团凭借其"社团精神"的历史沉淀和丰富多彩的社团活动,愈来愈受到广大高校师生的喜爱和社会各界人士的普遍欢迎。

(1)高校学生社团是高等教育培养人才的重要途径

2014年,教育部印发了《关于全面深化课程改革落实立德树人根本任务的意见》,在全面深化课程改革的总体要求部分明确指出,

---

① 孙晔.新生代学生社团异军突起.中国青年报,2006-03-25.
② 2016上海市大中学生社团发展报告.解放日报,2016-11-27.

"发挥学校的主渠道作用,加强课堂教学、校园文化建设和社团组织活动的密切联系,促进家校合作,广泛利用社会资源,科学设计和安排课内外、校内外活动,营造协调一致的良好育人环境"①。

纵观国内外高等学府,学生社团作为第二课堂的主要部分在高校的人才培养体系中一直承担着独特的角色。正如詹姆斯·杜德斯达所言,"当校友们被问及大学中什么是最值得回忆的东西时,他们几乎从未提到过课程或学习的科目,这些东西在期末和毕业以后很快就消失了;相反,他们记得的是参加过的社团,所遇到的老师和同学以及他们所结交的友谊"②。注重全人教育是美国高校一直以来秉承的教育理念,这一教育理念认为影响学生全面发展的不仅包括课堂内外的各种经历,还包括校园内外的各种实践锻炼。耶鲁大学校长理查德·莱文在接受采访时指出,"社团实际上就是培养领导才能的实验室,与人合作的能力、动手操作的能力、说服动员能力等许多重要能力都是在社团活动中得以培养的"③。

高校学生社团之所以能遍地开花,与教育管理部门的思想指引与政策支持息息相关。2005年,教育部、共青团中央在《关于加强和改进大学生社团工作的意见》中指出,"在新形势下,各地各高校要从加强和改进大学生思想政治教育,全面推进素质教育,实施科教兴国、人才强国战略,培育中国特色社会主义合格建设者和可靠接班人的高度进一步加强和改进大学生社团工作"④。这个文件充分肯定了学生社团在大学生成长中的作用,同时也提出了加强和改进学生社团工作的明确要求。与此同时,高校也在积极探索将学生社团作

---

① 教育部:关于全面深化课程改革落实立德树人根本任务的意见,2014-03-30.

② 杨连生,胡继冬.美国高校学生社团发展的历史考察及评述.文化学刊,2011(6):172—177.

③ 胡强劲.永远强调对社会的责任感——访耶鲁大学校长列文.中国大学教学,2001(1):35.

④ 教育部,共青团中央.关于加强和改进大学生社团工作的意见,2005-01-13.

为人才培养体系中的重要一环,服务学生的成长成才。北京大学前校长许智宏在《社团人,来自北大的青春故事》中指出,"现代大学学生社团的诞生,在课堂之外为意气风发的同学少年提供了时习所学、知行合一的组织条件;而在这知行合一的过程当中,那种服务于国家和社会的理想又得到初步的实现和磨练,勇于实践者愈发见其坚毅,落到实处的精神更可见其真纯"①。天津大学则从本校制定的身心素质、品德素质、能力、知识四个维度构成的卓越人才培养标准出发,尝试对学生课外实践教育课程与学分制进行改革:从2015年开始,将"课外活动"列入必修课程,包括《人文学术讲座》和《社团组织经历》两门必修课,共计4个学分。该校副书记李义丹曾提到,卓越人才培养标准的四个维度"仅仅依靠课堂教学的'第一课堂'是不够的,需要课外实践教育的'第二课堂'来支撑和配合,才能实现对大学生综合素质的培养。②"可见,高校学生社团已经逐渐成为高校培养人才的重要途径,成为高校教育工作不可或缺的助力,其发展之势与重要价值不容小觑。

(2)推动高校学生社团发展是素质教育的题中之义

21世纪是一个以和平与发展为时代主题的世纪。是一个知识化、信息化的时代。世界政治的多极化和国际经济的全球化、科学技术的迅猛发展,综合国力竞争日趋激烈,国民的素质和民族的创新能力在国际竞争中占主导地位。新世纪,我国已进入全面建设小康社会、加快推进社会主义现代化建设发展的新阶段,培养与现代化要求相适应的数以千万计的专门人才是新世纪中国高等教育的历史使命。当前,国家间以经济和科技为基础的综合国力的竞争,其实质是人才的竞争。人才的竞争,说到底是人才素质的竞争。高校要努力

① 沈千帆.社团人:来自北大的青春故事.北京:中国画报出版社,2004:62.

② 张国.没有社团经历学生不能毕业——天津大学启动课外实践教育课程化改革.中国青年报,2015-04-17.

培养适应 21 世纪经济、科技发展和社会进步需要的高素质人才,要根据新世纪经济、科技和社会发展的要求以及当代大学生成长、成才的需要,遵循高等教育改革和发展的规律和特点,在深化教育改革中全面推进高校学生素质教育,培养和造就高素质的创新人才。同时,素质教育是一个系统工程,素质教育也是多方合力共同作用的结果。随着经济社会的快速发展,对于人才素质的要求已经从以专业知识的获取为主,进入到了以专业知识的获取为基础提升综合素质的更高要求。这种变化要求我们必须重视在素质教育过程中发挥作用的每一个环节,这也是适应时代要求提高人才培养质量的必由之路。学生社团作为校园文化的组成部分,在素质教育工作中具有独特的优势与功能。

高校学生社团具有自发性、探索性、实践性等特点。学生出于共同的理想目标、兴趣爱好组建社团,参与社团活动,有助于他们健全人格,提升自我探索和创新意识,增强组织协调能力、实践能力和社会适应能力。社团既是一个学生源自兴趣的自我教育起点,又是一个学校教育实践的理性选择,对推动素质教育具有积极的作用。随着素质教育的不断深入,以学生为主体的社团活动越来越收到广大师生的重视。当前,在很多高校都将社团发展作为实施素质教育的有力抓手,例如华东师范大学教育学部实施"一百个社团"计划,并组织开展"社团建设 实践育人——新时代发展素质教育高峰论坛"。为了充分发挥学生社团在素质教育中的独特作用,需要全面推动高校学生社团发展,将学生社团活动及其管理提升到一个新水平。

(3) 推动高校学生社团发展的紧迫性

当前,我国高校学生社团发展面临非常严峻的考验,高校学生社团发展水平亟待进一步地改进与提升。2016 年 1 月,团中央、教育部、全国学联联合印发的《高校学生社团管理暂行办法》中指出,"高校党委统一领导本校学生社团工作,要把加强和改进学生社团工作,作为高校贯彻党的教育方针、推进素质教育的重要组成部分,纳入高校整体工作中"①。

随着我国经济社会的发展,当今大学生思想多元化、需求个性化的特点愈加明显,学生社团在学生组织中的影响力显著增强。目前,各高校中的学生组织主要包括团委、学生会以及学生社团等。其中,多数高校以团委、学生会和学生社团这三者为主,构建了一个党领导下的以团委为中心,学生会为第一环,学生社团为第二环的"一心双环"的有机整体。而且相关调查表明,学生活动的重心正在从以团委、学生会为主,逐渐向以学生社团为主过渡。这一现象的产生,一方面是学校重视学生社团在人才培养中作用的结果,另一方面也是青年学生根据自身实际需求而做出的必然改变。

同时,在大量西方文化思潮和价值观念的冲击下,急需加强对学生社团活动的思想引导。青年学生是国家十分宝贵的人才资源,是国家持续稳健发展的储备资源与后备力量。但是,也必须意识到,西方敌对势力正在不遗余力地向大学生推销西方的政治理念、制度模式和价值观念,青年学生正在成为西方敌对势力处心积虑进行思想文化渗透的重点对象。大学生喜欢新鲜事物、思维活跃、善于交际,同时,高校学生社团的对外交流活动也日益频繁,形式多种多样。需要注意的是,丰富的社团活动虽然增进不同国家和地区青年学生之间的交流,开阔大学生的视野,但也为西方敌对势力趁机错误引导青年学生提供了可乘之机。因此,如何把大量的西方文化思潮和价值观念屏蔽在高校学生社团之外,使得大学生免于腐朽没落的生活方式对他们的冲击和影响,积极开展意识形态斗争,是需要每一位教育工作者深思的问题。

(二) 选题的价值

CNKI 学术趋势是最简洁的学术发展指示标。CNKI 学术趋势

---

① 团中央、教育部.全国学联.高校学生社团管理暂行办法,2016-01-13.

是依托中国知识资源总库中的海量文献和千万用户的使用情况提供学术趋势的分析服务。而学术关注度是以 CNKI 知识资源总库中与关键词最相关的文献数量为基础,统计关键词作为文献主题出现的次数,形成的学术界对某一学术领域关注度的量化表示,其结果能够较形象、准确地展示某一领域研究的热度和趋势。本研究通过中国知识资源总库中的海量文献为基础资源,利用 CNKI 学术趋势有效的关键词做出了关于高校学生社团发展研究趋势的检索,其结果发现,"高校学生社团发展"问题正逐渐成为国内学术界关注的热点(事实上也是仍未很好解决的问题)。但是,其中对高校学生社团发展的一般规律研究则尚未引起关注,因此本书在前人研究成果的基础上,着眼于我国高校学生社团发展的一般规律研究,旨在为高校社团健康发展提供理论帮助和现实指导,从而促进高校学生社团的健康发展。

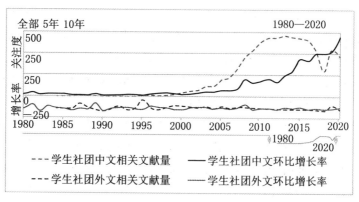

图 0.1　1980—2020 年,国内学术界对高校学生社团的 CNKI 学术关注度趋势

　　随着国内高校学生社团的快速发展,其地位和作用在我国高等教育,尤其是大学生的素质教育中愈加突出,通过认识和掌握高校学生社团发展的规律以及存在的现实困境,进而系统提出引导我国高校学生社团发展的策略则显得十分重要。以上学术关注指数折线图也清楚显示,自 1980—2020 年,伴随着我国高校学生社团的不断发展,国内学术界对高校学生社团的关注度总体上呈现出不断上升的趋势,说明我国高校学生社团发展问题在学术界受到普遍关注,对我国高校学生社团的类型、特点、功能、现状和问题、管理等的研究也日渐增多。但是从总体来看,目前对高校学生社团发展的相关研究还不够系统、全面和深入,已有的研究在内容上更多地停留在经验总结的表层上,简单地去罗列高校学生社团的类型、制度、特点、问题、对策以及高校学生社团对于高等教育的工具性价值;从研究的深度上来看,较多处于描述性、介绍性、概述性研究层面,且大多带有浓厚的泛政治化色彩,而依据高校学生社团发展的一般规律而提出引导策略的规范性研究尚未引起学者们的关注。

(三) 研究的意义

20 世纪 90 年代以来,受中国社会"结社革命"[①]的影响,我国高校里也出现了大规模的"学生社团热"。越来越多的学生社团开始改变着大学生的校园生活,也对大学的传统学生观念、教育方式以及管理模式造成很大冲击。随着学生社团在大学校园里的地位和影响日益增强,深入开展对高校学生社团发展动力及其引导策略的研究,无论是对于促进我国高校学生社团的科学发展,还是对于我国正在进行的高等教育改革和全面开展的大学生素质教育都具有十分重要的意义。

1. 理论意义

第一,拓宽了我国高校学生社团发展研究的理论视野。对复杂

---

① 王绍光,何建宇.中国的社团革命——中国人的结社版图.浙江学刊,2004(6):71—77.

性问题的认识是现代思维的重要挑战。"教育是人类社会所特有的更新再生系统,可能是诸多复杂问题之最。"①作为我国高等教育系统一部分的高校学生社团发展问题,呈现出影响多目标确立、环境营造和方法引导的多因素和多主体互动,使得复杂性成为我国高校学生社团发展问题的重要特征。由于单一性思维模式不足以应对我国高校学生社团发展问题的复杂性。毕竟,复杂性问题不可能被一条规律所归纳,也不可能由一个思想所指导。本书通过引入自组织理论为主的多门学科理论知识与方法,对我国高校学生社团发展及其引导策略进行全方位的综合分析,丰富和发展了高校学生社团的理论研究,有效弥补了传统高校学生社团发展研究的单一性视野局限,使我国高校学生社团发展研究更具有规范性、学术性和系统性,也为我国高校学生社团发展提供更加科学的理论指导。

第二,丰富了我国本土化的高校学生事务理论。"究其本质来看,学生社团事务是从属于高校学生事务范畴的。"②但是,自20世纪50年代以来,我国对学生社团的管理主要归属于高校党委、团委负责,这种对高校学生社团的管理往往具有浓厚的"泛政治化"色彩,且主要依靠日常的工作经验总结。90年代末,一些学者开始向国内介绍美国学生事务的研究方法和研究成果,近年来我国的高校学生事务研究开始获得越来越多的关注和研究。但是,由于起步较晚,目前仍处于初创阶段——以介绍国外研究成果和对国内学生事务进行经验总结为主。本书通过对我国高校学生社团发展机理的理论分析以及对现实困境的思考,进而提出有效的引导策略,其结论亦可丰富中国本土化的高校学生事务研究理论。

第三,扩大了高校学生社团发展研究的领域。高校思想政治教

---

① 叶澜.世纪初中国教育理论发展的断想.华东师范大学学报(教育科学版),2001(1):1—2.

② 蔡国春.美国高校学生事务管理的观点、实务及其启示.黑龙江高教研,2002(1):104—105.

育的载体是指在实施思想政治教育的过程中,承载和传递思想政治教育的内容和信息,为思想政治教育主体所运用、促使思想政治教育主客体之间相互作用的物质实体或活动形式。把学生社团作为思想政治教育的载体,就是将思想政治教育的内容融于学生社团活动之中,通过学生社团的育人功能,实现思想政治教育的目的,在这层意义上,本研究也是对思想政治教育载体理论研究的新拓展。同时,本研究立足于高校学生社团发展,采用问卷调查法,着眼于高校社团发展实际,深入描述高校学生社团的表现方式和活动状态,针对学生社团发展中存在的问题提出解决措施,是对高校学生社团发展研究领域的进一步延展。

2. 实践意义

本研究不是纯粹的理论思辨,而是将理论与实践相紧密结合,对我国高校学生社团发展及其引导策略进行探讨,可以帮助我国高校学生社团的参与者、研究者以及管理者更好地认识和理解高校学生社团及其发展的规律,从而在实际的教育、管理过程中采取更为有效的措施,更好地促进我国高校学生社团的科学发展。具体来讲,本研究的实践意义主要有:

第一,有助于促进高校管理者反思和改革现有的学生社团管理模式。当前我国社会和高等教育事业正处于一个快速变革期,大学生及其社团都出现了许多新特点,单一的学校力量已难以支撑学生社团的发展要求,传统的管理模式面对高校学生社团的新发展出现了诸多不适应现象。本研究可以帮助高校管理者更真实全面地认识高校学生社团及其发展动力规律,以推动高校学生社团教育管理的逐步科学和完善。

第二,可以有效地帮助包括国家、社会、高校、社团指导教师以及大学生等各方面力量在内的高校学生社团的支持者、建设者全面而真实地去理解和认识我国高校学生社团及其发展规律,使他们能够更加自觉有效地选择或者参与到我国高校学生社团的建设中去，在更好地促进自身发展的同时，也能促进高校社团的科学发展。

第三，有利于提高高校学生社团的发展水平。高校学生社团是当代大学生校园生活的重要组成部分，是大学生第一课堂的延伸部分，是大学生全面发展的重要载体。本研究切实关注高校学生社团发展的实际困境，通过观察、访谈以及调研等方式来深入了解影响高校学生社团发展的综合要素，探求推动高校学生社团发展的机制创新，为提高高校学生社团的发展水平做出积极努力。

二、相关研究综述

在一个需要更多的学理和智慧来应对复杂现实困境的时代，忽视既有的智慧资源是可悲的。因此，对于前人的研究成果，我们必须要有科学的分析胸怀和理性的评判态度。我们认为，一方面，对于已有的和高校学生社团发展研究相关的学术探讨及其成果必须予以充分的肯定、尊重和吸收，事实上，这也成为我们继续探究高校学生社团发展规律的不可缺少的理论基础和依据；另一方面，实事求是地指出现有研究的缺憾和相对薄弱之处，有助于研究的不断深入，避免在解决问题的时候陷于同构性的循环当中。

（一）国内研究现状

20 世纪 80 年代初，学术界开始对我国高校学生社团发展的相关问题进行理论探讨。由于近十几年来我国高校学生社团发展速度较快，学术界的研究内容日益广泛且不断深入，出现了一批重要的理论和实证研究的学术成果。为全面揭示高校学生社团发展研究领域动态情况和前沿热点，本书以中国学术期刊网络出版总库提供的数据样本为对象，采用国际科学计量学领域最新的科学知识图谱及信息可视化技术与方法，绘制可视化的高校学生社团发展研究的知识图谱,为开展本项研究提供有价值的参考。

1. 国内"高校学生社团发展"相关研究状况的知识图谱分析

首先是下载相关的数据。本书以"高校""学生社团"以及"发展"为主题检索词在中国学术期刊网络出版总库中联合检索了1980—2020年近40余年期间的文献记录,经过对所获取检索结果的严格筛选,一共检索到合适的6 174条引文文献记录,每条记录均包含引文的作者、机构、摘要、关键词、年份、期(卷)、参考文献等内容,将所下载的数据以纯文本文件的格式统一保存在一个文件夹内。

然后是绘制可视化的知识图谱。在目前的信息可视化研究领域,美国费城德雷克塞大学信息科学与技术学院华裔学者陈超美教授,基于引文分析理论,并结合Java语言自主开发的Citespace信息可视化软件功能非常强大,在国际的知识计量领域影响深远。Citespace软件作为一款共引网络的可视化分析软件,可以生成寻径化的网络图谱,使用者通过设置合理的引用、共被引和共被引系数的阈值,就可以绘制出比较直观、容易理解、内容十分丰富的共引知识图谱。本书的国内研究现状就是这种采用计量分析和定性分析相结合的方法进行,通过使用陈超美教授中文版的CiteSpace Version 5.2 R11分析软件,针对数据量大小对软件中引文、共被引、共被引系数三个参数进行严格调整,对数据库下载的6 174条文献记录进行可视化共被引分析。"对文献共被引进行图谱分析,可以寻找学科或研究领域演化的关键文献及演化动力。"[①]因此,本书利用Citespace软件可以绘制出"高校学生社团发展"研究领域的知识图谱,从而对"高校学生社团"的研究重点、热点及前沿趋势进行全面的分析。

---

① 赵玉鹏,刘则渊,许振亮.基于知识图谱的美国《科学哲学》研究前沿和热点探讨.科学学研究,2008(6):1168—1173.

第一步是利用最新的 CiteSpace Version 5.2 R11 中文版软件，输入主要包含标题、关键词、参考文献等题录的相关性数据，选择"Cluster"分析，与此同时，不断调整对应的阈值，网络节点选为参考文献、来源选为文献标题、摘要、关键词和标识符，术语选择为伍，最终得到"我国高校学生社团发展"研究领域的文献共被引聚类图谱（详情见图 0.2）。

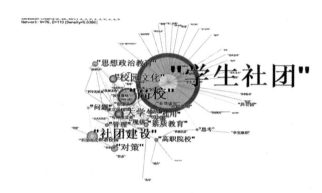

图 0.2　高校学生社团发展研究领域的文献共被引聚类图谱

第二步是根据"高校学生社团发展"研究领域文献共被引知识图谱分析得到"我国高校学生社团发展"研究领域的知识基础文献，根据这些基础文献被引频率次数的高低，将引用频率次数比较高的文献进行整理，绘制一个完整的"我国高校学生社团发展"研究领域的知识基础文献表。

表 0.1　被引频次高的期刊文献

时间	作　者	文献名称	发表期刊
1985	贾耀斌	浅谈学生社团活动与创造型人才的培养	高等教育研究
1987	娄嘉军	高校社团文化的多重结构及特点	当代青年研究
1991	夏天阳	高校学生社团的困境与出路	青年探索
1993	龙海平	学生社团组织在大学生社会化中的作用	青年研究

续表

时间	作　者	文献名称	发表期刊
1995	赵晓群	市场经济下高校学生社团建设的几个问题	徐州师范大学学报
1999	牙韩高	学生社团是进行大学生素质教育的重要阵地	广西大学学报（哲社版）
1999	王笑君	大学生社团状况的调查与思考	吉林教育科学
2002	田中良	共青团对新时期高校学生社团的认识与管理	广西青年干部学院学报
2003	施喜军	高校学生社团建设的特征、作用与途径	思想政治教育研究
2004	王海涛	高校学生社团活动与思想政治教育	湖北社会科学
2004	王卫放	高校学生社团发展中的问题及对策	中国青年研究
2005	廖良辉	中美高校学生社团管理比较	青年研究
2005	胡建军	高校学生社团存在的问题与思考	黑龙江高教研究
2006	赵丽明	新形势下高校学生社团建设的对策	思想政治研究
2006	王占军	高校学生社团运行及功能研究述评	江苏高教
2007	伍德勤	高职院校学生社团活动现状及优化策略	高等教育研究
2008	王从严	和谐校园文化建设与学生社团的持续发展	中国青年研究
2010	邢光晟	高校学生社团科学发展问题刍议	江苏高教
2011	胡继冬	大学生网络社团：高校思想政治教育机遇和挑战	学术论坛
2011	张　炜	高校学生社团建设探析	教育与职业
2012	冯　浩	发挥学生理论社团作用推动马克思主义大众化	中国高等教育
2012	王　鹏	高校学生社团研究的现状、理念及其目标	思想教育研究
2013	胡　铮	高校学生社团管理工作的问题探析	大学教育
2013	王　军	高校学生慈善社团发展及其影响因素分析	宁夏社会科学
2014	朱　飞	社会互动理论视角下高校学生社团发展模式探析	思想教育研究
2014	彭利军	爱心社团对教学医院学生支部建设的作用	大学教育
2015	冼季夏	学习型组织视域下的高校理论型社团建设	广西社会科学
2015	风正强	高校学社团建设的优化路径	学校党建与思想教育
2016	姜宗庆	高职院校专业技能型学生社团现状调查	高教学刊
2016	景浩荣	社团活动的三种形态及其对学生发展的影响	教学与管理
2017	李　丁	共青团推动高校学生社团发展与治理的历程研究	青年研究
2017	刘晓光	以学生社团为单元的社会实践活动价值研究	高校辅导员
2018	王传利	高校学生马克思主义理论社团存在的问题及对策	思想教育研究
2018	汤程桑	在创新教育中加强学生社团建设	中国教育学刊
2019	吴　杰	学生社团在校园文化传承创新中的作用机制	中国成人教育
2019	杨　艳	学生社团建设与管理机制探析	中国高等教育
2020	俞慧刚	高校学生社团与企业合作的动态演化过程	高教探索
2020	王　智	新时代高校学生社团育人功能优化创新路径研究	中学政治教学
2021	韩　煦	高校学生社团育人效能的现状分析及其提升对策	思想理论教育

2. 国内高校学生社团发展研究的主要状况

自 1984 年,中山大学校团委发表的关于该校学生社团发展状况的工作报告后,我国高校学生社团的研究越来越受到人们的重视。从中国学术期刊网络出版总库中联合检索的结果显示,目前与高校学生社团相关问题的学术文章达 6 174 篇,其中探讨高校学生社团问题的硕士学位论文有 333 篇,还有博士论文 10 篇。为了更好地总结归纳已有研究成果,本书通过科技计量学的知识图谱分析,发现这些研究内容主要聚焦在高校学生社团发展的问题与对策、高校学生社团建设方法的探究、高校学生社团发展现状的实证调查、特定类型高校学生社团发展的分析以及中外高校学生社团发展的比较等方面。

（1）高校学生社团发展的问题与对策型研究

部分学者根据高校学生社团发展的现状和目前面临的实际问题,提出了具有针对性的建议,探索高校学生社团发展的引导策略,如王卫放在《高校学生社团发展中的问题及对策》中认为:"高校对当前的学生社团发展的认识不到位、管理需规范、保障要加强等问题作了深入分析,并提出了制定相应政策、加强理论研究、规范必要管理等促进高校学生社团发展的建议"①。胡建军在《高校学生社团存在的问题与思考》中剖析了目前高校学生社团存在的乱收费、乱花销、乱传位、盲目发展和形同虚设等比较突出的问题,针对性提出:"一要提高对大学生社团工作重要性的认识;二要建立学生社团的专职管理机构;三要社团活动的必要经费要纳入学校财政预算;四要规范完善学生社团管理制度。"②赵丽明在《新形势下高校学生社团建设的对策》中提出:"目前学生社团发展方向不明、学生社团外部环境不好以及学生社团内部管理不善等问题,学生社团发展必须进一步明确

---

① 王卫放.高校学生社团发展中的问题及对策.中国青年研究,2004(7):125—128.
② 胡建军.高校学生社团存在的问题与思考.黑龙江高教研究,2005(9):141—142.

社团建设的方向、进一步优化学生社团发展的外部环境、进一步加强学生社团的内部管理,增强组织的自身活力。"①张国奎在其硕士论文《高校学生社团管理机制创新研究》中认为:"从管理体制来看,社团存在人员流动大、稳定性差、机制松散、社团之间良莠不齐的问题;从学生社团的资源来看,社团活动的场地和经费严重不足,不能从根本上满足学生对社团活动的需求;从学生社团的活动内容来看,总体上呈现出品位偏低,缺少科学性、艺术性、趣味性和文化底蕴,而且社团活动超出本身宗旨,缺乏鲜明的特性;从社团的整体发展水平看,社团的继承与发展不够,存在整体结构不平衡的缺陷。"②邓波在《高校学生社团发展困境及出路》以及刘丰林在《素质拓展视阈下的高校学生社团发展现状及对策》持有同样的观点,"学生社团作为高校潜在课程的重要资源和素质教育的重要载体,学校应该站在战略高度去审视和规划发展,把学校的办学理念、思想以及发展规划有效地融入学生社团发展中,在人才培养方面给予支持,把高校社团发展纳入学校的整体工作中去。"③这些针对不同时期我国高校学生社团发展问题所提出的政策建议有效指导了当时我国的高校学生社团工作。

(2) 探究高校学生社团建设管理方式的研究

关于高校学生社团建设的方式,不同的学者提出了建设性的意见。田中良在《共青团对新时期高校学生社团的认识与管理》提出在学生社团组织中建设团支部的发展建议。④王雷在《论高校学生社团党建工作的创新》中认为:"新时期的高校学生社团必须和学生党建

①　赵丽明.新形势下高校学生社团建设的对策.思想政治教育研究,2006(3):108—109.

②　张国奎.高校学生社团管理机制创新研究.兰州:兰州大学,2007(6):101.

③　刘丰林.素质拓展视阈下的高校学生社团发展现状及对策.中国高等教育,2013(23):20—22.

④　田中良.共青团对新时期高校学生社团的认识与管理.广西青年干部学院学报,2002(4):25—27.

工作相结合。"①王立群在《论学习型学生社团的构建与人的全面发展》中提出高校学生社团要建立学习型组织的发展模式。②白鑫刚等人认为社团的建设亦离不开硬件设施,白鑫刚在《素质教育视角下的高校学生社团建设》中认为,"高校应根据实际情况,适时规划建设专门的社团活动场所,让每一个社团都有专门的活动室,配备必要的设备,这样对社团的良性快速发展无疑是大有帮助的"。③邢光晟、毛波杰等人的《高校学生社团科学发展问题刍议》在分析社团现状的基础上提出:"将科学发展观的内涵与学生社团的发展有机结合,走科学发展之路,即社团应走精品化、准入制、行业化、集约化发展模式,进行资源共享、活动共享。"④这些对高校学生社团建设方法的建议提出,扩大了我们的高校学生社团研究的视野,具有十分重要的现实意义,并在实践中得到初步尝试。

关于高校学生社团管理的方式,梳理已有文献可以归纳为企业型和学校型两种。企业型是将现代企业的管理理念引入到高校学生社团的发展。徐锐在《浅论高校学生社团的组织结构设计》中认为,"在高校学生社团组织设计中引入公司制理念和组织架构,创新社团组织机构,有助于解决长期困扰社团建设的资金不足问题,也有助于在校园文化建设中引入竞争机制,更好地调动会员参与管理社团的积极性和责任心,使其真正参与到社团的日常决策和全程管理中去"。⑤周丽华在《论高校学生社团项目化管理模式的创新》中提出了项目化管理模式,即在社团管理中"以项目管理的思想将公司的所有

---

① 王雷.论高校学生社团党建工作的创新.中国成人教育,2005(4):46—47.

② 王立群.论学习型学生社团的构建与人的全面发展.继续教育研究,2006(1):161—163.

③ 白鑫刚.素质教育视角下的高校学生社团建设.继续教育研究,2008(03):147—149.

④ 邢光晟,毛波杰.高校学生社团科学发展问题刍议.江苏高教,2010(5):125—126.

⑤ 徐锐.浅论高校学生社团的组织结构设计.高教探索,2005(02):54—57.

工作进行立项与任务分解",①高校社团项目化管理的创新,可以实现管理工作的规范化、制度化、程序化以及科学化,对高校社团发展具有重要意义。学校型是高校基于本校实际情况对学生社团进行管理的模式。龙希利在《大学生社团管理机制创新与实践探索》中提出了在学生社团中建立党、团组织,主要有三种模式,即"第一为宏观管理模式,即在高校团委成立学生社团工作委员会,同时在委员会内设立各种工作部门,作为学生社团的日常管理机构;第二是直接派驻团干部;第三是成立社团团支部"。②罗妍妍在其硕士论文《新时期高校学生社团管理模式创新研究》中提出了"七个一"管理模式,即"一个管理单位、一个指导单位、一个考核单位、一位指导老师、一个团支部、一部《章程》、一项品牌活动"。③罗琴在其硕士论文《新时期大学生社团管理模式研究》中提出了"三位一体"的管理模式,即"学生社团联合会、挂靠单位和指导教师三者共同参与的管理模式"。④综上所述,学术界对高校社团管理的方式探索虽有企业和高校两种模式,但企业型仍局限于从理论到理论的假设,缺乏实践;目前高校社团的管理模式主要是在校团委的领导下,进而进行微观管理。

（3）对高校学生社团发展现状的实证调查研究

对高校社团的发展现状进行实证研究的主要有楼嘉军的《高校社团文化的多重结构及特点:华东师范大学学生社团的现状调查》。在这份高校学生社团发展现状调查报告中,他认为:"华东师范大学的学生社团活动实际上已与团委、学生会共同构成学生活动三足鼎立的新格局;社团成员呈现专业背景交叉性、学历层次多

①　周丽华.论高校学生社团项目化管理模式的创新.中国成人教育,2009(24):53—54.

②　龙希利.大学生社团管理机制创新与实践探索.济南:山东人民出版社,2014:36.

③　罗妍妍.新时期高校学生社团管理模式创新研究.重庆:西南交通大学,2010(6):30.

④　罗琴.新时期高校学生社团管理模式研究.武汉:华中农业大学,2008(6):78.

样性等特征,社团活动的组织形式由封闭型走向开放型,提出要高度重视学生社团建设,应花大力气去解决社团的管理及社团的体制问题,并呼吁通过优胜劣汰竞争机制引导学生社团的良性发展。"①就现今看来,这也是一份十分重要的研究成果,标志着高校学生社团研究进入了新的阶段。此外还有王笑君的《大学生社团状况的调查与思考》。他与课题组成员在1996年末选取全国较有代表性的15所高等学校(北京2所,上海3所,山东3所,四川4所,重庆、浙江、安徽各1所),采用问卷方式进行了调查,通过翔实的调查数据,有力证明了:"学生社团在高校中有着重要影响,同时该调查也在社团成员的构成、社团骨干的分布、社团的类别、社团的规模、社团的工作条件、社团的消亡情况等许多方面做了全面总结。"②这一成果开辟了对我国学生社团发展情况进行实证调查,用数据论证研究的新方法。

(4)对特定类型或区域的高校学生社团发展状况的研究

关于各个省的高校学生社团的研究、体育社团的研究以及独立院校和高职高专的学生社团的研究成果同样也较为丰富。例如:伍德勤的《高职院校学生社团活动现状及优化策略》、郑天翔的《试论新形势下构建独立学院学生社团的和谐发展体系》等都讨论了目前独立学院和高职高专的学生社团的发展。唐宇钧的《构建高校学生体育社团多元化发展途径研究》、王文业的《青海高校学生社团发展的影响因素分析》、林娟的《试论高校学生社团思想政治教育的功能及其发挥》、邓硕的《高校学生社团思想政治教育功能的实现途径》、施余霖的《高校学生理论社团建设中的德育功能思考》、陈莹莹的硕士论文《高校学生理论宣讲社团的思想政治教育功能研究》等文章将社

---

① 楼嘉军.高校社团文化的多重结构及特点——华东师大学生社团的现状调查.当代青年研究,1987(4):11—13.

② 王笑君.大学生社团状况的调查与思考.吉林教育科学,1999(7):59—60.

团发展与思想政治教育功能进行了具体分析。陈汇颖的硕士论文《上海市"双一流"高校学生参与体育社团现状及满意度的调查研究》，谢文文的硕士论文《当代苏州高校学生读书社团现状及可持续发展研究》、范广宁的硕士论文《大连市高校体育社团发展现状与对策研究》分别以所在高校为研究范本分析其具体特征。徐桂兰的《陕西高校学生体育社团建设现状与优化路径研究》以陕西部分高校学生体育社团建设现状为研究对象，采用实证调查的方法对陕西高校学生体育社团基本情况、活动规模及资源拓展、社团建设目标、社团制度建设、指导教师、物质建设、活动经费进行研究等。这些对特定地域和类型的高校学生社团的专项和具体研究有利于全面总结高校学生社团发展经验，有效弥补了以前对特定类型的高校学生社团发展研究的不足。

（5）中外高校学生社团发展的比较研究

比较典型的有于伟、韩丽颖的《中美高校学生社团文化建设若干问题比较研究》、廖良辉的《中美高校学生社团管理比较：以美国哈佛大学为研究实例》、王永胜的《澳大利亚高校学生社团发展路径及其对我国高校的启示——以悉尼大学为例》、吕春辉的《西方高校学生社团发展变迁及启示》、田建伟的《中美高校学生社团服务和管理功能的比较与启示》等。这些研究成果详细介绍了国外高校学生社团的发展历史、特点、管理方法和运行机制，开阔了我们对高校学生社团发展研究的视野，尤其是通过对中外高校学生社团发展进行对比，凸显了我国学生社团发展中局部领域的不足之处，为指导我国高校学生社团的发展引导提出合理性的策略和建议。

总体来看，目前我国学界对高校学生社团发展研究尚处于探索阶段，缺乏系统性、专业化和深层次的理论成果。目前，国内在对我国高校学生社团发展研究的过程中主要存在三个方面的不足：一是对国内高校学生社团发展的静态描述性研究较多，静态与动态相结合的研究较少；二是对国内高校学生社团发展研究与组织行为学理论、教育社会学理论、大学生发展理论、思想政治教育理论的切入过宽，不利于研究向纵深推进；三是研究层次过于粗浅，缺少深度的挖掘，在一定程度上限制了高校学生社团发展研究的系统性和规范性。

(二) 国外研究现状

由于国外高校学生社团的发展历史十分悠久，本研究主要以高等教育事业最发达、高校学生社团活动最为活跃、高校学生社团的研究成果也最为丰富的美国为例，对有关学者的研究进行系统梳理和全面总结。美国社会崇尚内心的自由和思想的独立，美国高校最显著的管理模式和特点就是具有民主管理的体制和传统，即是在规章制度下的民主制度，将规范管理与学生自治有机地结合起来。美国高校普遍鼓励学生充分展现自己的才能，在不触碰和违反法律的前提之下学生社团可以自由地开展活动，学生的个性得到充分发挥。通过对资料的综合分析，我们可以发现，美国的高校学生社团及其发展研究主要从历史的角度、群体心理学的角度、大学生发展的角度、校园文化的角度、大学生社会实践的角度以及课外活动的角度进行的。

1. 从历史的角度

进入 20 世纪以来，美国的政治、经济和社会都处于不稳定之中，受外部环境变化的影响，作为校园生活的重要组成部分的高校学生社团在社会运动中表现非常活跃。"罗博特·科特仑（Robert Cotlen）在其所著《当旧左翼由年轻人主导时：学生激进分子与美国的第一次大规模学生运动 1929—1941》中对美国 30、40 年代的学生社团组织主导的政治运动进行了详细的介绍。"[①]1937 年美国教育委员会出版了《学生人事宣言》，强调学生作为一个完整的人去发展而

---

① 张晓芳.新疆高校学生社团建设研究.石河子大学,2010(6):3.

不只是对他进行智力训练,美国学生工作的指导思想逐步转变为培养"完美学生"。到了 60 年代初,美国社会更加动荡,高校出现大规模反对越战、种族歧视的学生运动,后来成为震惊世界的校园暴乱。目睹或参与这些学生运动的社团成员后来成为了该领域的主要研究者。他们结合当时学生社团活动的经历,不断总结和反思,通过收集相关资料进行全面的或专项的研究。如学者思密·利普思特(S. M. Lipset)的《大学校园里的反抗:美国学生行动主义历史》和菲利普·阿尔巴赫(Philip Ahbach)的《美国的学生政治运动:历史角度的分析》,都对美国 60 年代高校学生社团的政治活动进行了研究和分析。①著名的社会学家亚历山大·罗伯斯(Alexandra Robbins)在《坟墓的秘密——美国权力的秘密通道》中也用翔实的史实资料,"从历史起源、社团活动、社会影响等方面描绘了美国历史上最有权势的大学生精英社团——骷髅会不为人知的秘密"。②罗伯斯经过调查,认为作为美国 3 位总统、2 位最高法院大法官,无数政界巨子和商界精英的诞生地,美国已经沦为权力、财富和话语权织就的"捕杀之网"。③另外,还有理查德·莱特(Richard Latter)的《穿过金色阳光的哈佛人》④也十分详细地介绍了哈佛大学学生社团的历史发展。⑤随着 20 世纪 60 年代学生运动的结束,大量学生社团解散、分化,高校学生社团进入低潮期。20 世纪 90 年代初期,经过近十年的改革美国的教育环境才得以逐渐完成改善,高校学生社团又开始复苏和迅猛发展,这一时期的学生社团组织同样以"自由、民主"为主要目的,致力于培养高校学生的全面发展。这些对高校学生社团的历史研究,或

①　Lipset, S. M, & Altbach, P. G Student politics and higher education in the United States. *Comparative Education Review*, 1966(10):320—349.

②④　张晓芳.新疆高校学生社团建设研究.石河子大学,2010(6):3.

③　〔美〕亨利·罗索夫斯基.美国校园文化——学生·教授·管理.谢宗仙等译.济南:山东人民出版社,1996:9.

⑤　〔美〕理查德.莱特.穿过金色阳光的哈佛人.北京:中国轻工业出版社,2002:45—49.

涉及学生运动中学生社团的组织领导作用、或关注于高校秘密社团、或聚焦于特定高校的学生社团,尽管缺乏些理论性,但是也为高校学生社团研究提供了不同的范式和思想文化背景。

2. 从群体心理学的角度

以艾瑞克·柏恩(Eric Berne)为代表的群体心理学研究者倡导"人际交互作用分析理论",他们认为:"人类的群体活动可以帮助了解人与人之间互助的本质,教育青年学生形成正确的生活态度,从人际交往获得领悟力,构筑独立、成熟的人际关系。在群体组织中,成员可以通过观察、模仿他人的变化与示范,逐渐了解自己的人格结构,并学会与他人交流沟通的方法。"①以社会心理学家班杜拉(Albert Bandura)为代表的一些学者则坚持社会学习理论,并认为:"动机、本能、特质等个人内在结构不能完全决定个体的行为,而是由个人与环境的交互作用,共同来决定个体的行为。也就是说,行为、环境、个人的内在因素构成一种三角互动关系,并相互作用来影响个体。"②美国一些学者以群体心理学理论为依据对社团的发展进行了大量研究。如约翰·霍斯(John M. Hawes)对大学生参与社团的获益进行了分类:即个体相关的、群体动力相关的、同学经验相关的、课程相关的、职业相关的、研究生学业相关的以及生活相关的几个方面;③纳·瑞维拉(La Riviere)报告了学生参加社团活动对于个人的收益,即学会与他人有效率地工作、学会领导、学习交往技能、学会安排时间、培养参与团队合作以及发展兴趣;④弗里德里希·卡普(Kapp Friedrich)和乔治·麦肯(George McKaig)在各自的研究中都

---

① 欧阳大文.中国高校学生社团的比较研究.湖南师范大学,2007(5):30.

② 房俊东.新时期我国高校学生社团发展与对策研究.华南理工大学,2010(5):5.

③ John M. Hawes. Investigation of Benefit for College Student Association Actions on Several Aspects. *American Secondary Education*, 1995(32):1.

④ Lariviere. Cultural Perspeces in Student Affairs Work. *American College Personnel Association*. hieago Press, 1990(12):47.

认为参与学生社团组织和增加对大学经历的满意度之间有着直接的关系。①群体心理学的理论成果与高校学生社团的研究相结合,有利于人们去认识作为大学生群体组织的学生社团内部的相互联系、相互制约的互动规律,这为我国高校学生社团问题的相关研究提供了一个有效的解析方法。

3. 从大学生发展的角度

大学生发展理论产生于 20 世纪 60、70 年代,后来逐渐成为美国高校学生社团研究的指导性学说之一。社会心理学的发展、职业指导运动的兴起和学生事务管理的变革共同构成了大学生发展理论的三个理论基础。大学生发展理论通过对学生发展内容及其机制的探讨,提出高校学生社团活动和非学术性事务的管理,不仅能为学生的健康发展提供保证,而且对高等教育的目标的实现具有重要价值。为此,弗瑞·卡若琳(Frao Caroli)在研究中认为,学生通过参与学生组织打破了课堂教学和现实的商业和工业之间的隔阂,极大地促进了学生的成熟和能力的提高,实现了学生的整体发展。②斯皮尔·哈科特(Spirl Hogatt)认为学生参与社团后学会了承担责任、理解信誉、尊重承诺,为做一个好公民做好了准备。③斯库尔特·威廉(Scort William)等在研究高校学生社团和学生成就方面的关系时发现,参与职业类高校学生社团组织对学生成就动机、保持和商业组织的联系以及培育领导能力等方面有着重要影响。④这些从大学生发展的角度对高校学生社团进行研究的理论成果成为我们继续深入研究

---

① Kapp & McKaig. *Student Activitiesin the Innovative School*. Minnea Polis Burgess Publishing Co. 1982:236.

② *Fracaroli Avenues to America's to Past : Readings in America History*, *with Student Activities*. New Jersey: Generenal leaning Corporation press, 1988:25.

③ Hogatt. *College Outcomes and Student Development : Filling the Gaps*. College Student Affairs Administration. Simon & Schuster Custom Publishing, 1986:62.

④ William W.Lyons. *The importance of Instituationl Mission*. College Student Affairs Administration. Simon & Schuster Custom Publishing, 1997:53.

我国高校学生社团对大学生的成长成才的作用机制提供了重要性参考。

4. 从校园文化的角度

美国的校园文化同样是伴随着学生社团的产生而形成的。学生社团在繁荣大学校园文化,在培养人才和提高大学生能力等方面的作用受到普遍重视,一些理论工作者对大学校园文化开展研究的同时也探讨了高校学生社团问题。因此,美国大学校园文化理论也包括高校学生社团理念。美国学者认为校园文化活动是发展学生能力的重要途径。美国许多高校为了培养学生的综合能力,鼓励资助大学生成立各种各样的课外、校外社团活动,这些社团活动的内容与方式完全由学生自主讨论决定。通过这些以社团活动为内容的校园文化活动的锻炼,学生不仅在快乐之中理解和加深了课堂知识,拓宽了知识面,丰富了精神生活,更为重要的是在计划的制定与实施、各种内外关系的协调过程中,组织能力、管理能力、交际能力、团队合作能力、实践操作能力、应变能力等能力素质得到了全面大幅度的提升与增强。美国学者本森·斯奈德(Benson R. Snyder)的《隐蔽课程》,因对麻省理工学院校园文化和社团文化作了深刻的分析而引起广泛关注。①社会学家霍奥德·贝克(Howard Becker)以人类学的研究风格对学校的学术生活进行了研究,并对医学院的学生社团生活进行了研究,具体分析了影响学生社团生活的社会、文化方面的压力;②亨利·罗索夫斯基(Henry Rosovsky)的《美国校园文化:学生·教授·管理》一书,也从校园文化的主体和管理角度对美国大学校园文化中的各类文化因子提出了明确而精妙的看法,并着重探讨了大学生是如何在社团群体中进行学习的。③

---

①② 蔡红生.中美大学校园文化比较研究.北京:中国科学出版社,2010(6):26.

③ 〔美〕亨利·罗索夫斯基.美国校园文化:学生·教授·管理.谢宗仙等译.济南:山东人民出版社,1996:51—57.

5. 从大学生社会实践的角度

美国高等教育以高度的社会性、实践性而著称,许多的研究者认为包括高校学生社团活动在内的大学生社会实践活动是高等教育人才培养不可缺少的内容,也是自我教育、学校教育和社会教育相结合的综合性实践教育形式。美国大学生社会实践理论的指导思想深受实用主义教育思想的影响。实用主义根植于美国文化的传统,其核心价值观是每一个个体都应该被尊重,知识最好通过经验获得,即在人们主动参与的探索活动中,不断获取和改进自己的经验与观念。美国教育家杜威(John Dewey)是实用主义的集大成者,他在 19 世纪末就提出"教育即生长""教育即生活"的著名观点,在关于教育方法论的论述中最多的是社会实践法。杜威反对在教室里用学习背诵书本教条的方法进行教育,他认为要"从做中学",要求学校社会生活化,将学校作为一种社会生活方式,让学生以各种形式参与学校的一切社会活动,从而达到发展学生的社会协作精神和有效参与社会生活能力的目的。在实用主义的影响下,美国高校学生社会实践形式不拘一格,特别是众多的学生社团组织与活跃的学生社团活动给大学生的社会实践活动提供了很大支持。通过社团形式的社会实践活动,学生从中体验自由的含义和限度,了解权责关系,熟悉辩论技巧、组织竞选班子与争取选票策略,逐步成长为领袖人物。很多美国高校对学生社团一般都积极给予鼓励和支持。美国卡耐基教学促进基金会曾经统计发现,"50% 的大学本科生平均每周至少参加一个多小时有组织的学生活动,当中不包含体育活动"。[①]

6. 从课外活动的角度

很早以前,学生社团被认为是课外活动的一个重要组成部分。

---

① 韩巧霞,段兴立.美国高校的社会实践体系及经验借鉴.中国电力教育,2008(12):147.

"课外活动计划在如何改善人际关系以及如何拓展学科课程方面进行了有力的尝试,学生课外活动,尤其是社团活动。"①因此,美国对学生社团的研究,往往出现于课外活动的研究领域。美国社会各个阶层都有着非常悠久的结社传统,当然,在高校中也不例外。丰富多彩的学生社团活动始终是美国大学生课外活动的一大特色。美国杜克大学前任校长特里·桑福德(Terry Sanford)认为:"课外活动之所以能够在美国产生和发展,最主要原因在于改变学校死气沉沉的局面,提高学校的吸引力和培养学生多方面的兴趣。"②但直到20世纪初期尤其是第一次世界大战后,课外活动在美国才逐渐引起人们的关注。1919年,哥伦比亚大学师范学院的艾尔伯特·弗瑞特维尔(Elbert Fretwell)教授首次在全院范围内为学生开设"课外活动的组织与管理"课程,成为美国教育史上有据可考的对课外活动重视的主要见证。③有分析人士认为,当时不少教育决策者对课外活动这一新生事物的坚定信念,课外活动得以推广的重要原因。厉威廉(Li Weilian)在《美国近年来大学学生课外活动之发展》中指出:"一般美国人认为,学生惟有积极参与课外活动,才能受到完整无缺的大学教育。参加学生社团是一种重要的课外活动,并能解决自己的某些问题或要维护自己的某些利益。"④随着美国高等教育改革,以杜威教育思想为核心的现代教育理念逐渐得到认可和欢迎。这种现代教育理念以青年一代的全面发展为己任,努力帮助学生在更大程度上认识社会,了解社会,以及他们自己与社会之间的关系。在这一思想理念的影响下,丰富多彩的学生课外活动逐渐得以体现到学校的日程表中,并在学生群体中产生了强大的吸引力。这其中,社团活动当之

---

①② Paul W. Terry. *Supervising Extra-curricular Activities in the American Secondary School*. New York: McGraw-Hill Book Company, 1930:13—14.

③ Jerry H. Robbins & Stirling B. Williams, Jr. *Student Activities in the Innovative School*. Minneapolis: Burgess Publishing Co, 1969:10.

④ 厉威廉.美国近年来大学学生课外活动之发展.台北:幼御文化事业公司,1983:12.

无愧成为了学生课外活动的主力军和学生活力的象征,这与我国高校目前所倡导的通过支持和鼓励学生社团开展积极健康的社团活动来丰富大学生的课外生活,从而提高大学生素质的目标是一致的。

通过以上美国对高校学生社团发展研究角度的分析归纳,可以看出其相关研究的内容十分丰富,而且也比较深入细致。但是,关于高校学生社团的专门著作和论文较少,"有关高校学生社团及其发展的研究在美国学术界始终没有成为一个热点问题,究其原因是因为学生社团在美国高等教育的发展中已成为一个重要的、不可或缺而且是不容置疑的一环,无论是研究者,还是校长、教师、学生本身以及家长、社会,对学生参加高校的社团活动已很少持有不同意见"。①

(三) 国内外相关研究评价

通过上述分析,我们看到国内外的众多学者围绕高校学生社团发展进行了广泛而深入的研究,为接下来的研究者提供了重要的理论参考和学习借鉴。在高校学生社团发展相关领域的研究,国外学者起步较早,且取得了一定的理论成果,尤其是从实证角度对高校学生社团发展进行的探索是值得我们参考的。国外研究非常注重对高校学生社团精神的凝练和挖掘,整理出了一些世人耳熟能详的高校学生社团发展案例,其不仅是高校学生社团精神最好的承载,也是高校学生社团发展最好的体现。同时,国外学者非常重视高校学生社团发展的功能研究,这与美国奉行的实用主义存在关联。然而,在文献的整理和分析过程中也发现,国外学者多从群体心理学、校园文化、大学生社会实践、第二课堂等视角对高校学生社团的发展进行广泛的研究,而从自组织视角对高校学生社团的发展进行的研究较为鲜见。反观我国,目前对于高校学生社团发展的研究尚处于探索阶段,虽然也经过大量学者的不懈努力,现已在高校学生社团内涵、

---

① 赵瑞情.中学生社团生活研究.华东师范大学,2008(5):21.

功能与作用以及发展等方面获得了一定范围的研究成果,但其仍缺乏系统性、规律性和深层次的研究成果。尤其是高校学生社团发展研究主要存在三个方面的明显不足:

一是对高校学生社团发展研究切入过宽,只关注到高校学生社团发展所具备的一般社团组织的共同特性,而忽略了高校学生社团所体现出的自组织特性,从而导致研究的角度和方法对于高校学生社团发展的适用度并不强,进而不利于对于高校学生社团发展研究向纵深推进。

二是问题导向不明显,缺少对当前高校学生社团发展存在困境的系统分析,研究往往都是目标导向,虽然提出了高校学生社团发展中的问题与不足,以及如何推进高校学生社团的发展,但却未指出解决高校学生社团发展存在问题或困境的深层次原因,从而导致高校学生社团发展的针对性、实效性不强。

三是静态描述性研究较多,缺少高校学生社团发展的定量研究,将动态性和定量研究综合运用进行规律性研究的就更为缺乏,导致研究结果脱离高校学生社团发展的现实状况,对当前以及未来一段时间的高校学生社团发展的实际指导性不强。

本书选取高校学生社团发展作为研究方向,在马克思主义理论的指导下,借鉴和运用自组织理论等的一些理论,基于现有高校学生社团发展的研究成果,综合运用历史分析法、问卷调查法、比较对照法、跨学科研究法等多种研究方法对我国高校学生社团发展进行客观、全面、深入地分析,从而为新时代我国高校学生社团发展的对策提供新的视角和思路。

三、研究的对象与目标

(一) 研究的对象

高校学生社团是一个复杂性系统,其系统演化离不开外部条件和内部要素,是外部条件和内部要素综合作用的结果。因此,本研究分别以高校学生社团发展的外部条件和内部要素为研究对象,通过探讨高校学生社团发展的外部条件的作用,以及高校学生社团发展等内部要素,来解析高校学生社团发展过程中的具体问题,在找出问题存在原因的基础上提出具体的解决策略。

(二) 研究的目标

通过开展高校学生社团发展研究,主要是想实现以下三个目标:

第一,为了全面、详细地了解目前高校学生社团发展的状况。高校学生社团作为大学生自发联合成立的群体组织,它在当前时期的存在与发展的状况怎么样? 推动高校学生社团健康发展的基本思路是什么? 高校学生社团发展的有效路径如何建构? 本研究将针对这些具体问题进行系列的探讨。

第二,为了更有效地发挥高校学生社团的思想政治教育的载体作用。提升大学生思想政治教育的实效性,需要发挥思想政治教育诸多因素的综合作用。社团是大学生参与学校事务的平台,可以培养学生能力、提高大学生素质,是大学生思想政治教育的重要渠道和有效载体,是高校思想政治教育的有益补充。因此,通过高校学生社团发展研究,有利于发挥高校学生社团的实践育人功能,切实增强高校思想政治教育的实效性。

第三,为了更好地促进高校学生社团的健康发展。在高校学生社团发展的过程当中,面临着许多的问题,例如同质化、经费瓶颈、个性化不足、成员流失、组织凝聚力下降、政治方向偏移等,这些问题严重困扰着当前高校学生社团的自主性、积极性和可持续性。推动高校学生社团的发展,一定要高度重视和有效解决这些问题,这也是本研究探索的目标之一。

四、研究的主要内容、思路与方法

（一）研究的主要内容

本研究把理论与实践相结合、历史与现实相衔接、中外同质物相参照，通过对我国高校学生社团发展及其运行机理全面分析，探究我国高校学生社团发展的一般规律，进而提出我国高校学生社团发展的引导策略。本研究共为五个部分：

第一部分即绪论和第一章，论述了本书研究的背景和意义、国内外相关的研究状况、研究的主要内容、思路、方法、创新点、基本概念以及理论依据等，对我国高校学生社团发展及其引导策略进行总体说明与概括。第二部分即第二、三章，首先运用自组织理论深刻剖析我国高校学生社团系统演化的机理，然后从历史的角度揭示出我国高校学生社团在新中国成立前、新中国成立后到改革开放初、改革开放新时期等三个阶段的发展历程及其特征。第三部分即第四章，分析、总结美国高校学生社团发展历史与特征及其对我国高校学生社团发展引导的启示。第四部分即第五章，依据我国高校学生社团自组织演化的机理、现实困境，并且参照国外高校学生社团发展的有价值经验，提出对我国高校学生社团发展进行引导的策略。第五部分即"结论与展望"，总结出本研究的主要结论、不足以及下一步研究的展望。

（二）研究的思路与框架

我国高校学生社团发展研究是一个复杂性问题，需要从宏观和微观两个角度进行审视。宏观上，本研究遵循着理论分析（高校学生社团发展的应然）——实践分析（我国高校学生社团发展的实然）——同质物参照（美国高校学生社团发展的经验）——政策建议（我国高校学生社团发展引导策略）的逻辑思路对我国高校学生社的发展进行研究。在微观上,论文基于自组织理论,从"他组织视角、自组织视角、序参量视角"三个层面,对高校学生社团运行机制的实然状态进行深入的分析,揭示高校学生社团运行机制机理,并在此基础上综合分析高校学生社团运行机制存在的问题以及对如何进一步优化高校学生社团的发展提出建议。

结合本文研究的逻辑思路,论文的框架如下图所示:

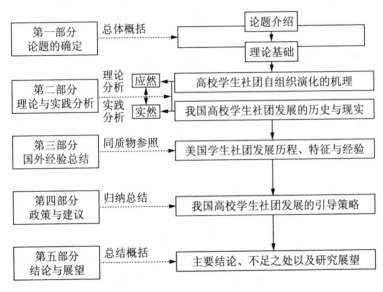

图 0.3　本研究的思路与框架

(三) 研究的方法

我国高校学生社团及其实践活动是由人与社会的主观活动组成的,充满了变动不居的因素,难以用自然科学的方法进行精确剖析,也难以达到纯粹的客观。因此,本研究强调在研究过程中根据研究对象及局部场景的特点因地制宜地选择研究方法,一切都依具体情况而定,使方法与研究对象相统一。因此,所采用的主要研究方法有：

1. 知识图谱法

知识图谱方法是美籍华裔学者陈超美教授，基于引文分析理论并运用 Java 语言开发的 Citespace5.5 信息可视化的共引网络分析法。本书通过这一科学计量学中新兴的知识图谱方法，利用 Citespace5.5 软件，绘制出高校学生社团发展研究文献共被引聚类图谱，分析得到我国高校学生社团发展研究领域的知识基础文献，从而对高校学生社团发展的研究热点及前沿趋势进行分析。

2. 历史分析法

高校学生社团发展作为一种特殊的社会现象，虽然有断裂、有跳跃，但总是从一个阶段通往另外一个阶段的。对高校学生社团发展的历史分析能够帮助我们认识高校学生社团发展的脉络，帮助我们探究高校学生社团发展中存在的因果联系。因此，历史分析法是本研究的主要研究方法之一。

3. 经验总结法

经验总结法是通过实践活动中的具体情况，进行归纳与分析，使之系统化、理论化，并上升为经验的一种方法。总结推广先进经验是人类历史上长期运用的较为行之有效的重要研究方法之一。要理解、解释作为一种高等教育组织现象的高校学生社团发展，必然要总结、学习美国一些成功经验。美国高等教育事业发达，其学生社团也非常活跃，"他山之石，可以攻玉"。我们期待，从美国高校学生社团的发展获取有价值的经验。

4. 理论与实践相结合的方法

理论研究的目的是为实践服务。理论只有通过实践才能发展，才能发挥作用。对我国高校学生社团发展问题的研究，必须联系我国高校学生社团的过去和现在，特别是我国社会发展的实际、高等教育发展的实际、大学生发展需求的实际，才能有效提出我国高校学生社团发展的引导策略。

5. 问卷调查法

问卷调查法建立在现代西方社会学研究方法的基础上,是在教育学研究中运用得较为广泛和普遍的方法之一;也是研究者用统一、严格设计的问卷来收集、整理并研究与研究对象有关的心理特征和行为数据资料的一种研究方法。在本研究中,为了详细客观分析了解当下高校学生社团存在的问题,寻找影响高校学生社团发展的因素,以期提出有针对性的引导策略。

五、研究的重点、难点与创新点

(一) 研究的重点

高校学生社团是由大学生自发组成的群众性组织,处于高校与社会所形成的组织环境之中,高校学生社团的发展涉及多方面因素。因此,本研究将高校学生社团的发展视为一个复杂的动态系统,在理论层面上探讨高校学生社团发展的系统运行机理,其中包括分析高校学生社团的发展的内外部影响要素,内外部的结构及其运行机制是本研究的重点所在。为了增强本研究的客观真实性,实证研究也是必不可少的,因此,另一个重点就是基于相关文献的分析,采用定性与定量相结合的方式对高校学生社团发展的影响因素进行研究。此外,吸收人类社会创造的一切优秀文化成果为我所用也很重要,参考借鉴国外高校学生社团的发展经验也是不可或缺的。美国的高等教育比较发达,其高校学生社团发展历史悠久,经验丰富,制度成熟。通过美国高校学生社团的同类特征进行分析,以获取有价值的经验参考,可以更有效地推动我国高校学生社团的健康发展。

(二) 研究的难点

一方面,从目前国内外已有的文献资料来看,对于高校学生社团发展的相关研究大多数是聚焦于其思想政治教育功能发挥问题,而且大多数关注的是高校学生社团面临的表层性问题及其原因,然后提出相应的解决策略,缺少系统性、深层次的分析,难以为高校学生社团的长远发展提供有力支撑,这也为本研究提出了难题和新的探索契机。另一方面,当前我国高校类型繁多,按照现代高等教育体系要求和扎根中国大地办大学的要求,当前我国高等教育发展实行的是分类指导,许多的高校都在持续探索各自的应用转型,这些转型中的学生社团明显也附带着应用转型特征,在其发展中不可避免也带有相关因素的考量。对于转型中的高校学生社团发展的特征、机制及其引导策略的研究需要充足的调研,这一点也是实属不易。

(三) 研究的创新点

本研究探索性地将自组织理论与我国高校学生社团发展的实践相结合,吸收并借鉴已有的研究成果,初步形成了以下几个主要创新点:

1. 揭示了高校学生社团系统自组织演化的机理

高校学生社团发展是一个自组织动力机制主导下的演化过程,也就是高校学生社团通过内部动力机制适应外部环境变化以此增加自身的有序性和结构演化的自组织过程。这种内在的演化机制一方面促使高校学生社团不断地向更高水平发展,另一方面维系高校学生社团发展的稳定性。同时,制度性制约机制、物质性制约机制以及文化性制约机制,也从根本上影响着高校学生社团的自组织演化过程。这种关于高校学生社团自组织演化机制的认识,为进一步探索我国高校学生社团发展规律提供了一种新的思路。

2. 剖析了我国当代高校学生社团发展所面临困境的本质及其历史根源

通过全面总结不同阶段我国高校学生社团发展的历史特征、高校学生社团系统演化机制的理论分析以及高校学生社团发展影响因素的综合分析,以"制度化生存"剖析了我国当代高校学生社团发展的深层次困境,即我国当代高校学生社团发展困境的主要原因是高校和社会尚未能提供足够的自组织演化的环境和条件,从而使系统内部难以获得充足的发展动力,这也构成了引导高校学生社团发展的新方向。

3. 提出应把服务性学习作为我国高校学生社团发展的重要指导理念和评价标准

服务性学习是 20 世纪 80 年代美国高校为了促进本科生教育从教学中心向学习中心的转移而采取的创新措施之一,几乎所有的教育者和研究者都对服务性学习的实践教育功能予以肯定。从指导理念和实践教育两个方面来看,服务性学习不仅与我国高校学生社团的活动宗旨具有契合性,而且,我国高校学生社团的服务性学习程度还很低。因此,本研究强调要把服务性学习理念作为指导我国高校学生社团发展的理念之一,为我国的高校学生社团的创新发展提供了一个不可或缺的新视角。

第一章 基本概念和研究的理论依据

高校学生社团类型多样、个性鲜明,是大学生自发成立的群体组织,是思想政治教育的重要载体,还是实现大学生全面发展的有效途径。因此,本章依据研究对象的分类方式,依次从宏观与微观两个层面阐述高校学生社团发展研究的理论基础,以期对现有高校学生社团发展研究的理论基础进行较为全面的介绍。

一、高校学生社团的概念理解

明晰高校学生社团的基本概念的目的不是要给出一个所谓"标准",更不是要揭示这些概念的"逻辑真理",而是要说明这个概念的各种不同看法、思想来源,以明确所要研究的范围,在此基础之上引出所研究的一种独特分析维度。

(一) 高校学生社团的基本概念

对高校学生社团概念认识的深化是高校学生社团发展研究面临的基本性问题。高校学生社团的概念理解不仅是高校学生社团是什么——这个规定性问题,而且是如何科学理解这个已有的规定——一个认识性问题。

1. 社会团体(社团)

社会团体(简称社团),既是一个政治学的概念,也是一个社会学的概念。一般来说,社会团体是国家政治经济生活的重要组成部分,是具有某些共同特征的人或者企事业单位自愿组成的互益组织，如工会、环保组织、消费者协会、妇女联合会、学生会等。对于何谓社会团体，1998年国务院颁布的《社会团体登记管理条例》给出了详细的界定："社会团体简称社团，是指我国公民自愿组成，为实现会员的共同意愿，按照其章程开展活动的非营利性社会组织。包括各类使用学会、协会、研究会、促进会、联谊会、俱乐部、联合会、基金会、商会等称谓的社会组织。"①这一定义也明确了我国社会团体的非营利社会组织的性质，与国际惯例中的营利性组织对接起来，虽然二者在概念上不尽相同，却是我国以法律的形式明确了社会团体的地位。对于社会团体的特征，目前来看，中外学者对社会团体及其特征具有很大的共识性，例如，我国的学者杨国忠认为，"一般来说，凡是社会团体都表现为自愿性、互益性和非营利性三个基本的特征"②。以美国学者托马斯·萨拉蒙（Thomas Salamon）为代表的外国学者则归纳出一般性社会团体的六个基本特征："正规性、组织性、民间性、非营利性、自治性、自愿性。"③由此可见，二者的认识较为一致，观点差别不太大，包括合法性、非营利性和自愿性等基本特征。

关于社会团体的成立，我国的《社会团体登记管理条例》作出了具体的规定："成立社会团体必须提交业务主管部门的批准文件。业务主管部门是指县级以上各级人民政府有关部门及其授权的组织，社会团体实际上附属在业务主管部门之下。"④据我国民政部门统计，"截止到2020年底，我国已经登记注册的社会组织总量将近90万个，其中全国性的社会团体约2 292个，民办非企业单位35.1万个，基金会2 680个。使用行政编制或者事业编制，由政府财政拨款

---

① 汪流.我国体育社团改革与发展研究——中华全国体育总会及地方体育总会改革与发展的思考.北京体育大学,2008(6):16.

② 杨国忠.高校学生社团建设的理性思考.东北师范大学,2004(11):2.

③ 张承祖.我国高校学生社团组织研究.苏州大学,2007(10):45.

④ 中华人民共和国国务院令〔1998〕第250号.社会团体登记管理条例.

的社会团体约 200 个,其中共青团、全国妇联等 19 个社会团体的主要任务、机构编制和领导职数由中央机构编制管理部门确定,它们虽然是非政府性的社团组织,但在很大程度上行使着部分政府职能。"①因此,我国部分学者用双重性来界定社会团体的基本属性。双重性是一个内涵丰富的概念,它意味着社会团体具有半官半民的性质,社会团体的行为受到行政机制和自治机制的双重支配,社会团体往往同时依赖体制内和体制外的两种资源,相应地,社会团体也常常通过官方和民间的双重渠道去获取资源,社会团体还必须同时满足政府和社会的双重需求,在这种情形下,社会团体的活动领域也只能是政府和社会认定的交叉地带。

循着人们对社会团体概念与特征的普遍性认定,那么作为社会团体一种的高校学生社团也不可避免地具有类似的特征。一方面,我国的高校学生社团在学校党委、团委等的领导下,是学校思想政治教育、学风建设和校园文明建设的重要载体,不可能具有行政意义上的独立性或自治性,也不是纯粹的民间自治组织;另一方面,高校学生社团又必须从大学生的兴趣出发,符合广大大学生的需求,否则,便得不到大学生们的支持和认可,从而失去了生存的基础,这也将是我们下一步对高校学生社团研究的重点之一。

2. 高校学生社团

由于我国学术界对学生社团的研究起步相对较晚,人们对高校学生社团虽然有相对共同的认识,但是还没有统一的界定,加上目前对学生社团的相关性研究大多集中于高校学生社团方面,所以人们关于学生社团的定义大多数也就是特指高校学生社团。例如《辞海》中对"学生社团"的解释是:"学生自愿组成的群众组织,形式多样,以有益于学生身心健康成长为原则,多数由共青团和学生会给予适当

---

① 张中云.我国社团发展研究综述.云南大学学报,2009(5):37.

的指导和支持。"①《中国大百科全书·教育卷》对学生社团的定义为:"中国中等学校和高等学校学生在自愿基础上结成的群众组织。这些社团可打破年级、系科以及学校的界限,团结兴趣爱好相近的同学,发挥他们在某方面的特长,开展有益于学生身心健康的活动。"②依据社会团体的概念与特征,学生社团属于我国社会团体规定的"学会、协会、联谊会以及研究会"领域,但从我国社会团体的规定来看,学生社团也是社会团体的一种,它依然与国外的非政府组织等社会团体比较接近,如非营利性、自愿性等属性。因此,我国的学生社团也不是完全意义上的社会团体,但是,综合已有的文献可以看出,学生社团是具有鲜明的中国特色的"社会团体"。

关于我国高校学生社团的概念界定,早在 2005 年,共青团中央和教育部在《关于加强和改进大学生社团工作的意见》(以下简称《意见》)中明确规定,"高校学生社团是由大学生依据兴趣爱好自愿组成,按照章程自主开展活动的学生组织。"③2016 年,共青团中央、教育部、全国学联在《高校学生社团管理暂行办法》(以下简称《办法》)中基本上沿袭了《意见》的规定,"高校学生社团是由大学生依据兴趣爱好自愿组成,为实现成员们的共同意愿,按照其章程自主开展活动的群众性学生组织"。④共青团中央、教育部、全国学联的官方文件对高校学生社团的规定十分符合当前高校学生社团的实际内涵,已得到理论界广泛认可,因此,成为目前我国高校学生社团最为权威的表述。在组织社会学看来,"当社会组织获得权威机构的认可、支持和服从时,社会组织就具有了组织合法性"。⑤因此,共青团中央、教育

---

① 辞海.上海:上海辞书出版社,1999:1361.

② 中国大百科全书(教育卷).北京:中国大百科全书出版社,1985:28.

③ 中青联发〔2005〕5 号.关于加强和改进大学生社团工作的意见.

④ 中青联发〔2015〕39 号.高校学生社团管理暂行办法.

⑤ 赵孟营.组织合法性:在组织理性与事实的社会组织之间.北京师范大学学报(社会科学版),2005:2.

部、全国学联的相关文件规定使得高校学生社团在政治上获得了合法性依据,也使得高校学生社团的组织合法性得以确立。因此,本书在研究中也采用共青团中央、教育部、全国学联的相关文件对高校学生社团概念的权威论述。

3.高校青年自组织

随着社会时代的发展,我国高等教育生态发生着巨大变化,在高校内出现了一个与学生社团极为相似却又不同的新型群体——青年自组织。"青年自组织是指既没有到当地民政部门正式注册登记拥有法人资格,也没有在机关、团体和企事业单位内部登记备案的,青年自发成立、自主发展、自我运作,是社会生活中较为活跃的青年组织。青年自组织是当前青年群体中出现的新的组织和集结方式。"[①]高校青年自组织与高校学生社团在组织形态上具有极大的相似性,它们或为了特定的目的和任务而组织起来,或实现了目的和任务后即自行解散。在某种程度上而言,高校学生社团也是属于青年自组织的一种;但放至高校管理和法律范畴内,青年自组织的成立没有一般学生社团的成立流程,如申请、批准以及备案等,属于"类学生社团组织",因此区别二者的本质在于是否经过学校备案,以此为标准,高校学生社团是指在学校相关部门登记注册的青年自组织;而青年自组织则是高校登记注册的学生社团之外的青年学生团体。

(二)不同学科视野下的高校学生社团

高校学生社团的基本概念是由共青团中央、教育部、全国学联的相关文件规定的,但在具体实践中却往往容易模糊。毕竟来说,仅靠共青团中央、教育部、全国学联相关文件的一句简短概括是难以彻底认识高校学生社团的,必须继续深入探究,也就是如何结合实践,透

---

① 高永良.高校青年自组织发展研究.中国青年研究,2010(5):23.

过这个规定,进一步去解析高校学生社团的概念。部分理论者在结合大量实践经验的基础上,对高校学生社团概念的理解作出了各自的论述。由于理论者的认知方法、看问题的角度以及知识背景不尽相同,也导致出现了许多不同的观点。

1. 作为学生自治组织的高校学生社团

学生自治既是一种思想理念,也是一种制度模式。它主要是指:"学生维护自身利益、管理自身事务的个别行动,或通过学生组织按照民主程序、根据组织章程管理学生事务、进行对外交流的群体行动。"①高校学生社团作为大学生自治组织的认识历史悠久,并伴随着现代高等教育的发展而备受争议。早在现代大学形成的初期,许多异域的学生在各个学习所在地联合成了许多独立的行会组织。"这些学生组成的行会已经很具有独立的性质,并成为学校的领导力量,学生选择校长、付给教师报酬、决定学费的数目等等,学生的行会组织掌握了学校的一切行政事务。"②这种以源于同一地域而自发构成的学生社团成为西方大学的主要组织基础。因而,美国著名的教育史学者弗兰克·格莱夫斯(Frank Graves)就曾经指出:"大学的全名'教师与学生之会社(Universitas Magistroum et Scholari-ium)',其本意就是'一群人所组织的会社,这群人是为求学问而聚集的'。并且,'这些会社(即社团)天然是按其所从来的邦国界域之不同,而自为团体的组合'。"③我国学者章荣琦、王玲艳在《和谐校园构建中的学生自治与社团建设》中也认为:"学生自治是学生管理自己,这是一种学习自治的过程。学生自治的最基本组织形态是学生事务自我管理的学生社团,学生社团是基于共同的兴趣和意志由学生自己组织、管理的团体,是学生自治的重要载体。"④

---

① 李冉.中国当代学生自治研究.中国青年政治学院,2008(4):2.
② 宋文红.世纪大学:历史描述与分析.华中科技大学教科院资料室,2005(6):67.
③ 〔美〕格莱夫斯.中世教育史.吴康译.上海:华东师范大学出版社,2005:88.
④ 徐元红.论社会转型期高校学生自治的拓展.教育探索,2006(9):46.

2. 作为思想政治教育载体的高校学生社团

20世纪90年代以前,我国高等教育研究领域对高校学生社团问题的关注一开始就是在思想政治教育或者德育的范畴内进行。特别是随着我国高等教育体制改革的不断深入推进,以及选修和学分制的实行,作为高校思想政治教育主要载体的班级组织出现了很大的变化,原有的班级意识慢慢淡化,班级的凝聚作用和贯彻思想政治教育的功能逐渐地弱化,造成传统的学生管理和教育工作出现了薄弱环节。在这种情况下,思想政治教育研究者对高校学生社团给予了高度关注。从事高校思想政治教育研究的学者高祥阳认为:"高校学生社团是由青年学生依据兴趣爱好自愿组成,具有大学生自我教育、自我管理、自我服务的特点和优势,是校园文化建设活跃的力量,是大学生素质拓展的重要平台,更是进一步加强和改进思想政治教育的有效载体。"①在探讨班级的思想政治教育的功能时,学者李仁伟也认为:"高校学生社团以其影响的广泛性、内容的直接性、参与的自愿性以及活动方式的多样性和活动效果的有效性,越来越为广大高校学生所接受和认同,在大学生成长过程中的作用越来越凸显、越来越重要,高校学生社团已渐渐取代了班级的部分功能,成为在高校的大学生中开展思想政治教育的新载体和新的增长点。"②

3. 作为非正式组织的高校学生社团

非正式组织是"正式组织"概念的对称,它最早是由美国管理学大师乔治·梅奥(George Mayo)通过的"霍桑实验"提出,他认为非正式组织是人们在共同的工作过程中自然形成的以感情、喜好等情绪为基础的松散的、没有正式规定的群体。我国的管理学家周三多教授对非正式组织的产生作了精辟的论述:"非正式组织是伴随正式组

---

① 高祥阳.学生社团——大学生思想政治教育的有效载体.北京支部生活,2006(4):8.

② 李仁伟.高校学生社团成为大学生思想政治教育有效载体的探讨.辽宁工业大学学报(社会科学版),2008(3):42.

织开展活动的过程中,一些正式组织的成员之间的私人关系从相互接受、了解逐步上升为友谊,一些无形的、与正式组织有联系但又独立于正式组织之外的小群体便慢慢地形成了。"①华东师范大学的崔海英博士等人在其所著的《大学生非正式组织影响力研究》中认为在高校:"正式组织一般是指高校中体现高校目标所规定的成员之间职责的组织体系。例如专业院系、年级班级、共青团、学生会等属于正式组织。同时,由于大学思想观念相对活跃、学术气氛浓烈、科学文化知识传播迅速,在校大学生有了独立的见解和不同的要求,处世态度也有极大的变化。由于态度、理解、风俗、习俗、习惯等的差异,某些有共同语言的学生自然而然地走到一起,从而形成区别于高校党团组织、学生会、班团支部及班委会等正式组织的非正式组织。大学生非正式组织形成的基础是成员间共同的兴趣爱好、生活方式、价值观和共谋发展的需要,学生社团是高校非正式组织的代表。"②湖南师范大学的彭赛丰和向华在《高校学生社团的非正式组织解读》中指出:"大学生非正式组织是多种多样的,如老乡会、各种兴趣小组、互助小组、网络游戏小组等,其中学生社团是非常典型的大学生非正式组织,因为学生社团具有某些非正式组织的属性。但是,不论组织设计的理论如何完善、设计人员如何努力,人们都无法规范组织成员在活动中的所有联系,非正式组织是伴随正式组织的运转而形成。"③

4. 作为校园文化形式的高校学生社团

校园文化在 20 世纪 80 年代伴随着我国"文化热"的出现后,很快引起教育界的关注。特别是随着高等教育改革的不断深入,日益蓬勃发展的校园文化在推进学生素质教育、满足学生利益需求方面发挥着重要作用,已日益成为新形势下推进高校建设的重要力量。

---

①　周三多.管理学——原理与方法.上海:复旦大学出版社,1999:336.
②　崔海英.大学生非正式组织影响力研究.北京:中国经济出版社,2009:89—91.
③　彭赛丰,向华.高校学生社团的非正式组织解读.湘潭师范学院学报(自然科学版),2009(3):85—86.

"校园文化出现时,人们普遍关注的是学校开展的各种艺术教育和各种社团活动,因此,也有许多学者将校园文化等同于校园精神、文化艺术、社团活动。"①王秀芳在《学生社团活动对校园文化的影响》中认为:"学生社团活动是校园文化的一种非常重要的形式,不同的类型的学生社团共同营造了丰富多彩的校园文化。例如,科技类学生社团活动的开展扩大学生的知识视野,实现学科间的交叉和合作,能激发学生的创新精神;文化娱乐类社团的活动有助于提高师生员工的思想素质,而且丰富了他们的业余文化生活;美化校园环境类社团的活动可使师生在参与学校绿化、美化、净化的过程中,净化自己的心灵;思想理论类社团活动对学生的德育有着鲜明的促进作用,激发人们的集体主义、社会主义精神,塑造健康向上的文化氛围。"②王志坚在《高校学生社团与和谐校园文化建设》中也认为:"校园文化的主体既包括师生员工个体,又包括各级组织和各种校园团体。高校学生社团作为基于共同的兴趣和愿望而组织形成的群众性团体,是大学生实践和展示自身能力和才干,实现自我管理、自我教育和自我服务活动的重要场所,也是高校校园文化建设的重要形式。"③

(三) 高校学生社团的类型和功能

1. 高校学生社团的类型

关于高校学生社团的分类,由于目前学术界和各个高校对学生社团的分类标准都还没有达成共识。同时,现代大学生的爱好与兴趣日益广泛,而且处于不断的变化当中,导致新型的高校学生社团不断出现。因此,迄今为止还没有一种权威性的分类方法。有的学者

---

① 史华楠.校园文化学.北京:北京医科大学出版社,1993:213.
② 王秀芳.学生社团活动对校园文化的影响.南京师范大学学报,2005(9):15.
③ 王志坚.高校学生社团与和谐校园文化建设.教育探索,2008(6):116.

如尹冬梅、丁力等人将高校学生社团按照性质划分为研究性、娱乐性、公益性等三种类型。国内还有学者王宇坤、赵峰等人按照高校学生社团的形式的差别,将其分为公开型和私密型两大类别。以约翰·霍斯(John Hawes)为代表的一部分国外学者则是按照高校学生社团活动的内容划分为社会服务类、文化科技类、政治与宗教类、体育和娱乐类、地域联谊类以及生活帮扶类等。在不同的高校,关于学生社团的类别划分也是不一样的。例如北京大学将学生社团分为:政治理论类、学术科创类、文化艺术类、体育健身类、公共志愿类、实践促进类、合作交流类、地域文化类等八大类别;复旦大学则将学生社团分为:学术类、文艺类、体育类、实践类等四大类别。在美国,哈佛大学将学生社团分为宗教信仰类、专业学术类、艺术类、服务类、地域类等五大类别。在日本,东京大学把学生社团划分为:宗教信仰类、技艺学习类、地域联谊类、娱乐休闲类、军事爱好类、公益服务类等六大类。通过已查阅的国内外大量高校对学生社团的分类情况,本书认为结合高校学生社团活动的特点进行划分比较合适,现将我国高校学生社团分为如下六大类别(见表1.1):

表 1.1　高校学生社团六大类型

社团类型	特　点	代表性社团
思想理论型	思想宣传、理论研究	马列主义、毛泽东思想、邓小平理论研究协会等
科技创新型	科技学术、专业探讨	计算机协会、大学生机器人协会、航天模型协会等
社会服务型	服务社会、奉献爱心	青年志愿者协会、临终关爱协会、法律援助协会等
文体休闲型	健身竞技、休闲娱乐	户外运动俱乐部、足球协会、音乐舞蹈协会等
国防军事型	热爱军事、关心国防	国防教育协会、太空俱乐部、军事发烧友协会等
能力拓展型	拓展能力、锻炼技能	求职技能协会、公关礼仪协会、市场营销协会等

2. 高校学生社团的功能

"美国耶鲁大学校长理查德·莱温(Richard Levin)在一次访华中与北大校长许智宏就高等教育问题进行了一场对话。当他们在谈到如何培养学生、什么样的学生才是好学生的问题时,莱温校长尤其强调了学生参加课外活动的重要性。他表示,耶鲁大学招收学生,不仅看学生的考试成绩,更看重他的领导能力、潜力和人品等。比如他是否积极参加社区的公益劳动,是不是有音乐、体育、艺术等方面的专长,是不是参加过学生社团等等。耶鲁大学有1万多名学生,却有着大大小小的250多个形式五花八门的社团,20％的耶鲁学生都有获得锻炼领导能力的机会。通过这些学生社团的活动,学生各个方面的能力得到了培养。让人惊叹的是,耶鲁大学校长自豪的不是他们雄厚的师资力量、先进的教学设备和实验室条件,而是他们的学生社团。"①

一般而言,高校学生社团是大学生实践活动的一种组织形式,是课堂教学的有益延伸和补充,是学生自我教育的良好形式,是大学校园文化的重要内容,有利于学生的社会化等。其作用和影响力日益扩大,成为高等教育工作中的重要组成部分。以张承祖为代表的国内学者认为:"高校学生社团有推动高校素质教育、加强和改进学生思想政治教育工作、繁荣校园文化、培养学生职业技能、促进学生社会化以及培养学生团队合作精神等六功能。"②在我国港澳台地区的高校,社团活动被普遍看作是实施大学生集体教育的最佳方式,具有"自我发展、公民与民主生活的训练、领导才能的培养、安定学校环境、增进学生身心健康等功能。"③国外许多学者也认为,高校学生社团的存在有着多样化的功能与作用。"其中一些社团重在养育学生的社会性,培养学生的社会适应能力;还有一些社团是从学校角度出发开设的,重在优化校园环境、活跃校园文化的功能;其他还有一些就是从学生个体的角度出发,重在发展和培养学生兴趣的社团。"④

① 韩满玲、邓保中.中美一流大学的交流与碰撞:北大耶鲁校长访谈录.职业技术,2004(5):9—10.

② 张承祖.我国高校学生社团组织研究.苏州大学,2007(10):45.

③ 张中云.我国社团发展研究综述.云南大学学报,2009(5):37.

④ 丁秋怡.大学生社团的建设与现状研究.重庆:重庆师范大学,2011(6):23.

国外相关研究者对学生社团功能的认识差异不大,主要为:"提供直接的学习经验,扩展学生个体的文化视野;有效弥补学科课程,提高知识技能的运用和实践能力;培养特殊才能;建设性地利用休闲时间;为职业发展提供有利机会;逐步适应社会,养育社会能力和态度;强调学生的生活化;促进教育的民主化进程。"①其中美国学者麦克隆(Mc.Kown)认为,学生社团活动:"第一,促进和加强同学间的社会交往,满足其社交需求。第二,拓展学生兴趣。第三,丰富校园文化。第四,培养学生为社会为他人服务的牺牲精神,促进学生的全面发展。第五,加强师生交流。"②由此可以看出,麦克隆的五功能说着重强调了社团对学生本身的教育和发展价值。

综合中外学者们的观点,对高校学生社团功能的认识有着许多不同的观点,但是也有着明显的共同之处,那就是凸显社团之于学生、社会和学校三方面的作用。因此,我们可以把高校学生社团的主要功能概括为育人功能、管理功能、服务功能以及社会化功能等四重功能:

(1) 育人功能

育人是高校的根本职责。育人一般有两种方法:一种是显性教育法,即以教师、书本、课堂为中心的教育,这种传统的教育明显而直接,但是过于强调灌输而忽视了受教育者的能动性;另一种方法为隐性教育法,指通过社会实践、人际交往和环境氛围,让受教育者在不知不觉的状态下,受到潜移默化的熏陶和教育,这种教育具有隐蔽性、平等性、渗透性等特点。学生社团是建立在共同的兴趣和爱好为基础的自发组织,如丰富多彩的辩论赛、演讲、科普等社团的群体交往对大学生产生了广泛而深刻的影响,使学生在潜移默化中受到教育和启迪,具有对学生进行隐性教育的作用,它已经成为培养大学生

---

① 常艳芳.大学精神的人文视界.东北师范大学,2004(7):67.
② 李震.高校学生社团发展对策研究.复旦大学,2009(6):12.

的思想政治素质、科学技术素质、专业文化素质以及身体健康等综合素质的一条有效途径。

（2）管理功能

随着全球化和市场经济的深入发展，我国高等教育加快了改革的步伐。以市场为导向培养应用型人才成为高校的重要目标。学分制的推行、后勤的社会化等高校教育管理措施不断推广。后勤社会化的实施，学生可以自主选择生活方式和活动的空间，无须按照学年制的集中管理，学生公寓可能是由一些志趣相投，但又不是同一院（系）、专业的学生共宿一舍。而学分制的推行，将改变过去稳定的班级形式组织教学，"同班不同学"的现象将越发普遍，这样使班级和寝室作为学校原有的最基本的教学与管理单位的作用逐渐弱化，而此时，学生社团作为高校学生管理最基本的单位的作用就越发凸显出来。因为，学生社团是由一些不同年级、班级，甚至不同院系的学生基于共同兴趣组成的，是一块相对稳定的阵地，利用这块阵地，正确地引导学生积极进行自我管理可以促进学校管理制度的科学和完善，也必将成为今后高校学生工作的一条重要渠道。

（3）服务功能

目前我国大多数高校学生社团成立的宗旨是"注重公益，服务他人，奉献社会"，倡导树立的是团结友爱、诚实守信、助人为乐、见义勇为的良好道德风尚；崇尚的是健康、文明、科学的生活方式；奉行的是从点滴小事做起，从爱国、爱民、爱集体的道德原则出发，为社会献爱心，为他人办实事，办好事。特别是许多高校的绿色环保协会、义务家教协会、志愿者协会等以社团为媒介，把热心社会公益事业的大学生聚集起来，以他们的实际行动去服务社会，展现自己的人生价值，促进了大学校园文化的积极发展，形成了自我教育的新平台。如在2008年"5·12"我国汶川大地震中，一些学生社团就呼吁捐款捐物、踊跃参加抗震救灾的志愿者行动，使社团成员充满了主人翁精神和公民责任感，思想上也获得了良好的教育。

（4）社会化功能

很多学者都认为教育的本质是使个体社会化的活动。现代社会的发展对个体的社会化提出了更高的要求，其中包括自觉遵守现代社会人与人的关系、人与社会的关系、人与自然环境的关系的行为规范的能力，具有科学知识兴趣、科学理论修养、科学职业选择、科学研究创新的能力；还有审美情趣、文化修养、民主法治观念以及对传统文化与现代文化、民族文化与世界文化的统摄与吸取能力等。个体的社会化过程实质上是一个学习的过程，这个过程就是把一定的价值、态度、技能内化为自己日常生活中习惯性的准则和个人能力的过程。高校学生社团本身就是一个小社会，社团为大学生社会化提供了一种独特的场所和基地。大学生在社团内部锻炼了处理各种人际关系的能力，学会了处理较为复杂的社会日常事务，有利于大学生走入社会后能较快适应社会要求，将自己更快更好地融入社会当中，并且积极承担社会责任，成为一名合格的公民。

（四）高校学生社团的基本特征

高校学生社团是高校学生自发形成的学生组织，为学生的全面发展提供了平台、为思想政治教育拓宽了渠道、为高校素质教育提供了无限可能。高校学生社团不拘泥于传统学生组织的规范和要求，超越了学科界限，更致力于培养学生发现问题、提出问题和解决问题的能力，有利于高校学生建构新的思维模式，有利于培养高校学生的创造精神，也有利于塑造高校学生正确的世界观、人生观和价值观，因此社团生活是满足学生个性化需求、高校思想政治教育目的以及社会培养高组织人才的重要场域。与其他课外活动相比，既具有一般课外活动的共性，同时又具有独一无二的品质。

1. 社团生活的自发性

德国著名哲学人类学家兰德曼认为，"人必须自我完成，必须自我决定进入某种特殊的事物，必须凭借自身努力力图解决自身出现的问题"①,这是社团生活主体自发性、能动性和创造性的源泉。高校学生社团是基于学生个人兴趣爱好而自发成立的组织,社团的自发性体现在两个方面。一是从社团最初的形成来说,社团主要负责人基于个人兴趣、意愿和热情,自发成立了社团,并且自愿承担各项工作。社团成员作为参与者,加入社团首要基于个人兴趣,其次同样是为了锻炼其能力,实现其价值;社团发起人和社团参与者需要在"发展过程中可以做出自主而且自觉的选择,并且通过自己的活动和自我塑造,使现实的自我向期望的自我转化,从而获得自我的发展"②。二是从社团的活动内容来说,活动作为社团生活存在的基础和灵魂,为学生主观能动性的发挥提供了广阔的空间。社团生活与学生的日常生活密不可分,学生想要什么样的校园生活就会自主自发地策划相应的社团活动来满足自身需求。在社团生活中,学生不仅是实践主体,同时也是自我发展和自我创造的主体,社团生活和社团活动就是学生自我开辟了一个自主学习、实践以及发展的空间。

社团生活的自发性体现在以下几个方面:第一,社团生活充分发挥了每一个学生的自主性,促进了每一个学生的全面发展;第二,学生在社团生活中产生了实实在在的获得感,激发了自己的潜能,体会到了生命的价值;第三,社团生活具有开创性,学生在社团生活中不断超越自我,实现更大的发展。总而言之,社团生活的自发性实现了素质教育的目的和真谛,强调以学生为中心,强调发挥学生的主观能动性,高等教育需要培养的就是具有主动意识、具有创新精神、具有开拓毅力,并且积极参与、善于合作、乐于奉献的高素质人才。

2. 活动方式的灵活性

高校社团活动从学生的真实生活与真实需求出发,从学生的兴趣爱好和行为指向出发,面向学生的整个生活世界,关注学生的生活

---

① 〔德〕米切尔·兰德曼.哲学人类学.彭富春译.北京:工人出版社,1998:246.

② 王道俊、郭文安.教育学.北京:人民教育出版社,2016:31.

体验。学生社团所围绕的是高校各类各样的社团活动,因此活动性是其主要表现,社团活动同时又是兼具灵活性的,由于社团类型差异很大,社团成员多才多艺、社团活动规模大小不一、时间不定、形式自由、灵活多样、因而吸引了众多参与者,时间、地点与形式都可依据学生的需求而变化。社团活动的特点在于能够调动学生学习的积极性和创造性,提高学生处理各种问题的能力和适应社会生活的能力,注重社团生活过程的灵活性、综合性和弹性。社团活动强调学生的亲身经历和体验,在"做""行动""实践"和"反思"中发现问题并解决问题,"人只有通过活动,才能对外部的客观世界发生作用,才能主动去认识和改造客观现实,并在这一过程中改造、发展、完善人自身;活动是主体存在和发展的方式,是主体发展的决定性因素。"[①]具有灵活性的社团活动,坚持学生的自主选择,培养学生的主动探索,为学生的个性发展创造空间;同时多样化的社团活动满足学生的多元化需求,使学生在活动中获得不同的体验,丰富人生经历。

社团活动的灵活性主要体现在以下几个方面:第一,社团活动在组织形式的表现上较为灵活,不拘泥于传统的会议、论坛等形式,更加活泼生动;第二,社团活动的人员选拔标准是灵活的,社团成员具有共同的兴趣爱好、志同道合、彼此能从交往和共处中受益,但并不统一于同样的要求,而是充分发挥每个人的能力和特长;第三,社团活动的灵活性是学生的主动发现、是活动的自觉设计,而不被其他组织所强制,为高校学生的自我发展提供了平台。综上所述,在充满灵活性和主动性的高校社团活动中,学生是一个真实存在且发展着的主体,是一个不断追求自己社会价值的主体,是值得肯定的主体。

3. 社团内容的共享性

高校学生社团是学生在基于共同的兴趣爱好的条件下形成的自发性组织,社团活动的性质和成员决定了社团共享的价值,包括资源

---

① 应道水.主体性教育的理论与实践.江西教育科研,2004(11):54.

的共享、兴趣的共享以及团员身份的共享。在高校学生社团中,为了创造更有价值和影响力的社团活动,必须要进行资源共享,共享的资源包括人力、财力和物力等等,社团资源的共享性也促进了社团成员之间的情谊,培养了社团成员的协调沟通能力。学生社团是以兴趣为连接纽带的,社团成员之间由于相同的兴趣使他们产生了强烈的合力,建立了亲密的关系,形成了互帮互助的精神力量,兴趣的共享为社团生活凝聚了发展空间、提供了温馨环境,兴趣的共享也为社团成员找到了精神上的伙伴,实现了互帮互助的共同发展。在社团生活中,每个团员都平等地参与社团生活,虽然在社团中会有会长、副会长以及部长、副部长等职务和角色的划分,但社团生活更加强调公平性,在高校社团中不会因为社团中每个人的扮演的角色不同而被压迫和强制做一些事情,也不会因为角色的不同而被贬低或非议,社团生活给予了每个人自由平等的空间。

社团内容的共享性体现在以下几个方面:第一是资源的共享,帮助社团实现了社会化的功能;第二是兴趣的共享,帮助社团成员实现了对教育价值和生命意义的领悟;第三是团员身份的共享,帮助社团成员平等地享受各项权利,实现最终的梦想。

(五) 高校学生社团的组织运行

高校学生社团面向的是大学生的全面发展,社团组织的运行更加关注高校学生的生活体验和创造性表现。高校学生社团的组织运行是指社团内部各要素之间、各主体之间以及社团和校园环境之间的相互影响和相互作用,是促进、制约、维持社团运行的系统化以及制度化方法的综合。高校学生社团内在的组织运行包括:确立组织目标;设计组织机构;确定组织规范;策划实施组织活动;反思活动成效等环节。

1. 确立组织目标

"目标是指导组织行为的预期结果。具体目标指导决策,影响正式结构,细化任务,指导资源配置,管理设计决策。模糊的目标妨碍理性化,这是因为,没有清晰的目标,是不可能制定出可供选择的方案并做出理性决策的;因此,甚至当组织的一般目标不清晰时,也是如此。"①明确的目标对于社团的运行是非常重要的。目标对社团成员的行为具有促进作用,因为一旦目标形成,就会坚持下去,不会轻言放弃。在社团组织运行中,随着社团发展新的目标不断生成,新的主题也不断生成,学生在探索过程中兴趣值也在逐渐提高,创造性思维也在逐渐提升。社团组织目标的形成是一个动态生成的过程,贯穿在社团组织运行的始终,体现了社团组织开放性的特点。虽然社团的组织目标是不断生成的,但是每一个学生社团,都会对自己组织目标进行整体规划,这是社团预设性的一面。对社团整体的规划和预设不是限制其生成性,而是为了使社团组织目标的生成发挥得更有方向、更有成效。

2. 设计组织机构

社团的外部组织机构分为两个,第一个是学校,主要负责引导与制定学生社团发展规划,并对各相关部门的责任与权利进行协调;第二个是学校团委和挂靠单位团委,主要关注学生社团的正常运转,并负责引领学生社团组织发展,主要的执行者对应的是社团联合会和指导教师。社团的内部主体也有两个,分别是社团负责人和社团成员,社团内部往往会设立与学校及社联相对应的组织机构,如组织部、宣传部、活动部等。作为一个社团组织,学生社团内部的机构设置既要能满足社团的正常运行,又要能高效有力地服务全体会员的需求,还要与社团的类型宗旨相匹配,社团的运行发展既离不开外部组织的帮助和协调,同样也离不开内部组织的自发主动。

---

① 〔美〕韦恩·霍伊、赛西尔·米斯克尔.教育管理学:理论·研究·实践(第七版).范国睿等译.北京:教育科学出版社,2007:11.

3. 确定组织规范

社团组织必须以充分尊重学生的兴趣、爱好和能力为前提,为学生自主性的充分发挥开辟广阔的空间。在社团组织运行中,学生自己选择组织的方式,自己决定组织的机构。但是,俗话讲,"没有规矩不成方圆",在社团组织管理中,如果没有相应的组织规范和规章制度作保障,社团就会缺乏稳定性和持久性。社团组织规范的建设具体应该包括社团管理条例、社团章程、成立审批制度、组织活动制度、激励制度、考核评价制度、财务管理制度、退出取缔等多元化的制度范畴。学生社团制度的建设应从学校实际出发,制定切实可行、便于操作的规章制度同时考虑不同类型学生社团的特点与功能,体现以社团为本、以学生为本的理念,发挥制度促进社团内部建设完善、内部结构优化、工作目标明确、健康持续发展的功能。

4. 策划组织活动

组织活动策划案需要一个新颖独特、让人眼睛一亮的主题,同时一个好的主题更需要一整套翔实、细致的日程安排。高校社团活动以学生的现实生活和社会实践为基础,以活动为主要形式,强调学生的亲身经历和体验,要求学生积极参与到各项活动中去,在"做""行动""实践""反思"等一系列的过程中发现和解决问题、体验和感受,培养实践能力和创新能力。为了确保社团组织活动的顺利实施,必须要提前进行活动设计,设想组织活动的具体流程以及在活动中可能会出现的意外情况,做好备选方案,针对活动中可能出现的意外情况能够做出积极应对。

5. 反思组织活动成效

反思组织活动成效是对教育活动满足社会与个体需要的程度做出判断的活动,是对教育活动现实的或潜在的价值做出判断以期达到教育价值增值的过程。①社团组织活动的主体是学生,对社团活动

---

① 陈玉琨.教育评价学.北京:人民出版社,1999:7.

价值的评估与反思,是提高社团活动质量的途径,也是提高学生满意度的路径。学生社团的服务对象是学生,学生的评价是社团成长与发展的重要影响因素,反思社团组织活动的价值也是为了更好地发展社团,服务学生。

二、高校学生社团与高校其他学生组织

在我国高等教育领域,除了高校的学生社团组织外,还存在着其他几种形式的学生组织,主要有高校共青团委员会、高校学生会以及高校班级组织等,高校学生社团与这些学生组织有着十分密切的关系。

(一) 高校学生社团与共青团委员会

《中国共产主义青年团章程》的总则规定:"中国共产主义青年团是中国共产党领导下的先进青年的群众组织,是广大青年在实践中学习中国特色社会主义的学校,是中国共产党的助手和后备军。"[1]共青团的工作是围绕着党的青少年工作方针政策展开的,共青团—共产党构成了一个政治上的接力棒关系,共青团无疑成为我们党的接班人和生力军。在共青团成立之初,工作重心是革命斗争,而且这个重心始终贯彻在新民主主义革命过程中。解放后,尤其是改革开放以后,共青团的工作有了新局面。按照共青团团章第二十四条的规定:"企业、农村、机关、学校、科研院所、街道社区、社会团体、社会中介组织、人民警察连队、人民武装警察中队和其他基层单位,凡是有团员三人以上的,都应当建立团的基层组织。"[2]因此,高校的共青团组织是团的基层组织,以目前中国高等院校的规模来衡量,一般都

---

①②　团中央组织部.中国共产主义青年团章程(总则).北京:中国青年出版社,2009:4.

成立了共青团的基层委员会。一些规模比较大的学校团委下又设置各个二级团委、团总支或团支部，再下面一级就是按照自然班级组成的各个团支部。目前各个高校的团组织基本都建立了团委，一般都称为"共青团某某大学委员会"，也即高校团委。

随着我国社会经济的不断发展，高校招生规模的扩大、人才市场的激烈竞争和大学生就业矛盾的日趋严重，高校共青团工作的职能也在不断经受着不同的挑战，需要加强自身的改革和创新。"一体两翼"就是新时期高校共青团工作主动改进的一个重要结果。"'一体两翼'是一个大团建的概念。'一体'是指团组织，是主体，'两翼'是指学生会组织和学生社团组织。共青团这一主体对学生会、学生社团这两翼进行思想和工作上的指导，'两翼'则是共青团组织手臂的延伸，通过'两翼'组织学生素质拓展和校园文化建设方面的扎实工作。"①这一格局的构建也体现了我国高校共青团的重要职能，就是协助学校管理学生事务，并且指导学生会、各类学生社团、各个班级的团支部等其他学生组织工作，使得其与高校学生社团的关系尤为密切，高校学生社团的经费来源、活动组织、社团干部的选聘、社团的考核等都由团组织直接或者间接地负责管理。

（二）高校学生社团与班级

在传统的高校管理模式中，大学生的大部分时间都是在班级这样的组织中度过，各种奖惩制度和学习课程的安排也主要以班级为单位来落实，因此，学习、升学等的竞争也主要发生在班级里。班级作为一种正式的社会控制，通常是通过有组织的安排，给予奖励或处罚的方式进行。班级构成的法则决定了班级是以集体组织的形式出现的。但是，在学分制、选课制逐步推行的情况下，班级所行使的行

---

① 朱建彬.高校共青团组织"一体两翼"工作格局探索.绍兴文理学院学报（教育教学版），2003（12）：30.

政管理职能越来越弱化,原来的班级管理开始显得松散和不稳固,班级的影响力和凝聚力正在逐渐变小,而学生社团作为学生的另一种组织形式,其影响力在逐渐增大。高校学生社团可以填补传统课堂教育和班级管理机制上的管理空档,高校学生社团通过将有着共同兴趣爱好的同学凝聚在一起,在课余时间开展一系列健康、有益的活动,无形中也达到了通过另一种途径约束和管理学生的目的。高校学生社团为学生提供了非常灵活的选择性,逐渐成为大学校园里学生生活、学习和交往的基本单位形式。作为一种自发性的组织,学生社团的出现和繁荣也说明了现代大学生正从过去计划经济体制下的"单位学生"向市场经济体制下的"社会学生"转变。因为有了社团这一良好的平台,学生可以通过这个平台去了解、认识和适应社会,学生进入社会后需要具备的诸多能力就在社团活动中得到了培养。

当然,我们从客观的角度去讲,高校学生社团组织的成熟不是建立在高校班级组织的功能弱化的前提下,而是即使在班级体制相对完善的情况下,学生社团照样有其发展壮大的空间与可能,两者之间相互补充、互为表里。相对而言,班级组织侧重于学生管理和大众化活动的开展,侧重于组织的全民性、大众性和法定性,而社团则侧重于组织的个性、自主性以及特殊性。但是,在班级组织相对弱化的背景下,社团功能则会相对凸显。总之,高校中的社团与班级,各有优势,应各司其职。高校学生社团有着班级组织无法取代的自身优势,但并不是说社团就可以取代班级,也不能说只要完善班级制就无需学生的社团组织。高校学生社团要明确自身的优势和特性,充分发挥学生联系社会的桥梁和纽带作用,而不是逾越或者行使班级等正式组织的职能,更不是要染上"官府衙门"等级分明的不良作风,这些都将会削弱高校学生社团的组织活力,也必然背离了其成立的初衷。

(三) 高校学生社团与学生会

学生会组织是我国最普遍、最常见的学生组织类型之一,高校的学生会组织规模庞大、结构复杂、功能丰富、职能鲜明,它不但在形式上得到了政府和社会的广泛认可和积极支持,更以其贴近学生生活、活泼生动的活动内容赢得了广大学生的支持。在1919年的"五·四"爱国运动中,各个高校的部分学生积极组织起来,选举领导人、拟定宗旨、制定章程、募集经费,通过群体宗旨的力量与北洋政府进行抗争。此后,在全国范围内各高校、中等院校纷纷建立了学生会组织,一般称为学生自治会,并在新中国成立的前夕,更名为"中华全国学生联合会"(以下简称全国学联)。目前,从全国范围来看,我国几乎所有的学生会组织都隶属于全国学联。在全国学联主页上可以详细看到:全国学联是中国共产党领导下的中国高等学校学生会、研究生会和中等学校学生会的联合组织。它的基本任务是遵循和贯彻党的教育方针,促进同学德、智、体全面发展,团结和引导同学成为热爱祖国、适应中国特色社会主义现代化建设事业要求的合格人才;发挥作为党和政府联系同学的桥梁和纽带作用,在维护国家和全国人民整体利益的同时,表达和维护同学的具体利益;倡导和组织自我服务、自我管理、自我教育,开展健康有益、丰富多彩的课外活动和社会服务,努力为同学服务;增进各民族同学的团结、加强与台、港、澳同学的联系,促进中华民族的团结和伟大祖国的统一;发展同世界各国、各地区学生和学生组织的友谊与合作,支持各国、各地区人民和学生的正义事业。从以上的介绍我们可以了解,全国学联并不接受自然人为会员,而是团体会员,同时它本身是全国青联的团体会员之一。它的基本任务比较完整地概括出了我国学生会的一般宗旨——服务育人、代表维权、自治服务、维护统一、促进交流,这也是我国学生会的一般任务。可见,学生会既是"承担一定任务的学生机关",同时也是一个群众自治团体。它有权利相对独立地开展活动,是党和政府联系学生的重要纽带。作为一个群众团体,它接受着三重领导:校党委、校团委、上级学联。因此,从本质上来说,学生会是一个半官方性质的学生组织。

在美国的高等教育中,高校的学生社团和学生会同样都被纳入学生活动的范畴。因为在他们看来,不管是学生社团也好,还是学生会也好,它们都从属于以学生为主体而开展的学生活动,两者并没有什么本质的区别。这一点恰恰与我国的理解有所不同。我国一般把学生会和学生社团看作是性质不同的两类学生组织。我国各个高校的学生会的机构设置及相关职能具有很大的自主性,因此各个高校的学生会与学生社团的关系也不尽相同,主要有两种关系模式。第一种是学生会设立学生社团管理的部门,如社团活动部,实施对学生社团及其活动的直接管理。复旦大学就是将学生社团进行归类,按照不同的特点分别挂到学生会的各个部门下面,由各个分管部门对其进行集中管理、引导和扶持,使得社团与学生会的融合更为紧密。这样的融合使学生会的各个部门能够为社团提供更为专业的帮助及资源上的支持,同时有利于学生会和社团之间积极拓宽发展思路,资源共享。第二种是有的高校成立学生社团联合会,与学生会并列同属于校团委的管理。北京大学是较早就成立了学生社团联合会的学校之一。通过将本校 247 个学生社团联合起来,实现各个学生社团的交流互助,做到优势互补。这也有利于学校团委对学生社团的直接引导。

三、研究的理论依据

我国高校学生社团的发展研究归根结底属于探究我国高校学生社团发展规律的问题,它涉及我国的政治、经济、文化、教育等多方面领域,属于典型的复杂性问题,对复杂性问题的认识离不开多学科的理论与方法指导,我们认为,马克思主义的方法论指导,自组织理论的理论基础,以及教育学、管理学、组织社会学等相关理论借鉴,都为本研究提供了重要依据。

（一）方法论指导：马克思主义

马克思主义人的全面自由发展理论对我国高校学生社团发展研究的方法论指导。高校学生社团作为高等教育系统的重要组成部分，其发展的最终目标与价值指向何在？马克思主义关于人的全面自由发展理论为我们提供了分析依据。马克思主义认为，人是社会的主体，人的发展是社会发展和社会进步的源泉和动力所在，二者都是社会实践过程的产物。社会的进步依赖于人的发展，借助人的发展来推动，同时社会的发展内含着人的发展，并为人的进一步发展创造条件；人的发展又不断为社会进步提出更高的要求，以更强的主体能力和依靠日益丰富的主体实践实现社会的发展，推动社会的进步。马克思主义认为，人的发展过程有人的类特性的发展，到人的社会性的发展，再到人的个性的发展三个基本历史阶段，最终实现在丰富而又全面的社会关系中获得自由、全面的发展，成为具有自由个性的人。由此观之，高校学生社团发展的终极目标就是为了满足青年大学生发展其自然潜力和积极的多方面的需要，发挥自己的全部才能和力量。同时，马克思主义还认为，人是社会的人，人的本质力量的对象化所规定的人在社会生活中的价值或意义，即为人的价值。人的价值可以分为人的社会价值和个人价值。人的社会价值是人对社会的积极的、肯定性的作用和奉献，是人在社会中体现的对于社会的意义，即人对于社会的价值，或者说，人的社会价值就是个人的创造活动对于社会需要的满足。一个人的社会贡献越大，他的社会价值就越高；一个人越是通过社会实践来满足自己的需要，其个人价值就越大。人的社会价值和个人价值紧密联系，孤立的、绝对的个人和个人价值是不存在的。"自觉地为社会的进步、人类的解放作贡献，实现自己的社会价值，不仅不是自我的丧失，而且恰恰是自我的完善，是个人价值的充分实现。"[①]

---

① 马克思恩格斯全集(第 6 卷).北京：人民出版社，1972：124.

由此可见,高校学生社团发展对于促进高等教育事业发展和提升大学生个人能力都发挥了重要的作用,深刻地体现了社会价值和个人价值的辩证统一。立德树人是高等教育的根本任务。高等学校就是要充分利用学生社团的立德树人功能,发挥宣传思想工作的思想引领作用、舆论推动作用、精神激励作用、文化支撑作用,坚持育人为本、德育为先,努力办好人民满意的教育,培养和造就全面发展的社会主义建设者和接班人。党的十九大提出要牢牢把握意识形态的领导权和主导权。意识形态工作是党的一项极端重要的工作,事关党的前途命运,事关国家长治久安,事关民族凝聚力和向心力。高校是各种知识和各种文化的集散地,是各种思想文化交流交融交锋的重要场所。从目前的情况看,加强高校的思想宣传工作,课堂、讲座、论坛、社团等阵地管理仍存在诸多薄弱环节,非主流意识形态的噪音杂音时有出现。因此,加强高校学生社团建设,最紧要的是要坚持育人为本,德育为先,紧紧围绕培养人才这个主要任务,始终把"培养什么人""如何培养人"摆在突出位置,注重价值观塑造和理想信念引领,坚持用中国特色社会主义理论体系武装头脑,用社会主义核心价值观凝聚人心,不断增强广大高校学生的道路自信、文化自信、理论自信、制度自信。

(二)理论基础:自组织理论

从根本上讲,自组织理论就是解释复杂系统演化动力机制的理论,正如华中科技大学冯向东教授所言:"一个复杂系统的自组织机制,就是以增加自身的有序性和组织结构的演化来适应外部环境约束的动力机制。"[①]这为研究我国高校学生社团发展提供了恰切的理论依据。

1. 自组织的概念

在明确自组织概念之前,先说明一下组织的概念以及分类是十

---

① 冯向东.创新源于实践.武汉:华中科技大学出版社,2006:49—50.

分必要的。"组织"作为动词性使用的范畴时,它的主要贡献在于将组织与演化的过程性、复杂性和有序程度等概念、范畴联系在一起。在演化过程中,组织化意味着事物从无序、混乱朝有序结构方向演化,或从有序程度低向有序程度高演化,而不是相反。组织概念的反面,就是非组织,即指与组织相反的过程或结构瓦解的情形,如果一个结构瓦解,或一个体系的演化使得它的有序程度降低了,那么,这个过程就称为"非组织化",这个过程的结果就称为"非组织"。"按照事物本身如何组织起来的方式,组织化的方式应该这样划分为两种方式:一种即'自组织',另一种即'他组织'。"①所谓自组织,按照普利高津的定义是指"系统自发出现或形成有序结构的过程"。②协同学创始人哈肯(H.Haken)认为,"如果一个体系在获得空间的、时间的或功能的结构过程中,没有外界的特定干涉,我们便说该体系是自组织的。这里'特定'一词是指,那种结构或功能并非外界强加给体系的,而且外界是以非特定方式作用于体系的。"③而所谓"他组织"即从事物自身看,它的组织化,不是它自身的自发、自主过程,而是在外部特定动力驱动下的组织过程或结果。自组织和他组织之间是辩证统一的关系,某复杂事物具有他组织属性,但是如果从一定的分支系统看,他组织又可能包含一定的自组织。比如说有一群工人,在工头发出外部命令下按确定的方式行动,我们称之为他组织;而有些工人不需要外部命令,通过相互默契,协同工作,各尽职责来生产物品,我们把这个过程称为自组织。自组织与他组织是密切联系不可分割的。自组织是他组织的存在条件,他组织决定自组织的发展向度。凡是出现自组织过程的地方,总会发现有他

---

① 吴彤.自组织方法论纲.系统辩证学学报.2001(2):5.

② 〔比利时〕伊·普里高津.非平衡系统的自组织.徐锡申译.北京:科学出版社,1986:58.

③ 〔德〕H.哈肯.协同学——大自然的奥秘.凌复华译.上海:上海译文出版社,1988:29.

组织力在起作用,反之亦然,完全排除外在的他组织作用,系统自组织是不可能的。

表 1.2　组织与非组织的分类①

总概念	组	织	非组织	
涵义	事物朝有序、结构化方向演化		事物朝无序、结构瓦解方向演化	
二级概念	自组织	他组织	自无序	被无序
涵义	组织力来自事物内部的组织过程	组织力来自事物外部的组织过程	来自事物内部的无序过程	来自事物内部的无序过程
典型	生命成长	晶体、机器	生命死亡	地震房屋倒塌

自组织又可以分为无意识的自组织和有意识的自组织。有意识的自组织是有人系统组成的社会组织,而不是无人系统的自然和生命组织。社会组织的最大特点在于把人的意识性纳入考虑的范围,人是有目的的动物,会主动选择和适应环境的变化,因而更加增加了系统的复杂性。有学者把社会组织称之为“特殊的复杂巨系统”。但人的目的性与自组织性并不矛盾。首先人的目的本身就是属于系统的内部作用并且是最为核心和最为复杂的作用。人的意识和作用不应看成“外力”,仍属于系统内的动力学作用之一方面,符合自组织理论的基本要求。其次,人的目的性并非指确定的和终极的目的,而总是与一定发展阶段相联系的,表现为系统发展变化的阶段性。在一定阶段之内,组织发展处在一种“特定”目的之中,体现出一定的规律性和确定性,但只要组织处在开放的环境之中,“特定性”就会转化成“非特定性”,就会体现出偶然性和不确定性,组织就会发展到另外一个阶段。因此,真正的目的性,实际上是组织发展变化的阶段性与规律性的统一。第三,个人的目的性是一种“随机力量”,并不足以支配组织的演化,个人的目的性只是系统的一种相互作用,增加了系统演化的不确定性和偶然性。总之,从根本上说,人类社会组织也是自组

---

①　吴彤.自组织方法论研究.北京:清华大学出版社,2001:10.

织的,是自发运动,自我发展的,当然它的前提是必须满足一定的条件。

2. 自组织理论的发展历程

人类很早就在思索事物是在如何变化的。比如老子的《道德经》中认为"道生一,一生二,二生三,三生万物",事物自然不断地自我向前演化。在西方,古希腊哲学兴起之后,他们认为事物演化和发展的动力不再是自然本身,而是出现了一个外部的组织者,这个组织者就比如毕达哥拉斯的"数",门巴尼德的"存在",柏拉图的"理念"以及亚里士多德的"不动的推动者"。在西方,基督教兴起之后,"上帝"取代了"推动者"的位置,成为解释事物变化的终极原因。这种观念一直影响到近代科学的形成。作为近代科学的集大成者牛顿认为完美和谐的宇宙来自上帝的统治。近代科学关于世界运动的原因,都归之为存在一个系统外部的组织者和推动者,系统的结构和秩序,是由这位外在的"组织者"决定的。过去、现在和未来的世界是一样的,并没有发生变化。事物是简单的、静止的、可逆的,从根本上否认了事物的演化特性。①当然把总体分解为部分,复杂分解为简单,非线性系统化简为线性的还原论做法极大地促进了人类对于世界的理解。但是,近代科学只是对事物变化过程一种简单、线性的刻画,显然解释力不够。事实上,在近代科学体系中,也始终存在着对牛顿形而上学自然观的质疑和反对;比如康德、达尔文以及马克思等。尤其是达尔文的进化论揭示了生物进化的普遍规律,使人们进一步认识到,地球上所有的动植物并非是由上帝创造的,而是自然长期演化发展的产物。但真正对于事物演化做出科学解释的是热力学,也正是由这个领域产生了所谓的自组织理论。

热力学则开启了对复杂对象作整体研究的进程。热力学第二定

---

① 孙锐,王战军."自组织悖论"与社会组织进化动力辨识.清华大学学报(社科版),2003(6):66.

律和克劳修斯的"热寂说"所预示的宇宙图景,与达尔文进化论之间的矛盾,始终困扰着现代自然科学。1969年,比利时科学家普里高津提出的耗散结构理论,比较好地给出了一种系统内形成有序性机制的描述,他也因此获得1977年诺贝尔化学奖。耗散结构就是指一个开放系统在远离平衡态的状态下,通过系统内部的涨落,可能达到一种新的有序稳定态,即形成一种远离平衡态的稳定结构。它的维持需要不断与外界物质和能量的交换,即不断地输入"负熵"①以抵消系统内的熵增趋势。耗散结构理论开创了一个全新的科学研究领域,普利高津的理论称之为"演化的科学",而以牛顿力学为代表的经典科学是"存在的科学"。②两者的本质区别在于,后者以一种静态的、理想状态的观点,把系统分解为个体来看;而前者却以不可逆的时间箭头为基础,研究系统的动态过程和演化方向,因而才更加接近了自然界的实质。

　　耗散结构理论打开了自组织系统的广阔天地。自组织是一种通过系统自身的适应、调节过程,"自发"实现系统的有序性的过程。耗散结构理论揭示了系统在远离平衡态状态下,从外界引入负熵,通过涨落达到有序的自组织机制。哈肯于20世纪70年代提出的协同学是自组织理论历史上的又一个主要成就。它比起耗散结构理论的一大进步在于,指出了一个系统实现有序化的关键不在于是否远离平衡态,而在于系统内的大量子系统之间通过非线性相互作用产生协同效应,使系统表现出时空结构上的有序性。此后,又出现了一大批相关的理论成果,如"超循环论""混沌理论"和"协同理论"等,这些新兴的理论都为研究非线性的复杂系统,或非线性的复杂自组织过程作出了贡献。限于篇幅和理解的深度,本文不能详细讨论这些理论的来龙去脉。但是不同理论尽管研究的重点不同,但都是以复杂系

---

　　①②〔比利时〕伊·普里高津.从存在到演化:自然科学中的时间及复杂性.曾庆红等译.上海:上海科学技术出版社,1986:22.

统的自组织过程为研究对象的,不同理论相辅相成,共同构成了自组织理论。吴彤曾概括了综合自组织理论的要点,认为"耗散结构理论是解决自组织出现的条件环境问题的,协同理论主要研究系统从平衡状态发展到另一种有序状态的过程及其动力,突变论从数学抽象的角度研究自组织形成的途径问题,超循环理论解决自组织的结合形式问题"。①

总之,自组织理论是以复杂性的开放系统的演化过程为研究对象,并且认为有机体在与环境的能量、信息与物质的交换过程中,演化的根本动力在于系统内部的自组织力量,能够自适应外部环境的变化,使组织能够从简单走向复杂,从无序到有序。

3. 自组织理论在高等教育研究领域的应用

高等教育组织研究领域内也有学者试图用和自组织相关的理论解释高等教育组织领域内的现象,最具有代表性的研究就是阿什比的"大学生态学"。他认为,任何类型的高等教育组织都是遗传和环境的产物。所谓遗传,即高等教育组织发展的内在逻辑力量使高等教育组织保持稳定发展,而环境的变化则不断对高等教育组织产生新的需求,高等教育组织为适应所处社会必须进行适应性改革,即变异。②伯顿·克拉克间接上也认为高等教育组织代表的大学,其变革的动力主要来自大学的组织内部。他提出过一个"赫茨伯格"矛盾,即"大学是社会中最保守的组织,但同时又是最能推动变革的组织"。③为什么会是这样,他认为原因就在于大学变化的动力和阻力都产生于系统的内部,主要是系统内部的相互作用推动大学的组织

---

① 〔比利时〕伊·普里高津.从存在到演化:自然科学中的时间及复杂性.曾庆红等译.上海:上海科学技术出版社,1986:22.

② 〔英〕阿什比.科技发达时代的大学教育.滕大春等译.北京:北京人民教育出版社,1983:21.

③ 〔美〕伯顿·克拉克.探究的场所:现代大学的科研和研究生教育.王承绪译,杭州:浙江教育出版社,2001:98—101.

变革。

　　本书所讨论的高校学生社团发展问题,从系统本身来讲是对高校学生社团这一个开放的复杂巨系统演化动力所进行的引导。复杂系统之所以复杂,根本上来源于组合。这种复杂结构在下文探讨高校学生社团演化动力机制时将做出详细的说明。从历史的角度来看,高校学生社团发展经历了"新中国成立前""新中国成立到改革开放初期"以及"改革开放新时期"三个阶段,按照普里高津的说法就是经历了时间不可逆的过程。我国高校学生社团不是一个封闭组织,它需要通过与外部物质和能量交换,不断调整着高校学生社团系统内部各构成要素的关系,从而推动高校学生社团本身发展变革的演化。但是,这种发展演变是不是有一定的内在动力规律? 接下来,本书在重新认识高校学生社团演化过程的基础之上,探讨其演化的背后动力机理,进而提出对这些力量进行有效引导的策略。

　　4. 自组织理论与高校学生社团系统

　　(1) 高校学生社团的系统性

　　"系统"一词由来已久,通常来说,系统是指"那些由多个部分构成且具有整体特性和特定功能的一类事物,也可以是自然、社会、思维、生命等事物以整体性存在方式的指称"。系统不仅强调了事物的存在性及事物各组成部分表面的、活动的空间性区别,系统还关注事物间组织的规则性和部分之间内在的关联性。因此,称某事物为"系统",或者具有"系统性",也就是人们用"系统的方法"来观察、分析或者诠释该事物。系统是由相互作用和相互依赖的若干组成部分(要素)结合而成、具有特定功能的有机整体。依据此定义可以看出,系统必须具备三个要件:第一,系统必须由两个或两个以上的要素(或部分、元素、子系统)所组成,要素是构成系统的最基本单位;①第二,

---

　　① 贾仁安,丁荣华.系统动力学——反馈动态性复杂分析.北京:高等教育出版社,2002:67—69.

要素与要素之间存在着一定的有机联系，从而在系统的内部和外部形成一定的结构或秩序，任何一个系统又是它所从属的一个更大的系统组成部分（要素），这样，系统整体与要素、要素与要素、整体与环境之间，存在着相互作用和相互联系的机制；第三，任何系统都有特定的功能，这是整体具有不同于各个组成要素的新功能，这种新功能是由系统内部的有机联系和结构所决定的。系统是由多个部分（子系统）组成，系统的特性由各个组成部分（子系统）的特性所决定，同时又存在着不同于任何部分特性的新的属于整体的特性。其整体的特性可以用"整体大于部分之和"来表达，体现了它的非加和性和非简单因果性。①

高校学生社团是由大学生依据兴趣爱好自愿组成，按照章程自主开展活动的学生组织，也是由相互作用和相互依赖的若干组成部分（要素）结合而成的、具有特定功能的有机整体，即完整的系统，高校学生社团符合构成系统必须具备的三个基本要件：

首先，从构成系统的要素上看，高校学生社团成员众多。各个高校在学生管理的规章中都有明确规定，至少有三个或者三个以上的学生才能申请成立学生社团，有的学校规定是至少五个或者五个以上，例如北京大学则要求五个以上的学生才能够申请成立学生社团。但是实际上，每个高校学生社团的人数往往达到几十个，上百个，有的高校网络学生社团成员数甚至上千个。从高校学生社团成员的数量上看，符合系统构成的要素不能少于三个的基本要求。

其次，从构成系统的要素之间的有机联系上看，高校学生社团成员之间关系紧密。高校学生社团都是建立在成员们共同的兴趣和爱好的基础上，成员的加入和退出都是以自愿为原则，社团成员之间关系密切，共同遵守社团的规章制度以及学校的社团管理规定。高校学生社团内部分工明确、各司其职，如每个学生社团除了有各

① 王其藩.系统动力学.北京：清华大学出版社，1985：31—33.

自的领导人外,还有执行部、宣传部、策划部以及外联部等基本运行机构,这些都符合系统构成的要素之间要存在着一定的有机联系的要求。

最后,从系统的功能上看,高校学生社团的功能比较明显,而且具有不同类别的功能。一般来说,高校学生社团的功能主要包括四个方面:一是思想政治教育功能,主要是贯彻党和国家的思想意识形态,引导大学生形成正确的世界观、人生观和价值观;二是知识学习功能,大学生通过参加高校社团可以了解有关国内外形势,学习不同学科的科技知识;三是文化功能,主要是指高校学生社团在校园文化的交流、扩散、传播、自娱等方面的功能,这是大学生社团最主要的功能;四是社会化功能,主要是指通过社会参与、社会实践、社会服务等方式参与社会事务,在获得社会力量的支持和能力提升的同时,对社会事务施加影响的功能。

总之,综合对构成系统的要件和高校学生社团组织特征的分析,可以发现,高校学生社团组织具有典型的"系统性",或者我们也可以直接将高校学生社团称之为"高校学生社团系统"。

(2)高校学生社团的系统类型

依据自组织理论的代表人物,即协同学创始人赫尔曼·哈肯(Hermann·Haken)对自组织所下的经典定义:"如果一个体系在获得空间的、时间的或功能的结构过程中,没有外界的特定干涉,我们便说该体系是自组织的。这里'特定'一词是指,那种结构或功能并非外界强加给体系的,而且外界是以非特定方式作用于体系的。"我们重新去审视高校学生社团,可以发现它是一个典型的自组织系统。原因有三:

其一,高校学生社团自身具备控制系统外部输入的物质、信息和能量的阈值的能力,无论是从组织发展规划、日常管理或者干部选拔上都具有较大的独立性和自主性。中外高校学生社团的发展历史上也可以证明,高校学生社团是可以实现自我教育、自我管理、自我服务的。

其二,在我国,高校学生社团虽然从属于"高校党委—团委—社团"整体系统的一部分,而且在发展中很大程度要依赖外部力量,但是,高校团委对学生社团发展的指导是以促进社团自主发展为最终目的,并积极为之创造条件。《意见》也曾给予了明确的说明。高校学生社团是大学生自主自愿开展活动的组织,大学生是社团的主人,他们在社团中享有充分的权利,也履行各自义务,这就在法律上明确了高校学生社团的自组织地位。

其三,大部分高校都成立了各自的学生社团联合会,承担着对学校管理的部分工作,这是非常具有生机和活力的自组织,这其实就是通过各种手段推动高校学生社团的自组织建设的大胆探索。美国著名的教育家艾伦·布鲁姆也指出:"社团的活跃才是大学生的活跃,才是大学的活跃。"高校学生社团系统通过展现丰富多彩、生机勃勃的自组织属性,也极大激发了整个高等教育系统的活力。

由此可见,高校学生社团是能够自我控制系统内外物质、信息和能量传输阈值的系统,而且,随着高等教育改革的深入发展和学生权利的增强,高校学生社团系统的自组织系统特征将愈发明显,这也为我们深入认识高校学生社团发展机理,并进而对其科学引导提供了十分重要的理论依据。

（3）高校学生社团系统的演化

正如万事万物都处于永恒的运动状态一样,高校学生社团系统也是在不停地发展变化当中的。高校学生社团系统随时间和环境的发展变化,也就是高校学生社团的功能、行为、结构、规模、特性等随着时间的推移而发生的变化,按照自组织理论的观点,这叫作高校学生社团的系统演化（evoulution）。作为自组织的高校学生社团系统,它的演化包括高校学生社团从无到有的形成,从不成熟到成熟的发育,从一种结构或形态到另一种结构或形态的转变,高校学生社团的老化或退化,从有到无的消亡（解体）等,高校学生社团的生成和发展也都属于自组织理论上的系统演化。

高校学生社团系统为什么会出现这种演化的趋势？这一点可以从自组织理论得以解释。1865 年，鲁道夫·克劳修斯（Rudolf Clausius）引出了"熵"的概念，在能量守恒和系统可逆性之间进行清楚的区分，并认为系统变化中可逆性和能量守恒是吻合一致的，而对于物理化学变化，存在着很多不可逆的过程，这些过程同样需要遵循能量守恒。克劳修斯的"熵"弥补了不可逆过程中浪费掉的"耗散"能量。在系统内部不可逆过程引起系统内部"熵"的增加或者"熵"的产生，这个"熵"的增加不能通过与外界作逆的势交换来减少，在一切不可逆的过程中，"熵"总是在同一方向上进行的。不断增加的"熵"相当于系统自发的进化，最终将系统带到对应于最大"熵"状态的势力学"平衡态"。因此，任何组织的变化都可以看成是一个具有"熵"增加方向变化的内在倾向的复杂系统。作为高校学生社团组织的系统演化，亦是通过高校学生社团系统内外进行物质、信息和能量的交换，并伴随着系统内外部进行"熵"的增加和减少来实现高校学生社团从无到有、从简单到复杂、从无序到有序的变化。至于高校学生社团系统是如何自组织演化的，其内部有何特殊机理，将是我们在下一节所要着重阐释的内容。

（三）理论借鉴：其他学科理论

自组织理论为我们深入认识高校学生社团发展的一般规律，并进而对其科学引导提供了十分重要的理论依据。但是，对高校学生社团发展问题的研究涉及我国的政治、经济、文化、教育等多方面领域，属于典型的复杂性问题，对复杂性问题的认识离不开其他学科的理论指导。因此，本书在局部研究中还依据有其他理论：

1. 大学生发展理论

大学生发展理论是指："以大学生全面发展为目标，针对大学生在某一阶段的发展任务，根据大学生的发展规律，结合每一个大学生的特点,向大学生提供一些必要的辅导,使大学生得到全面发展的理论体系。大学生发展理论最早产生于 20 世纪 20 年代美国大学的就业指导运动。"①到了 19 世纪 60 年代,大学生发展理论已经在美国高等教育中起到非常普遍的指导作用。大学生发展理论是一个综合性的理论体系,包括许多思想内容,"但是其思想主要有三个基本来源——学生事务管理的变革、心理学的发展以及职业指导运动的兴起。大学生发展理论根据大学生成长中的影响机制划分,其内容可分为个人—环境作用学派、社会心理学派以及认知学派。"②个人—环境作用学派的约翰·班林(John Banning)和沃尔特·莫斯(Walter Moos)强调大学生在成长的过程,其思想和行为会受到外部环境的影响,并且把大学生的思想行为视为个人—环境相互作用的产物,因此,大学生的全面发展需要良好的教育环境氛围。③社会心理学派重要代表人物的艾瑞克·艾瑞科森(Erik·Erikson)主要研究大学生发展的内容,提出,"大学生发展的任务应该包含能力培养、情感控制、自我管理、人际关系处理以及信仰与责任感的树立等。"④认知学派的有劳瑞斯·科尔波各(Lawrence Kohlbreg),他非常重视大学生的发展过程,"主张按照各个年龄阶段的心理特征对大学生进行教育,实现学生的全面健康成长。"⑤

随着我国高等教育改革步伐的不断加快,素质教育逐渐成为我国高等教育人才培养的重要目标,大学生发展理论对我国新的历史背景下高校学生社团的发展具有重大指导性意义。在借鉴和吸收大学生发展理论在美国高等教育成功经验的基础上,以大学生发展理

①　克里斯汀.学生发展理论在学生事务管理中的应用——美国学生发展理论简介.高等教育研究,2008(3):19—27.

②⑤　何振.学生发展理论对我国高校学生工作的启示及应用.中国集体经济,2009(8):5.

③　赵玉苏.学生发展理论对高校辅导员专业化建设的启示.淮阴师范学院学报(哲学社会科学版),2009(11):15.

④　隽同强.学生发展理论下的我国高校学生事务管理.苏州大学,2010(6):13—15.

论的"学生发展为核心"为理念,充分尊重大学生的生活和学习等各方面发展的需要。因此,我们一方面应该重视高校学生社团在大学生全面发展中的重要功能和地位,以高校学生社团为重要的载体来推动大学生的全面发展;另一方面,我们还要将大学生的多样化的发展需求纳入高校学生社团发展的视野中去,有效运用高校学生社团外在环境的作用和影响,从而实现推动我国高校学生社团的可持续发展。

2. 组织行为学理论

行为学是专门研究人类行为特征与规律的科学。组织行为学是行为学的一个重要分支,是行为科学在实际中运用的一个领域,在20世纪初逐渐发展成为一门研究组织中个体行为规律的新兴学科。安德鲁·杜布林(Andrew Dubrin)是美国著名的组织行为学家,他认为:"组织行为学是系统研究组织环境中,所有成员的行为,它以成员个人、群体、整个组织及其外部环境,及其相互作用所形成的行为作为研究对象。"[①]安德鲁·杜布林还认为,"组织行为学本质上是探究个体在组织中的行为规律,以及个体行为是怎么去影响组织的绩效,因此,组织行为学的任务是描述、认识、预测以及控制个体成员的行为。"[②]现代管理心理学界的两大巨人库尔特·勒温(Kurt Lewin)和亨利·默里(Heney Murray)也都早在20世纪30年代接受了这一思想,因此,杜布林的思想也就成为管理科学领域理解组织行为的基本观点。

组织发展与变革理论是组织行为学的重要内容。组织行为学认为,组织要想维持和发展,必须根据外界环境的变化,不断对组织进行变革。组织变革就是指组织根据外部环境变化和内部情况的变化,及时地改变自己内在结构,以适应客观发展的需要。不变革的组织是没有生命力的,因此,它必然消亡,但盲目地变革甚至会使组织

---

①② 段新庄.组织行为学视角下的内部控制研究.河南大学,2010(5):1.

消亡得更快。组织变革是有计划、有步骤的,根据未来发展可能出现的趋势进行变革,这样的变革才能使组织得到发展。变革推动者是具体组织者、实施者,它可以是管理者,也可以是非管理者,可以是组织内的员工,也可以是组织外的顾问。组织行为学的组织发展变革理论是我们正确认识高校学生社团变化发展的现象与本质的重要理论依据。我国高校学生社团发展就是以组织的生成、发展和演化原理为突破口去探究我国高校学生社团组织的发展规律。我们既要依据组织行为学理论去全面、准确认识高校学生社团发展变革的基本原理,这是进行本研究的重要基础;同时,我们还要依据组织行为学理论去思考如何引导我国高校学生社团发展的各种动力要素去有效推动高校学生社团的组织变革,这也是本研究的重要目标。

3. 教育社会学理论

教育社会学是研究教育的社会性质、社会功能以及教育制度、教育组织、教育发展规律的一门社会学分支学科,其主要是从社会学角度研究各种教育现象、教育问题及其与社会之间相互制约关系的学科。教育社会学理论最先起源于西方古典社会学理论,主要代表性的思想有两大学派。其一是以法国的迪尔凯姆、英国的思宾塞、美国的帕森斯为代表的和谐理论学派。该学派认为,社会就像一台机器,每个组成部分关系密切,一个部分的变化都会导致其他部分的变化;教育的任务就是使社会能够和谐和进行淘汰,从而实现个人的社会化。另一学派是美国社会学家沃勒和金蒂斯为主要代表的冲突学派。冲突学派以思想激进而著称,他们认为,教育制度的功能是再生产社会关系,社会和教育之间有一种互惠关系;教育制度正是通过一种表面上客观公平的机制分配给人们不平等的社会角色。在我国,教育社会学的发展起步比较晚,最早的是 1931 年教育家雷通群教授所写的《教育社会学》,这本著作一直作为大学的教科书。直到新中国成立后,马克思主义的社会发展规律学说与我国的基本教育问题结合,为中国教育社会学的形成打下了坚实基础,培养出大批的教育社会学家,如吴康宁、徐瑞、廖建东等。

随着社会的发展,现代教育在提高生产、促进社会发展方面显示出日益突出的功能,教育与社会的关系愈发密切。"这使得更多的教育学家逐渐把目光投向更广阔的社会,而社会学家也希望利用教育去解决社会问题,在此种情况下,教育社会学理论被广泛运用到教育和社会研究领域则成为必然。"①作为高等教育与社会都很关注的高校学生社团组织,无论是从国外,还是从我国高校学生社团的发展历程上看,其始终与社会有着千丝万缕的联系。就我国而言,高校学生社团一直随着社会政治、经济和文化的变化处于不稳定状态,缺乏持久的支撑性力量。特别是在现代市场经济社会的今天,单凭高校的力量已经无法满足高校学生社团不同的发展需求,我国高校学生社团的发展越来越需要多元化的力量,尤其是社会领域的力量来实现可持续的发展。与此同时,我国高等教育社会化的趋势不断加强,高等教育与社会的联系密不可分,各种社会力量也愿意通过积极参与高校学生社团的建设来彰显自己的公民责任。因此,对我国高校学生社团的发展特征、运行机理和引导策略的研究需要用教育社会学的理论来认识高校学生社团与社会的互动规律,探索如何有效利用社区、企业、城市等社会实体力量去推动我国高校学生社团更好、更快地去运行和发展。

4. 思想政治教育学理论

思想政治教育是我国社会主义教育事业的一项重要内容,随着市场经济的发展,政治意识的提高,追求个性的释放和人的全面发展,已经成为教育的根本任务之一。"所谓的思想政治教育就是用一定阶级的思想观念、政治观点、道德规范对广大教育对象施加有目的、有计划、有组织的影响,使他们形成符合一定社会所要求的思想、

---

① 刘颖婷.教育社会学刍议.企业导报,2009(6):15.

政治、道德和心理素质的综合性社会实践活动。"①伴随着思想政治教育在长期实践基础上不断发展、壮大和成熟,同时也不断吸收和借鉴其他学科的相关知识,如教育学、心理学、伦理学、政治学、法学、社会学、美学以及行为科学等,逐渐丰富和扩大了自己的知识来源,最终形成了一门单独的学科,即思想政治教育学。"这门科学直到20世纪80年代才产生完整的理论体系,它以思想政治教育这一实践活动为研究客体;其目的在于科学地认识和分析思想政治教育领域的各种现象,揭示思想政治教育规律,主要解决思想政治教育'是什么''为什么'的问题。"②思想政治教育学虽然形成的时间较短,且仍在建设当中,但目前,它已经成为一个综合性实践学科,其理论十分丰富,主要包括:社会意识与社会存在理论、上层建筑与经济基础理论、社会意识必须灌输理论、人的本质是社会关系总和理论、人的全面发展理论、正确处理两类不同性质矛盾理论以及马克思主义认识论和辩证法理论七方面的理论。

　　青年大学生是中国特色的社会主义伟大事业的未来的建设者和接班人,肩负着实现中华民族伟大振兴的重任。然而,大学生们生理、心理仍然处在生长发育阶段,尚未真正得成熟,尤其是世界观、人生观和价值观都还没有完全形成。因此,大学生所被赋予重要的地位、责任以及年轻人所具有生理、心理特征,决定了广大的大学生是思想政治教育的主要对象,大学生所处的任何领域自然应该成为思想政治教育工作覆盖的重点范围。而高校学生社团作为大学生依据兴趣爱好自愿组成的,按照章程自主开展活动的学生群体组织,是密切高校与学生关系的重要载体,加强对学生社团的管理和引导,提高他们的思想政治教育素质,也必然成为我国高校思想政治教育工作

　　① 屈彩霞,王海丰.思想政治教育与高校学生社团的关系.思想政治教育研究,2010(6):87—88.

　　② 邱伟光,张耀灿.思想政治教育学原理.北京:高等教育出版社,1999:7.

的重要任务。具体来讲,就是在高校学生社团的建设当中,"通过思想政治教育学理论来进行方向指导和政策把关,提升社团成员的思想政治理论水平,使他们明辨是非,并能做到有效抵制一切腐朽思想的侵蚀,确保高校学生社团发展务必坚持党的领导,坚持中国特色社会主义的正确发展方向。因此,思想政治教育理论可以为我国高校学生社团保持正确发展方向提供思想动力和政治保障。"①

5. 生活教育理论

我国教育家陶行知提出了"生活教育"理论。陶行知认为"生活教育是以生活为中心之教育"。②从生活教育的定义上来说,"生活教育是生活所原有、生活所自营、生活所必需的教育。教育的根本意义是生活之变化。生活无时不变,即生活无时不含有教育的意义,因此我们可以说:'生活即教育'"。③学校以生活为中心,生活决定着教育,教育通过生活才能够发出力量而成为真正的教育。生活即教育的基本内涵包括:第一,"生活即教育"是人类社会原来就有的,自有人类生活产生便有生活教育,生活教育随着人类生活的变化而变化;第二,"生活即教育"与人类社会现实中的种种生活是相应的,生活教育就是在生活中受教育,教育在种种生活中进行;第三,"生活即教育"是一种终身教育,与人生共始终的教育,简而言之,到处都是生活,到处都是教育,在生活中学习,在学习中生活。

陶行知先生的生活教育理论揭示了生活与教育之间的密切关系,彰显了生命、生活、生存的重要内涵,体现了尊重生命、以人为本的生活教育理念,成为我们中国特色社会主义新时代素质教育的基本遵循,具有鲜明的理论内涵与实践价值。从根本上说,没有生活就没有教育,教育是依附于人而存在的,教育赋予人的生活重要意义,

---

① 屈彩霞,王海丰.思想政治教育与高校学生社团的关系.思想政治教育研究,2010(6):87—88.

② 徐莹晖,王文岭.陶行知论生活教育.成都:四川教育出版社,2010:21.

③ 徐莹晖,王文岭.陶行知论生活教育.成都:四川教育出版社 2010:148.

引导人们学会有意义的生活,体验生活的意义。高校学生社团是大学生自发组织的、自愿形成的课余生活方式,社团生活的方式同样也就是社团教育的方式,社团生活的目的同样也就是教育的目的所在。高校学生社团是大学生发自内心的向往且矢志践行的一种生活方式,是自我教育、自我管理和自我服务的第二课堂,是大学校园生活的重要组成部分。因此,社团生活不仅是一种大学生的日常生活方式,更是一种大学生自我教育的重要方式;社团生活可以满足大学生素质教育的全部要求以及个性化发展的需求,彰显出高等教育立德树人的使命,体现出了生活教育理念,对新时代我国大学生的成长成才具有重要的教育意义。

第二章　高校学生社团自组织演化的一般机理

结合自组织理论不难发现，高校学生社团是一个自组织系统。然而我们需要关注的是高校学生社团自组织是怎么演化的，其背后具有怎样的动力规律。我们能否通过把握高校学生社团自组织演化的一般机理，引导我国高校学生社团获得更好的发展。

一、高校学生社团自组织演化的动力

"动力"这个词本身是物理学的专业术语，它是一个物体所运动的力量。后来人们把这个词迁移到生物学以及社会学研究中，也把事物运动的力量称为动力。当进化论产生后，人们把进化也视为一种运动，从而也把它们进化的原因称为进化的动力。动力学一词也是机械力学词汇，但它阐述机械系统中力的运动规则，强调的是事物内部运动的规则性，主要是研究动力之间的相互作用。机械研究把一个事物作为力学对象，其自身的存在性质是不影响力学定律实现的。在生物学研究中，当我们关注的不是生命体的机械运动而是它内在性质、结构特征等自身属性的变化及其进化的时候，它自身的性质、存在或运动方式就成为我们真正的研究对象。由于社会系统的运动也是有规则的，所以孔德、斯宾塞等人都把对社会系统内部运行、进化的机制或规则的研究叫社会动力学。自组织理论对于动力学研究不仅关注有机体演化的过程，更加关注的是有机体演化的动力,即事物从一种状态过渡到另一种状态的内部运动的动力机理。

高校学生社团自组织演化是在若干力量的共同作用下发生的。它的每一次变化都是多种影响因素造成的结果。这种影响因素是多种多样、多种层面的。有学者曾经为组织发展的动力因素列过一个函数:"组织=f[社会、心理、历史、政治、经济、文化、性别、伦理……]。"①这种函数同样适用于高校学生社团自组织演化,并且这个函数也可以一直列下去。当然这种函数不是一种并列的关系,它们之间既体现出层次性,也体现出交叉性。在讨论我国高校学生社团自组织演化动力因素的时候,需要分清这种影响力是来自高校学生社团系统之外还是系统之内。

(一) 高校学生社团自组织演化的内部动力

高校学生社团自组织演化的内在动力主要可以分成两个方面:社团成员(大学生)和社团组织的结构和制度。一方面,大学生为了更好地获得个人发展、实现自我价值而积极主动参与的一种思想动力,这是大学生为满足自身多层次的需要而内在地产生的一种推动力,它是一种原动力,若没有原动力,大学生能持久参与社团活动是不可能的事情。原动力源于学生自身很多需要,如就业需要、兴趣爱好需要、归属需要、娱乐健身需要等,当只有这些需要内化为自己的动力的时候,才会持久地参与社团活动。另外一方面,高校学生社团作为一种建制性的活动组织,是在大学生活动规模日益扩大的过程中形成的。这种建制一方面完善了高校学生社团内部和组织之间的分工,一方面促进了高校学生社团活动的日常化和组织化。一些优秀的高校学生社团之所以成为学校课外活动亮点,成为广大师生关注的焦点,也在于其有效的扁平化组织结构和高水平的管理制度上起着示范和扩散作用。高校学生社团的交流、规范以及评价都是推

---

① 洪晓楠.科学动力因素的函数关系分析及其启示.自然辩证法研究,2007(2):32.

动学生社团发展的重要力量。正如默顿所言："对一个人所取得的成就的承认是一种原动力,这种原动力在很大程度上源于制度上的强调。"①高校学生社团本身作为一个爱好与兴趣的共同体,准入和退出制度、领导结构、奖励和评价等制度安排也必然是推动高校学生社团自组织演化的重要内动力。

(二) 高校学生社团自组织演化的外部动力

高校学生社团系统必须具有开放性,如果不受其他外部环境的影响,导致的结果就只有封闭和衰败。高校学生社团受外部环境的影响,首先表现在国家层面上。作为高等教育系统中的分支,学生社团总是受到一定的思想而且是居于占统治地位的教育思想支配的,国家作为统治阶级利益的代表十分重视意识形态领域的工作,而意识形态对学生社团的作用则是通过对指导思想的定向来实现的。作为维护一定政治制度的社会意识形态、政治意识形态对高校学生社团的作用是多方面的。就作用的直接方面而言,国家一方面通过对高校学生社团的性质、地位以及管理进行法律规范;就作用的间接方面而言,高校学生社团作为特殊的社会团体,国家通过确定思想政治教育宗旨、规定各级各类学校的学生培养目标和规格等途径对学生社团的思想政治教育施加影响,国家和政府总是能够通过多种渠道对学生社团的发展在经济、法律以及思想政治教育等方面产生作用,进而将高校学生社团的发展方向指引到符合国家意识形态,即培养社会主义事业合格的建设者和可靠接班人的轨道上去。其次是社会层面上。马克思主义强调,社会物质生活条件决定群体组织发展的现实性及其历史发展,注重社会物质生活条件在社会生活和人类历史中的作用,明确地将社会物质生活条件与群体发展联系起来并考察它们之间的作用。群体组织的发展离不开人类社会生活中的具体

---

① 〔美〕金·默顿.科学社会学.鲁旭东,林聚任译.北京:商务印书馆,2003:293.

的物质条件，它由这种物质生活条件所决定，并反映这种物质生活条件。社会时代的发展要求学生社团要结合社会，要与时俱进。从我国高校学生社团的发展历史上看，无论是学生社团兴起到全面成长，还是到成熟阶段，高校学生社团都是与社会交相辉映，形成缺一不可的有机整体。一方面高校学生社团立足校园，要服务社会，这是高校学生社团发展的价值追求；同时社会也承担着高校学生社团发展的重要责任，例如对高校学生社团发展的资金、人力、物力的支持。从长远来看，社会因素在推动高校学生社团发展的动力要素中也将越来越突出。最后是高校层面上。高校学生社团是伴随着高校而诞生的，因此，高校对学生社团发展起着举足轻重的作用。高校作为知识传播和育人的机构，严格来说，与学生社团之间并不存在行政管理意义上的领导与被领导的隶属关系，而是各自拥有各自的功能，彼此独立存在的社会主体。但是作为整个高等教育唯一拥有合法强制力的教育机构，在特定条件下，根据国家政治发展需要，可以行使对学生社团的意识形态引导和日常监督，以体现高等教育的社会主义性质。但是在现代市场经济的今天，大学生的思想多样化、利益需求日趋多元化，单凭高校的力量已经无法满足高校学生社团的多样化的发展需求。因此，需要突破现行的高校对学生社团关系模式，有效联合社会等各种动力要素共同促进高校学生社团的发展是十分必要的。

总之，对高校学生社团自组织演化动力分类的目的是要说明高校学生社团自组织演化的外部动力和内部动力之间的关系。毫无疑问，高校学生社团自组织演化是受内外部动力共同作用的结果，但推动其演化的根本动力还是来自高校学生社团组织内部，不然它也不能称之为是一个自组织演化的过程。自组织的形成必须要与外部环境发生作用，所谓"耗散"指的就是系统与环境能量、物质以及信息的交换，自组织的形成受到环境的选择，但是如何选择却与系统的内部结构紧密联系，外部动力必须要转化成内部动力才能够推动组织进一步发展。因此，推动高校学生社团自组织演化的根本动力在于高校学生社团组织内部的相互作用。正如系统理论所认为的,系统的变革主要是源于内部的相互作用。从认识的维度上讲,社会和国家之外的对高校学生社团提出的目标必须要转化到高校学生社团组织发展方向上。

二、高校学生社团自组织演化的动力机制

"自组织演化的动力来自系统内部非线性的相互作用,这就是广泛意义上自组织的动力机制。"[①]所谓线性和非线性概念最先是在数学上提出来的。从数学图象上看,在直角坐标系中,线性函数表现为一条直线,而非线性函数则表现出曲线。非线性是相对于线性而言的。在线性系统中,整体等于部分的简单加和,而在非线性系统中,整体不等于部分的简单加和。这就意味着,线性系统中,部分原则上是可以独立出来的,整体原则上可以划分为部分,并通过认识部分而认识整体;而非线性系统中,部分原则上是不能独立出来的,是与整体纠缠在一起的,认识了部分并不等于认识了整体。非线性相互作用使得对立的双方成为不可分离的、有内在联系的东西,从而形成了自组织中的相互作用。高校学生社团自组织演化当然是非线性的,当然这种非线性作用是非常复杂的,在数学和自然科学中,可以在一定程度上利用定量和实验的方式把这种非线性作用展示出来,但是在社会科学领域,对于这种非线性作用的描述基本上还是定性的。本文对于高校学生社团自组织演化的相互作用也是定性描述,并且也还只是初步的。

高校学生社团自组织系统演化是高校学生社团自动适应环境的结果。自适应是高校学生社团在与外界进行能量、物质与信息交换

---

① 孙志海.自组织的社会进化理论:方法与模型.北京:中国社会科学出版社,2004:98.

的过程中,系统通过自组织过程适应环境而出现新的结构、状态或功能。这种对于变化的环境的适应能力,其本质仍然在于高校学生社团内部的非线性相互作用形成的反馈机制。反馈机制的存在,使得高校学生社团系统可以对自己的行为加以调节,并在一定范围内体现出主动性的适应。高校学生社团自组织系统这种反馈机制有两种:正反馈和负反馈。

(一)高校学生社团自组织演化的正反馈机制

所谓正反馈机制是一物对另一物产生的影响反过来作用于自身时,又加强了自身的特定作用能力。[①]正反馈来自环境中存在的不稳定因素,这种最初是个别的、局部的不稳定的因素,在一定条件下得以放大,超出了系统在原先条件下保持自身稳定的条件,系统保持自身稳定的能力遭到破坏,使得系统整体上失稳,从而进入新的稳定态。当然,如果不稳定的力量过于强大,超出系统承受的能力,也可能导致系统崩溃。正反馈机制的特点就是加强这种不稳定的过程,在此过程中运动或动作所引起的后果将回授,使变化的趋势得到加强。正反馈具有非稳定的、增长的和自增强的多种特征。

高校学生社团系统只要处在一个开放的环境之中,就会有不稳定的因素出现,这种不稳定因素就是前面提到的"涨落",高校学生社团系统必须要对"涨落"做出回应,不然高校学生社团系统就会停滞不前。"涨落"作为一种随机性力量在一定的条件下得以放大,从而打破原有的状态。高校学生社团自组织演化的正反馈机制就是促使这种"涨落"得以放大的机制。正如普里高津创立的耗散结构理论中提出的"通过涨落达到有序"这一重要结论所表明的那样,"涨落"之所以可以成为有序之源、组织之源,就在于"涨落"可以通过系统中的

---

① 王骥.论大学知识生产方式的演化——自组织理论的视角.华中科技大学,2009(6):138.

正反馈机制得以放大，以致破坏系统原有的稳定性，进入新的稳定状态。接下来本文联系自组织理论初步描述这种推动高校学生社团系统产生和放大的机制。

1. 竞争引发高校学生社团系统的涨落

高校学生社团是由各个子系统组成的一个复杂系统，只要处在开放环境之中，高校学生社团系统内外部就会产生差异和分化，只要事物内部或事物之间存在差异，就会存在事物内部的各个子系统的或事物之间的竞争。"竞争的存在和结果则可能造成系统内部或系统之间更大的差异、非均匀性和不平衡性。从开放系统的演化角度看，这种竞争一方面造就了系统远离平衡态的自组织演化条件，另一方面推动了系统向有序结构的演化。"①也就是说，不同的高校学生社团要了为了自身的合法性而斗争。当然竞争并不是讨论事物演化的一个新概念。达尔文的进化论很早就提到"物竞天择、适者生存"，竞争成为一个基本的科学范畴。生物为了生存而必须相互竞争，高校学生社团的演化同样如此。

高校学生社团的竞争体现在不同的层面上。一方面，高校学生社团内部就有竞争性。来自不同的地域、院系、专业学生并存于同一个组织，为了使自己处于一个优势地位，进而获得更多的资源与荣誉，相互间进行微妙的利益博弈，无形中构成了充满活力的竞争结构。对于自组织理论来说，这种竞争结构在客观上形成了一种"生存斗争"环境。当然除了对学生社团内部有限的资源的竞争之外，也存在对于学生社团决策的话语权竞争，它迫使社团的领导者主动为自己的理念和权利参与竞争，千方百计地维护自己的权威，以在学生社团发展的"自然选择"过程中获胜。另一方面，高校学生社团之间也存在竞争。高校学生社团之间的竞争主要是声誉和资源的竞争。高

①　沈小峰，吴彤，曾国屏.自组织的哲学——一种新的自然规律和科学馆.北京：中共中央党校出版社，1993：44.

校学生社团的声誉和资源主要是与社团的成就联系在一起的,也就是一个学生社团成员规模大和社团活动质量高,则这个学生社团的声誉就越高,比如一个学生社团的活动获得奖项的数量等。而当一学生社团越来越有声誉,通常也就意味着这个学生社团也越来越有资源,它在争取外部的重视和获得经费资助的竞争中也处于优先的地位,由此又进一步巩固和扩大了自己的竞争优势。反过来,如果在学生社团发展的竞争中长期处于落后地位,就很可能进一步拉大与其他社团的距离。

2. 合作促进高校学生社团系统的协同

高校学生社团的各子系统的竞争使系统趋于非平衡,但这只是系统自组织的首要条件,竞争只会使得各个子系统更加分散,并不能使得"涨落"扩大,从而使系统跨入到另一个阶段。自组织理论尤其是哈肯的协同理论指出,系统内部各个子系统通过竞争而协同,从而使竞争中的一种或几种趋势优势化(形成"序参量"的过程),并因此支配整个系统从无序走向有序,系统才能产生整体行为,才形成一种你中有我、我中有你的不可分割的关系,并使系统局部的小"涨落"得到放大,从而引起系统的从稳到非稳再到新的稳定的组织结构的演化。因此,高校学生社团的各个子系统之间不仅存在竞争,而且在竞争基础之上也会产生合作。哈肯也指出:协同学就是研究子系统是怎样合作以形成宏观尺度上的时间结构、空间结构和功能结构。也就是说,竞争和合作的相互作用才能产生合力推动系统的自组织演化。自组织理论所讲的竞争,都是与合作相联系的竞争,是以合作为基础的、与合作不可分离的竞争。

同高校学生社团系统的竞争一样,合作也分为不同的层面。其一是学生社团的内部的合作性。从认识的角度看,高校学生社团也是一个爱好与兴趣共同体。共同体成员之间认识有个过程,这个过程必然是由浅入深、由表及里、由现象到本质,共同的爱好与兴趣形成了共同的联系,相互融合才能推动共同体的进步。高校学生社团组织内部的合作也有多种形式,比如部门制,这里是指在分工基础上部门的合作关系;其二,高校学生社团之间的合作。高校学生社团与其他学生社团形成良好的互助合作关系,才能实现资源的互补,形成整体性的社团文化氛围,进而共同构筑一个校园文化的创新系统。

3. 序参量对高校学生社团系统的整合

正反馈机制有自我增强的功能。建立在相互竞争基础上的合作就会产生所谓的"序参量"支配高校学社团的演化。哈肯的激光研究表明,在组织处于临界点附近时,一些变量就会像一只"无形的手",使得单个子系统自行安排起来。哈肯把这只使得一切事物有条不紊地组织起来的无形之手称为"序参量"。它是宏观参量,反映新结构的有序程度,是系统内部大量子系统相互竞争和协同的产物,而不是系统中某个占据支配地位的子系统。正像哈肯所说的"单个组元通过它们的协作才转而创造出这只无形之手"①可见,序参量既表达了部分间的竞争与合作关系,同时又体现了系统宏观层次的一种整体序,也就是说在系统发生非平衡相变时,序参量不仅决定相变的形式和特点即有序性,而且也起到支配、决定其他变量变化的作用。同样道理,高校学生社团系统演化中的序参量对系统演化具有极其重要的作用,它影响着整个社团内部成员之间的集体协同行为和有序程度。什么样的成员才能成为高校学生社团系统的序参量呢? 那就是"核心"人物,这里的"核心"人物,不是指在社团外部力量的影响下所产生的,而是在社团内部自发形成的、具有强大号召力和凝聚力的榜样人物。作为领头羊的大多数社团干部是能够起到榜样作用的,但他们不一定都能称得上是"核心"人物。因为受到自身专业、能力、性格、气质等条件的限制,使部分社团干部难以成为社团的"核心",难以把成员紧紧团结在自己周围,真正的"核心"人物是在社团活动中

_____

① 〔德〕H.哈肯.协同学:人自然构成的奥秘.凌复华译,上海:上海译文出版社,2001:7—9.

涌现出来的、能够带动集体共同进步的力量。

（二）高校学生社团自组织演化的负反馈机制

高校学生社团自组织演化不只有正反馈机制。正反馈会促使高校学生社团不断做出变化来响应外部环境的需要，但是如果只是一味适应外部需要，高校学生社团系统演化最终是走向崩溃。而保证高校学生社团系统还能够保持稳定状态的就在于另外一个机制，即负反馈。负反馈的特点与正反馈相反，它主要是保证系统的发展不会偏离运行的目标，当系统变化偏离目标之后，它就会发出响应，就会开始努力缩小系统状态相对于目标状态的偏离，从而使得系统的发展总是围绕着目标运动，保持系统的稳定。实际上，任何一个开放的系统要保持自身在运动中的有序，都要建立一个趋于稳定状态的"负反馈"保护机制。系统在没有特定外力作用下产生与自身结构相同的子代，它是系统得以存在且继续发展的一个根本保证，不然系统就可能一直处于稳定的状态之中，这样系统就不会存在，也不会发展，所以自组织总是在已有基础之上循环变化。正反馈使得系统进一步偏离目标，而负反馈则使得系统减小对目标的偏离。[①]从系统的稳定性角度看，正反馈使得系统的失稳更加失稳，而负反馈则促进系统的整体稳定性或使得系统整体的稳定得以保持。负反馈就相当于组织演化的"调节器"，保证组织演化的方向。

高校学生社团能够成为大学校园中最为活跃和生命力组织之一，就在于负反馈机制的作用力量的强大。有许多学者论述过这个方面，把这称之为社团的精神或者社团的理念等等。我们也可以把这种负反馈称之为高校学生社团的稳定性，高校学生社团与生俱来地具有稳定性，也可以说稳定性是高校学生社团的传统特征。我们

---

① 朱建彬.高校共青团组织"一体两翼"工作格局探索.绍兴文理学院学报（教育教学版），2003(12):30.

由此亦可认为高校学生社团是传统相继的产物,它表现为大学生对社团意义与价值共同、一致的理解,社团应代表大学生的自治精神,共同利益、尊重自由的固有价值等等。例如美国历史上最有权势的高校学生社团——骷髅会,其成员皆是美国的名流望族,该学生社团是美国3位总统、2位最高法院大法官,无数政界巨子和商界精英的诞生地。历经近200年的世事变迁,美国耶鲁大学这个秘密社团,始终保持着自己特立独行的诡异色彩和精英风格,始终与学校中其他社团不同,不参与校内或社会上的任何公开活动;始终保持着沉默的姿态,每年只有在耶鲁大学3年级学生中挑选新会员,最终入会人数为15人。再如,北京大学非常有名的学生社团——"五四文学社",它最早成立于1956年,该社团始终坚持以蔡元培为代表的教育思想家所倡导的自由、平等的教育经典理念,并形成了以人文主义思想为宗旨进行文学创作的社团传统。尽管诸如"骷髅会"和"五四文学社"之类的学生社团也在努力实现与现代环境的融合,但是一旦跨越这个"传统边界"就会遭到社团组织内部强烈的反对。由此可见,高校学生社团系统的负反馈主要来自它的稳定性,如果这种稳定的力量强而有力,就形成一种强而有力的内在传统,这种传统可以保证高校学生社团保持它的目的性,让高校学生社团保持"边界",不至于变成别的什么学生社团。高校学生社团系统的稳定性或者传统性也可以说明负反馈机制的作用。

三、高校学生社团自组织演化的约束条件与制约机制

自组织理论是关于系统科学的新理论群,研究系统要素如何通过彼此之间的协作,在没有外界特定力量的干涉下,实现系统从无序到有序,或从低级有序到高级有序演化的一般条件、机制与规律性。根据自组织理论,符合其运作规律要求的任何系统(体系)需具备开放性、远离平衡性和非线性等特征。高校学生社团的演化是一个自

组织的过程,但是这个过程为什么能够发生? 这是自组织理论需要回答的另外一个重要问题。一个系统能够发生自组织演化首先必须要满足一定的约束条件。自组织无法人为地创造出来,它的出现是无预定的。但是只要出现了那些必要条件,自组织的出现也是必然的。因此,"只要条件具备,就必然发生自组织的结构;只要条件都得到满足,自组织过程就会发生。"①

(一) 高校学生社团自组织形成的约束条件

根据自组织理论,高校学生社团要发生自组织演化必须要满足以下几个条件:

1. 开放性。开放性是一个系统不断走向有序的前提条件。②所谓"开放",即是指系统与外界进行物质、能量和信息的交换。一个系统,无论它是物理的、化学的系统,还是生物的、社会的系统,或者是文化的、精神的系统,只要它是自组织的系统,那么它必定是开放的系统。实践证明:只有开放,社会才能进步,封闭只会导致落后。③按照系统论的观点,一个与外界有着物质、能量和信息交换的系统属于开放系统,反之则是封闭系统。系统的开放是成为自组织的必要条件之一。高校学生社团无疑是一种开放系统,因为它必须与环境之间发生相互作用。"高校学生社团的开放性,是高校学生社团作为一种生产、保存、传递知识和文化的组织,在与外界进行信息、物质、能量交换过程中,以不断更新自身的方式回应变化的社会环境,增强其生存和发展能力的禀性。"④高校学生社团首先必须对全体学生开

---

① 〔法〕伊·斯唐热.从混沌到有序——人与自然的新对话.曾庆红,沈小峰译.上海:上海译文出版社,2005:175.

② 颜泽贤.耗散机构与系统演化.福州:福建人民出版社,1987:79.

③ 江泽民.加快改革开放和现代化建设步伐夺取有中国特色社会主义事业的更大胜利中国共产党第十四次全国代表大会上的报告.北京:人民出版社,1992:27.

④ 冯向东.大学职能的演变的开放性.中国高等教育,2007(5):25.

放,因为高校学生社团本身就是学生共同体的这个复杂网络中的一部分。学生社团的成立和运行的行动者,不仅包括直接从事社团活动的大学生,而且还包括社团组织以外的其他学生组织、指导教师、社团管理者等形形色色有关的人以及各种物的因素。每一学生社团的发展都离不开学生共同体这种思想交流扩散的开放背景,与之保持广泛而密切的联系,是学生社团保持自己的组织生命力,不断提升自己水平的必要条件。如果一个学生社团将自己封闭起来,隔绝了与"兴趣与爱好"共同体的交流,它就会迅速地衰落。其次,学生社团必须对社会的政治、经济、文化以及教育环境开放。学生社团还和环境(社会的各个方面,如经济、政治、文化和教育等)有着物质和能量的交换关系。如果学生社团不能够对社会开放,就会陷入困境之中,这在历史上已经得到充分的证明。需要指出一点的是,随着全球化进程的加剧,上述开放的范围不仅是指一个国家的范围,而且包括整个世界的范围。

2. 非平衡性。非平衡性是系统自组织演化的另一个前提条件,系统通过与环境的种种交换关系而保持非平衡性。普利高津认为,无论是在平衡态还是平衡态附近的区域,系统自身都不会失去原有状态的稳定性,只有在远离平衡的非线性区,系统原有状态才可能成为不稳定的,从而为建立新的有序结构提供了可能性。①一个开放系统可能有三种不同的存在方式,即平衡态、近平衡态和远离平衡态。平衡态是指系统各处可测的宏观物理性质均匀从而系统内部没有宏观不可逆过程的状态。近平衡态与平衡态有微小的区别,处于离平衡态不远的线性区,线性非平衡区的系统随着时间的推移,总是朝着熵产生减少的方向进行直到达到一个稳定态,此时熵产生不再随时间变化,近平衡态也不会产生耗散结构组织。远离平衡态是指系统各个区域的物质和能量分布是极不平衡的,差距很大。系统只有从

---

① 〔英〕彼得·切克兰德.系统论的思想与实践.左晓斯等译.北京:华夏出版社,1990:57.

平衡态、线性非平衡态发展到远离平衡态,才能促进自组织的过程的产生。判断一个系统是否远离平衡状态,可通过对系统的各个组成部分是否均匀进行分析,系统的各个部分之间的差异越大,该系统离开平衡态就越远。①形式各异的高校学生社团组织具有不尽相同的竞争力,如服务的大学生群体、提供的社团活动数量、社团类型以及组织的形式,这导致了各学生社团组织不同的发展命运,在系统中处于各不相同的竞争位置,也在不断打破着组织之间的平衡,导致各组织的发展道路迥异,这也决定了它们不同的发展模式,满足着大学生的各类活动需求,也使得高校学生社团组织系统始终保持非平衡性。这种非平衡性就是要在高校学生社团内部和外部形成较大的差异性,或者说要形成多样性。"一般说来,无论是门类和层次,还是部门和等级,单一结构倾向于阻止变革,而多元结构则促使变革。"②高校学生社团的每一次变化都在于内外部差异的产生。总之一点,差异就会导致分化,而分化就会导致变化。

3. 诱发性。自组织的演化过程的产生需要一定随机性因素的诱发,从这个角度上说,自组织是无法预计的。这种诱发性条件即前面提到的"涨落"。涨落是自组织发展的诱因,是偶然和随机的,无法预知确切的时间和地点。涨落根据空间位置的不同,可以分为内涨落和外涨落,前者来自组织内部,后者来自外部环境。无论是外部涨落还是内部涨落都会造成系统在宏观上对原有状态的偏移。当系统处于稳定态时,涨落对系统既成宏观状态的稳定性是一种破坏性的干扰,任何涨落都只能被抑制,趋于衰减。然而,当系统处于不稳定的状态时,处于分叉状态,涨落则可能起积极的建设性的作用。到达某个临界点附近时,某种涨落有可能冲破束缚,由原先所处的局部范围

---

① 沈小峰,胡岗,姜璜.耗散机构论.上海:上海人民出版社,1987:89—101.

② 〔美〕伯顿·克拉克.高等教育系统——学术组织的跨国研究.王承绪等译.杭州:杭州人学出版,1994:69—72.

迅速扩大到整体范围,从而形成一个新的宏观有序结构。这就是普利高津所说的"通过涨落达到有序"。高校学生社团的产生同样需要诱发性条件,这种诱发性条件是一个不断从微涨落到巨涨落的连续的发展过程,这一点突出地展现在新中国成立后高校学生社团在国家政治力量主导下实现了体制"转型",体制的"转型"给高校学生社团的类型、活动内容、内部凝聚力以及管理机制都发生了巨大变化,让学生社团组织充满了活力,吸引了越来越多的大学生参加进来,学生社团及其活动成为高校校园里的一道靓丽风景,近十年来,我国高校学生社团数量的飞速增长也充分说明了体制的"转型"引起的高校学生社团系统的涨落。高校学生社团系统的这一涨落就是在新民主主义文教政策的指导下实现了从旧的体制过渡到新的体制,我们可以看出国家的政治意识选择对于高校学生社团系统自组织演化的重要性。

4. 非线性。自组织原理认为,系统各要素之间的非线性作用是系统走向有序的动力源泉。内部各要素以及系统与环境之间的非线性作用是系统产生新结构、促使系统演化发展的重要条件。[①]判断系统是否具有非线性特征,一方面要考察变量之间是否存在非独立的相干性,另一方面要分析这一系统与其组成要素间是不是具有一种非加和关系,即整体不等于部分之和,系统突现出了一种各个要素独立存在时不曾有的新特质。[②]哈肯、艾根和托姆等人认为自组织系统通过内部各要素间的非线性相互作用,在一定条件下,能自发产生在时间、空间和功能上稳定的有序机构。作为一个非平衡性、非线性的开放系统,高校学生社团组织系统通过不断地与外界交换物质、能量与信息,在没有外界特定力量的干涉下,由原来的混沌、无序状态转

---

① 苗东升.系统科学精要.北京:中国人民出版社,1998:37.

② 〔美〕冯·贝塔朗菲.一般系统论.林康义,魏宏森译.北京:清华大学出版社,1987:104.

变为一种在空间结构上以及功能上的有序状态。对于具有多要素、多层次、多结构的系统来说,若是不存在内在的非线性的作用关系,系统内部各要素间就缺乏一种相互维系成一个有机整体的力量,也就很难有自组织现象发生。高校学生社团组织系统产生与发展的重要原因是系统内部诸要素之间的一种自组织力量,即各学生社团组织之间的非线性关系。高校学生社团组织获得大学生的欢迎,合作伙伴就会趋之若鹜,组织就会进一步扩大规模、增加投入,与其他社团组织或者社会企业进行合作,翻新活动形式与内容,吸引更多的大学生。各高校学生社团组织间彼此协作,存在非独立的相干性,彼此间的作用也是非对称的,从而形成各要素独立时不曾有的新特质,促使整个高校学生社团系统不断演化发展。

(二)高校学生社团自组织演化的制约机制

结合自组织理论,我们可以发现高校学生社团自组织演化机制主要是分析高校学生社团与高校、社会之间的互动关系。换言之,高校和社会能不能为学生社团提供自组织演化的相应的环境和条件,将是高校学生社团能否自组织演化的关键问题。历史也证明,高校学生社团的自组织演化总是在特定的社会语境中实现的,当高校、社会等环境和条件发生转移的时候,高校学生社团才能随之改变。默顿也认为:"高等教育持续不断的发展只能发生在一定类型的社会里,该社会为这种发展提供文化和物质两方面的条件。"①作为高等教育的变革的一部分,高校学生社团组织也是随着各国不同的社会环境和条件而转变的。实际上,通过下文的历史分析也会发现,中美两国高校学生社团变化无一例外地与社会改革几乎是同步的。总之,高校学生社团自组织演化也是受到社会多种因素的影响,比如政

---

① 〔美〕金·默顿.十七世纪英格兰的科学、技术与社会.范岱年,吴忠,蒋效东译.北京:商务印书馆,2000:15.

治、经济、文化、军事以及自然条件等等，这些因素之间也会存在复杂的相互作用。所谓制约机制就是指这些社会因素和高校学生社团自组织演化之间相互作用。由于这种相互作用的复杂性以及情境性，本文只是在普遍意义上分析这种制约机制，概括起来，主要有三个方面：

1. 制度性制约机制

制度性制约机制主要是规定高校学生社团与高校、社会的基本关系。因为，高校学生社团系统必须要保持开放性，得有一个开放度的问题。实际上，高校学生社团真正具有开放性就意味着高校学生社团具有一定的自主性。高校学生社团于环境而言，都是在对环境的开放中实现的。但也正是自主性，高校学生社团具有一定自我调节机制和能力，使得高校学生社团有条件地、有选择地、有过滤地向环境开放成为可能，它既使高校学生社团保持一定程度的自主性，也使高校学生社团具有应对环境变化的灵活性。高校与社会的非特定干预是高校学生社团能够成为自组织的必要条件。高校与社会的非特定干预是指社会并不干预高校学生社团本身，使之朝向特定的方向发展，受到特定力量的控制。如果社会对高校学生社团进行特定干预，其结果就是高校学生社团不可能分化成一个独立的组织，不可能自创生，即使高校学生社团能够成为独立组织，演化的方向也会被受到遏制，不可能发展出多样性来。周光礼教授把社会干预分为积极干预和消极干预。"消极干预是指为了实现组织以外的其他目的而实施的干预与控制；积极干预即为了避免组织产生的脱离社会实际，及产生的偏执和保守而进行的干预与控制。"[①]这种积极干预就是本书非特定干预的含义。高校学生社团的自组织演化都是在社会非特定干预下实现的。

---

① 周光礼.学术自由与社会干预——大学学术自由的制度分析.武汉：华中科技大学出版社，2003：71.

2. 物质性制约机制

物质性的制约机制主要是社会对于高校学生社团的需求空间以及能够提供的资源供给,这实际上包含了两个方面。其一是需求空间。高校学生社团自组织演化需要一定的需求空间。在这里,需求空间是指大学生、高校以及社会提出的对学生社团系统的各种需求的总体状况。需求既可以推动高校学生社团发生自组织演化,但同时也能起到制约作用。因为如果大学生、高校以及社会并不需要一定类型高校学生社团,那么高校学生社团则不需要改变。在相对闭塞的环境和计划性方式下,外部需求难以构成高校学生社团发展的重要推动力,高校学生社团主要依赖社团内部需求来推动。而在对高度依赖现代化通信工具和市场化运作方式下,外部需求往往成为高校学生社团的重要推动力。因此,我们可以看到高校学生社团在当代陷入困境,在一定程度上也是因为对于高校学生社团的多样化需求已经到达一定的程度后形成的巨大动力。可见需求空间在一定程度上制约着高校学生社团系统演化的模式和速度。其二是资源供给。高校学生社团需要一定的资源供给,即指高校学生社团所需要的、可支配的、可利用的要素的总和。一般来说,需要的资源包括人力资源、财力资源、物力资源等方面。人力资源往往是指按照社团的发展规模所配备的指导教师的数量和质量;财力资源是指可用于高校学生社团活动的资金;物力资源是指支撑高校学生社团活动的科学设备、基础设施和相关条件平台,是高校学生社团活动物质支撑能力和技术能力的重要体现,也是决定高校学生社团自组织演化的关键性因素之一。在当代社会,高校学生社团对现代科技、网络设备等物力资源的依赖性不断加深,网络平台和基础设施已经成为衡量一个高校学生社团实力的重要标志;资源供给也许是高校学生社团自组织演化最为现实的制约机制,它是高校学生社团进一步展开新的活动的基础,也是约束新的系统演化的限制性因素。资源供给表征着高校学生社团的基础与条件,是影响高校学生社团变革的基础性力量。在有的时候,资源往往成为制约高校学生社团发生演化的关键力量。而在现代社会,高校学生社团对于资源的依赖更是到了无以复加的地步,如果没有资金、人力、仪器设备等社会投入,高校学生社团基本上就无法进行。正如一位高等教育研究者所言:"高校学生社团现在的一个重要矛盾就是不断增长的社团活动成本和有限资源之间的矛盾。"①

3. 文化性制约机制

高校学生社团自组织演化与变革的塑造,既受客观条件的制约,也受组织文化价值观的影响。这是因为高校学生社团本身也属于文化层面,和文化价值之间有着紧密的双向互动关系,特定的文化价值观往往表征着一定历史阶段高校学生社团得以确立的思想根据,因为价值取向反映出人们对高校学生社团与高校、社会之间相互联系方式的认识,表现出高校、社会对高校学生社团的价值诉求和功能设想。高校、社会对于高校学生社团功能的价值取向往往制约着高校学生社团的进一步演化。因此,特定时期的文化价值取向可能能够促进高校学生社团自组织演化,但同时也可能起到制约作用。蔡元培先生改革北京大学的重要举措就是一个极好例子。蔡元培先生所倡导的"思想自由、兼容并包"思想开创了当时北京大学的文化新风尚,特别是为了倡导新式的道德观,他还亲自组织发起了"进德会"(师生共同参加的社团组织)。这种文化价值取向使得北京大学的学生社团活动的文化氛围空前高涨起来,也成为"五四"前后以北京大学为代表的高校学生社团走向兴盛铺平了思想上的道路。

就整体而言,高校学生社团和国家、社会以及学校的关联性是人们的共识。这一点在分析制约机制时已有说明。当制约高校学生社团演化的条件得到满足的时候它们就会转化成动力条件。因此,制

---

① 〔美〕詹姆斯·杜德斯达.21世纪的大学.刘彤,屈书杰,刘向东译.北京:北京大学出版社,2005:21.

度性、物质性以及文化性的制约机制同时也就是推动高校学生社团演化的外部动力机制。这些动力机制会集中体现在有关高校学生社团发展的方针政策上,这些方针政策往往对高校学生社团发展具有重要的导向作用。

四、高校学生社团系统的自组织演化过程

事物的发展道路曲折复杂,系统自组织演化的过程也呈现出一幅从简单到复杂、从无序到有序、从低级到高级的演化途径。[①]在内、外部动力的联合推动下,高校学生社团组织系统逐步发展壮大,兼容知识学习、休闲娱乐和能力培养等功能于一体,并取得了党和国家的高度认可,获得大学生的普遍欢迎与积极参与。要素的自发行为是系统自组织演化的基础,在没有中央系统集中控制结构、没有关于系统如何整合的统一指令的情况下,要素为了自身的生存发展,只根据各自的发展需求而采取行动,不"了解"也不"考虑"自身的行动将对系统整体产生怎样的影响,将带来何种后果。此自发行为能够使整个系统呈现出有序运动,便是自发的自组织。[②]从宏观上看,高校学生社团组织系统在获得空间的、时间的或功能的结构过程中,没有外界的特定干预,依靠各高校的学生社团组织,产生自组织演化过程,形成了具有一定结构功能的组织群体。

各高校学生社团组织之间的竞争与协同促进了大学生的全面发展。首先,竞争促使整个高校学生社团组织系统处于动态演化之中,并保持欣欣向荣的局面。各高校的学生社团组织存在的差异导致了彼此间的竞争,差异主要体现在组织服务的大学生群体与数量、提供

① 王寿云,于景元,戴汝为,汪成为,钱学敏,涂元季.开放的复杂巨系统.杭州:浙江科学技术出版社,1996:68.

② 钱学森.论系统工程(增订本).长沙:湖南科学技术出版社,1998:182.

的社团活动内容与形式、组织结构等方面,这些差异导致了社团组织不同的发展道路,其在校内、校外的影响力也是千差万别。不同大学生群体的多样化活动需求在相继成立的学生社团组织中得到一定程度上满足,学生社团组织通过提高影响力拓宽筹款渠道,从而为更多的大学生提供更加丰富、个性化社团活动资源。其次,尽管服务的大学生群体和提供的社团活动内容有所不同,但每个学生社团组织皆是以满足大学生课外活动需求为目的,正是这个目标,把他们无形中紧密地联接在了一起。已成立社团组织通过不断完善课外活动内容与形式,与地域社团组织展开合作,吸引更多的大学生目标群体到社团中来。后成立组织较先前成立组织在服务群体和项目提供上有所突破,将有着不同课外活动需求的大学生群体带入到社团活动的世界。由大学生社团组织主导的竞争与协同,推动整个大学生社团组织系统的自组织演化发展。

(一) 结构:从无序到有序

任何一个开放的系统都要从最初混乱无序的状态逐步走向有序状态。所谓无序是指事物内部诸要素或事物之间混乱而无规则的组合,以及事物运动转化的无规则性;有序则是指事物内部诸要素和事物之间有规则的联系和转化。① 自组织理论指出:"一个远离平衡态的开放系统,通过与外界交换信息、物质和能量,可以从一种混乱无序的状态,转化成一种稳定有序的结构。实现由'无序'向'有序'的演化,即是实现系统或是体系从'非组织'到'组织'的演化过程,属于组织的起源与临界问题"。② 在系统内部各个组成要素的相互作用下,系统呈现出越来越强的组织化模式。

---

① 钱学森,宋健.工程控制论(增订版).北京:科学出版社,1983:79.

② J.M. Thompson, H.B. Stenmit. *Nonlinear Dynamics and Chaos: Geometrical Methods for Engineers and Scientists*. New York: John Wiley and Sons, 1986.

我国高校学生社团活动诞生于20世纪初,以国内爱国学生和知识分子组建的社团为标志。相比之前由海外留学生组建的社团活动,在爱国学生和知识分子组织协调下的高校学生社团活动组织性更强、影响力也更为广泛。以京师大学堂的"抗俄铁血会"为例,联合海内外各界的爱国人士,宣传国家权益,积极进行抗俄活动,影响力很大,吸引着不同地区的爱国大学生。但是,随着我国政治局势的动荡不安,各个高校学生社团组织松散、混乱,且只以改造社会、救亡图存成为那个时期全国各地青年大学生及其社团的主要奋斗目标。因此,急需要一个专业团体负责社团组织与运营工作。于是,在"一二·九"运动期间,高校学生社团得到了中国共产党及其共产主义青年团的指导和帮助,高校学生社团的类型逐渐增多,各种名目的学生社团,例如救国会、自治会、学生联合会、兄弟会、读书会、同乡会等犹如雨后春笋般出现;学生社团的规模逐渐增大,在空间上遍布全国各个高校,有些学生社团的骨干先后加入中国共产党,从此,我国高校学生社团发展到一个崭新的即用马克思主义理论为指导的阶段,为不同类别的大学生提供个性化的社团活动内容,高校学生社团活动也因此逐步由无到有、由小到大,大学生的课外活动随着社团组织规模和数量的发展壮大而愈加丰富,普及到越来越多大学生的课余生活中去。整个高校学生社团组织系统也逐步从"非组织"演化到"组织"的状态,各高校学生社团组织作为整个系统的组成要素互相协作竞争,促进整个系统的不断演化发展。目前高校学生社团组织涉及几乎所有的社团类型,活动目的兼具知识学习、休闲娱乐与素质教育等。

(二)程度:从"低"到"高"

在走向"有序"后,系统通过要素之间的相互作用与协作便会形成有一定功能的自组织结构,在宏观上便产生了时间结构、空间结构或时间空间结构,也就是达到了新的有序状态。这是非平衡系统中的自组织现象,系统因此可以在更为合理的状态下运转,从一种有序进入到更高一级的有序,从低组织程度走向高组织程度,内部要素出现分化,组织系统也因此变得愈加复杂。自 20 世纪初,大量学生社团组织的不断涌现使得大学生的结社活动从无到有、从弱到强,将越来越多的大学生带入到形式各异、内容丰富的社团活动中去,并逐步赢得了社会各界的认可。2004 年 10 月 15 日,中共中央和国务院在《进一步加强和改进大学生思想政治教育的意见》中着重提出:"要充分认识加强和改进大学生社团工作的重要性,要明确加强和改进大学生社团工作的总体要求和主要任务,要积极支持大学生社团开展健康有益的活动,要切实加强对大学生社团的领导和管理,要不断健全大学生社团发展的工作新机制。"进一步提高了人们对高校学生社团地位和作用的关注度,这是对高校学生社团发展的认可,同时也将高校学生社团带入到了一个新的历史征程。在获得党和政府的高度认可后,高校学生社团与其他学生组织展开合作,在学校团委等管理部门的指导下,形成了一体两翼的格局。为大学生提供知识学习、休闲娱乐、素质教育等活动。从整体审视,高校学生社团自组织发展在实现从"无序"到"有序"的演化基础上,逐步从"低序"走向了"高序"。

(三) 功能:从"简单"到"复杂"

在系统内部出现分层后,高低的组织层次为系统的进一步演化发展提供了时间与空间上的可能性,新的联系与功能也随之出现,组织结构与功能在相同层次上实现从简单到复杂的水平增长,整个系统也因此变得更加复杂。①高校学生社团组织系统的产生与发展离不开各个高校学生社团组织,正是自发形成的高校学生社团组织的不断涌现以及相互作用,使得整个系统不断发展壮大,使之逐步成为

---

① 孙志海.自组织的社会进化理论:方法与模型.北京:中国社会科学出版社,2004:53.

按照一定结构和功能关系构成的存在方式,演化成为了一个系统,也使得高校学生社团组织与管理逐步从简单走向了复杂。在党和政府的领导下,通过其他学生组织的合作,总体上高校学生社团呈现上下两个层次的子系统结构。在系统的组织程度逐步从"低序"走向"高序"、出现不同层级之后,每一层级上的子系统要素通过自身演化发展,使得整个系统逐步从"简单"演化为"复杂"。尤其是在新中国成立后,高校学生社团组织在党和政府的领导下,双方搭建了"自下而上"的学生社团人才输送渠道,促进了学生社团的多样化发展路径,使整个组织系统变得"复杂"。作为高校学生社团的管理机构,为推动高校学生社团活动的高质量发展,高校学生社团与其他高校学生社团组织合作,建立起全国高校学生社团组织的网络和联盟。全国高校学生社团组织的网络和联盟一方面将社团活动带入更多的大学生业余生活中,另一方面深层次地推广了大学生的社团运动,为国家源源不断地输送高素质人才。

第三章 我国高校学生社团发展的历程及其特征

近代意义的高等教育是以高度专门化和学科分化为基础，而直到19世纪末，我国才出现这种高度专门化和学科分化的教育，而且是在近代中国学习西方的政治、经济、文化、军事、科技的过程中形成的。我国真正意义上的高校学生社团也正是发端于中国近代的高等教育之中，[①]并在不同历史发展时期展现出不同的特征。

一、我国高校学生社团的历史演变

学者们在研究中国近代高等教育的发展变革时，通常将中国近代高等教育史划分为新中国成立前、新中国成立后到改革开放初、改革开放新时期等三个明显的阶段。本研究基本认可这种阶段的划分，一方面，我国真正意义上的高校学生社团是伴随着我国近代高等教育的形成与发展的，另一方面，我国高校学生社团发展在这三个阶段也表现出共同的特征。

(一) 新中国成立前的高校学生社团(1898—1949)

19世纪末，西方帝国主义列强不断加快对华的侵略步伐，妄图

---

① 王绍光,何建宇.中国的社团革命——中国人的结社版图.浙江学刊,2004(6):71—77.

从政治、经济、社会、文化等各个领域控制中国。在这种动荡的环境下，我国近代的高等教育开始形成。伴随着我国近代社会和高等教育的急剧变革，现代意义上的知识分子——青年大学生和他们的教师不得不承担着唤醒、组织民众抗敌救国的时代责任。他们通过广泛宣传、组织结社等形式，投入到救亡图存的爱国运动当中。我国真正意义上的高校学生社团就是在这种背景下开始兴起和发展。

1. 我国高校学生社团的兴起

中国近代史上第一所国立综合性大学是 1898 年建立的京师大学堂（今北京大学），它既是当时清政府的最高教育行政机关，又是全国最高的学府。1904 年，清政府在张之洞、荣庆、张百熙等人的主持下制订颁布了《奏定学堂章程》，"这是我国历史上第一个正式颁布且在全国普遍实行的学制，它奠定了我国现代教育的基础，打破了儒家经典一统天下的局面，建立了统一的教育行政体系，并为结束科举制创造了条件"。①《奏定学堂章程》开启了中国近代以来高等教育的新篇章，标志着中国近代高等教育制度的确立。次年，清政府又宣布废除已经延续几千年的封建科举制，倡立新学，各种新式学校随之纷纷在全国涌现。这一时期的教育管理仍然是沿袭传统，反对师生"结朋党结、社党营私"，但对于同一老师的"门生"、同一学校的"同窗"以及同一地域的"同乡"等传统高校学生社团萌芽是客观存在的。这时期的学校学生社团仅仅是一种"义气"团体，虽然以追逐功名利禄为目的，但毕竟不是出于理性选择的结果，学校的学生社团也没有明确的结构、规章和目标。随着 20 世纪初西方思想文化在我国的广泛传播，教会学校里产生了第一批具有资产阶级思想和科学文化知识的近代学生群体。此后，"伴随洋务派和资产阶级维新派、革命派的'兴学热'，以及大量留学生的出现，中国近代青年学生群体日趋庞大。

---

① 游小培.奏定学堂章程颁行百年祭.浙江社会科学,2004(6):114.

到'五四'前夕,包括国内学生和留学生在内,中国近代学生总数约达到 500 万人。"①严格意义上的高校学生社团组织也开始形成。1900年,"励志会"成立,这是留日学生最早成立的学生社团。该社团以联络感情、策励志节为宗旨,还创办了《国民报》月刊,宣传西方自由平等思想。留日学生在思想和组织上日益成熟,在国内掀起了思想新潮,推动了中国由改良主义思想向革命主义思想的转变。受到海外留学生及其社团思想的影响,国内学校的学生积极学习西方先进的政治思想,并希望凭借集体的力量表达政治诉求,北京高校的学生亦开始酝酿组建社团。1903 年,京师大学堂的学生丁作霖等人为了抗议争夺中国的日俄战争,率先成立了"抗俄铁血会"(其成员约一半为爱国青年学生)。这也是我国有史以来有记载的第一个学生社团。②"抗俄铁血会"联合海内外各界的爱国人士,积极进行抗俄活动。到了 1911 年,孙中山领导的辛亥革命推翻了清政府的统治,结束了两千多年的封建帝制,高等教育由此获得了更大的发展。据资料统计,"1912 年,全国专科以上的院校(含公立和私立)共有 115 所。此外,教会学院也有 10 多所。"③"学生规模也在进一步地扩大,仅在 1916 年,大学在校学生达到 17 241 人。"④随着大批爱国学生和知识分子的加入,高校学生社团人数和规模都不断增加。

2."五四"运动点燃了高校学生社团发展的热潮

辛亥革命失败、签订"二十一条"、袁世凯称帝、张勋复辟、段祺瑞执政等一个个政治事件使当时的知识分子倍感彷徨,以陈独秀、李大钊、瞿秋白等人为首的更加激进的知识分子勇敢地承担起唤醒民众

① 邵鹏文.中国学生运动简史.石家庄:河北出版社,1985:13.
② MIT. http://baike.baidu.com/view/673409.htm 2001-08-19.
③ 彭明.五四运动史.北京:人民出版社,1984:112.
④ 教育部教育年鉴编纂委员会编.第二次中国教育年鉴.北京:商务印书馆,1948:230.

的历史任务,发动了以追求"民主"和"科学"为旗号的"新文化运动"。陈独秀、李大钊等人以《新青年》为主要阵地,热情鼓舞爱国学生去大胆地探求真理和改造社会,在"新文化运动"的影响下,许多的知识分子和青年学生自发组织起来,投入到反抗北洋军阀的政治运动中。于是,在中国历史上出现了前所未有的成立社团的热潮。当时规模和影响比较大的有新民学会、新潮社、觉悟社、少年中国学会等。"这一时期的社团活动有几种截然不同的形式……另一种是以青年学生为主体的以学校为依托进行的知识分子的社团,他们脱离现存的政治势力而独立活动,从不闻政治,继而与闻政治,但终不采取同当权者合流的参政形式。同参政的失败不一样的是,这些以学生为主体的社团在思想文化领域建立了民主启蒙、扫荡封建文化的奇功。"[1]1917 年俄国"十月革命"至"五四"运动前,在基于反对《中日共同防敌协定》而发起的学生运动中,北京大学的爱国学生联络天津、上海、武汉等地的高校学生成立"学生救国会"(最初名称是"学生爱国会")。"学生救国会"简章规定:"本会为大中华民国学生所组织","以养成爱国精神,协御外辱,不干涉内政为宗旨",到 1918 年 9 月初,"学生救国会"已经联络了全国各地的数百所大中学校和数万学子,几乎成为了一个全国性的学生团体。此后,中国高校出现了一个办学生社团的高潮,其中尤以新民学会、少年中国会、国民社、新潮社等影响最大,这些社团还注重创办宣传包括马克思主义在内的新思想的刊物,如国民社办的《国民》、新潮社办的《新潮》等,这些社团以及刊物的出现,实际上为"五四"运动作了组织和思想上的准备。

1919 年 4 月 30 日在巴黎和会上,北洋政府要求归还中国在山东的德租界和胶济铁路主权,以及要求废除《二十一条》等不平等条约遭到拒绝,并且在帝国主义的压力下,准备在《协约国和参战各国对

---

① 刘健清.社团志.上海:上海人民出版社,1998:2.

德和约》上签字。中国政府的外交失败,直接引发了中国民众的强烈不满,5月4日,北京大学的一些学生获悉中国的要求在巴黎和会上被拒绝的消息后纷纷走上街头声讨北洋政府的卖国罪行。全国其他高校学生团体和社会团体也都以各种形式表达支持。运动全面爆发,这场声势浩大的爱国学生运动主要是在广大知识分子的支持下,以全国的大中专学生社团为骨干力量。北京的学生运动最初主要是由两个较大的学生社团——"国民社"和"新潮社"共同领导的。后来也包括少年中国学会、工学会、新民学会、平民教育讲演团、工读互助团等,各个高校的学生社团为"五四运动"运动在全国的开展奠定了组织基础,反过来,"五四运动"运动在全国的开展也进一步激发了大学生组建社团的热情。

3."一二·九"运动与高校学生社团的新发展

"九一八"事变后,东北三省沦陷,日本帝国主义企图通过发动华北事变,使冀、鲁、晋、察、绥五省脱离中国,实现华北完全由日本控制的侵略野心。国民党政府顽固地坚持对内扩大内战,对外继续实行不抵抗政策,并准备成立"冀察政务委员会"以顺应日本帝国主义提出的"华北特殊化"要求。在涉及中华民族生死存亡的关头,1935年8月1日,中国共产党发表《为抗日救国告全体同胞书》和《为日本帝国主义吞并华北及蒋介石出卖中国出卖华北宣言》,号召全国人民起来抗日救国。在中国共产党的组织和领导下,12月9日,北平市学生联合会率领北平6 000余人举行示威游行,高呼"打倒日本帝国主义""停止内战,一致抗日"等口号。国民党政府出动大批军警进行镇压,打伤和逮捕了许多学生。这就是著名的"一二·九"运动。"一二·九"运动再次点燃了大学生结社的热情,也形成了全国人民抗日民主运动的新高潮,有力地推动了抗日民族统一战线的建立。尽管这一时期的学生活动处于被国民党政府压制的状态,但是高校学生社团通过主动接受中国共产党的政治领导,同国民党反动派做各种形式的斗争。例如,抗日战争爆发后,广大学生社团也有热烈的抗日宣传和动员的运动,甚至踊跃参军参战。解放战争时期,进行反内战、求和平、反国民党一党专政的斗争,成为国统区的第二条战线,有力地配合了中国共产党的军事斗争。这一时期比较有名的高校学生社团有 1935 年 8 月在中共地下组织指导下的"北平学生联合会",主要成员都是学生党员,如姚依林、邹鲁风、蒋南翔等。1937 年 10 月,由上海暨南大学留沪学生组织的"上海学生界救亡协会"成立,并迅速发展到 17 个团体单位,1938 年初在武汉高校中成立"中国学生救国联合会",均以高校大学生为主,其骨干大部分已成为中共党员。[①]"一二·九"运动期间,高校学生社团的类型逐渐增多,各种名目的学生社团,例如救国会、自治会、学生联合会、兄弟会、读书会、同乡会等犹如雨后春笋般出现;学生社团的规模也逐渐增大,在空间上可以说遍布于全国各个高校;并且得到了中国共产党及其共产主义青年团的指导和帮助,有些学生社团的骨干就是党员或先后加入了党,从此走上了革命道路。我国的高校学生社团发展到一个崭新的即用马克思主义理论为指导的阶段。

(二)新中国成立后到改革开放初期的高校学生社团(1949—1992)

新中国成立后,各领域都百废待兴,高等教育也不例外。《共同纲领》制定了我国的教育是"民族的、科学的、大众的文化教育"的新民主主义文教政策,确立了教育要为人民服务、为新中国建设服务的指导思想,这一指导方针正确反映了当时我国国情和教育事业发展的需要。然而由于种种缘由,新中国成立后很长时间内我国高等教育发展未真正落实这一指导方针,而是走了许多弯路,尤其是文化大革命的十年间,高等教育遭受了严重损失。直到改革开放后,高等教育才重新回到健康发展道路。受社会大环境和校园小环境的影响,

---

① 刘健清.社团志.上海:上海人民出版社,1998:2.

高校学生社团从建国后到改革开放初期的几十年发展中也是起伏不定,经历了曲折的历程。

1. 新中国成立初高校学生社团的社会主义改造

根据 1949 年 9 月 12 日政协会议通过的《共同纲领》的原则,党和政府对旧的高等教育事业进行了接管和改造。在院校归属方面,党接管了全部高校,并且依照苏联样板对高等院校进行调整和改造。很多具有办学特色的学校,尤其是教会学校、私立学校从此在那个时候消失,与此相具备的特色的校园文化也随之消亡。在学生的管理方面,也形成了全国统一的管理模式,包括招生方式、毕业生分配、学籍管理等制度。到 1951 年底,中共中央又发出《关于在学校中进行思想改造和组织清理工作的指示》,根据这一指示,把本来是提高认识、改造思想的学习活动同在政治上开展忠诚老实、清查历史、清理组织的政治运动结合起来了。①从这时候起,"组织"在中国有了特殊的含义,特指党、团及官方行政组织。由此,以思想自由、学术争鸣为主旨的学生社团基本上没有自发形成的空间。1953 年院校调整结束后,除了党、团组织和学生会,根据当时政治与学术的紧张关系来看,学生自发、自主的社团应该比较少。例如,建国后至 1966 年期间,以自由、民主、开放而闻名的北京大学也只先后存在过舞蹈组、摄影学会、中乐组、美术组、剧艺社、音乐社、五四文学社、新文艺社和时事学习小组等十几个学生社团。这一时期在全国高校中有代表性的学生社团就是北京大学的"五四文学社",它是 1956 年由北京大学中文系学生谢冕等人倡导成立,并办有文学刊物《未名湖》,主要开展诗歌朗诵会、征文比赛等社团活动,在推动当时的校园文学创作发挥了很大作用。②

2. "文化大革命"时期高校学生社团的全面"瘫痪"

1966 年至 1976 年是我国"文化大革命"时期,由于受整个国家的

---

① ②　胡绳.中国共产党的七十年.北京:中共党史出版社,1991:311.

极"左"思潮的影响,整个社会乃至高等教育都陷入了"无政府主义",人们普遍对结社存在恐怖心理,高校学生社团陷入全面"瘫痪"状态,学生社团数降至最低点,而其他非政治类型的学生社团则在各种政治运动的冲击下逐渐淡出。与此同时,以"革命造反"为目的的红卫兵组织逐渐代替学生社团组织,并成为学生群体活动的主要形式。虽然从红卫兵组织的兴起和发展,到最终完全退出历史舞台这一过程来看,红卫兵组织具有学生社团组织的某些特征,因而,我国有部分学者也认为红卫兵组织是一种政治性学生社团,表现了大学生自我发展的需求。但是事实上,红卫兵组织并非真正意义上的学生社团组织,大学生红卫兵的盲目、狂热和全国红卫兵组织的高度同质表明红卫兵组织是一种"他治组织",只是这种"他治"主要是一种精神上的"他治",是一种缺少自主理性思想的盲从。因此,红卫兵组织及其运动主要是社会政治运动和教育制度的产物,并非大学生自主思考、理性选择的结果,大学生通过红卫兵组织也没有实现任何意义上的发展。故而,将红卫兵组织视为政治性学生社团是有失偏颇的。

3. 改革开放初期高校学生社团的重新恢复

1976年"四人帮"的垮台标志着文化大革命的结束。经过对"真理标准"的大讨论后,全国人民掀起一场思想解放的热潮。随后胜利召开的党的十一届三中全会拉开了我国改革开放的序幕。社会政治、经济、文化等各个领域都开始了拨乱反正。中国的高等教育重新步入了正常轨道,并不断尝试新的改革,并于1977年恢复全国统一高考的制度。在此背景下,大学生的思想也开始活跃起来,大量自发性的学生社团出现。到70年代末,大学校园里开始出现一些学生自发组织,1978年,复旦大学成立了"书法与绘画协会",这是"文革"后我国高校成立的第一家学生社团。清华大学在80年代中期涌现出了90多个学生社团,一些学生社团,如"求实协会""水木心曲"等学生社团一直活跃至今,构成了清华校园的一道美丽风景。80年代初大学里出现了许多学生社团,"一般是几个志同道合的学生,无须向任何学校机构提出申请报告,只要在宣传栏上贴上一则组建社团的启事,就可获得其他学生的响应"。①当时还是以文学艺术类社团居多,有些优秀的学生社团在全国范围都有了很高的声望。如80年代,北京大学著名的实践性社团"山鹰社",该社团经常深入祖国边远地区了解国情,服务当地人民。同时也培养出一大批青年登山爱好者和国家运动员,为中国的民间登山运动和高山科考事业作出自己的贡献,产生了广泛的社会影响。80年代中期,在资产阶级自由化思潮的影响下,从北京大学开始爆发了一场席卷全国的学潮;1986年12月底,北京、上海等地学生学潮规模不断扩大。与此同时,在党和政府的要求下,反对资产阶级自由化思想成为高校学生思想工作的中心任务,80年代末期,我国的高校学生社团再次走向沉寂。

(三) 改革开放新时期的高校学生社团(1992—至今)

1992年1月18日至2月21日,邓小平视察武昌、深圳、珠海等地,发表了著名的"南方谈话"。随后召开的中共十四大提出要进一步解放思想、加快改革开放和社会主义现代化建设的步伐,标志着我国改革开放进入了新的时期,人们的思想再一次获得解放。与此同时,我国高等教育领域的改革也在不断推进,高校学生社团在党和政府重视下,也重新获得发展的新契机,实现了大学生的自我教育、自我管理和自我服务,从而迸发出强大的活力。

高校学生社团快速发展。随着改革开放的不断深入和社会主义市场经济的快速发展,新时期成长起来的大学生个性张扬、思想开放,竞争和参与意识已显著增强。面对新的机遇和挑战,我国高等教育加快了改革的步伐,开始大力推行学分制、选课制、导师制

---

① 陈莉.中国大学生组织发展研究.华中科技大学,2007(6):36.

以及公寓化管理等新举措,并取得了良好的成效。与此同时,现代大学生的组织观念也发生了很大的变化,传统的班级、学生会等学生组织越来越难以适应大学生的交往需求,而作为高校学生自发组织的学生社团则满足了现代大学生的多样化需求。到 90 年代初期,我国高校学生社团进入了快速发展阶段。2002 年 3 月 25日,共青团中央、教育部、全国学联做出了在高校开展"大学生素质拓展计划"的决定,2003 年,这项工作在我国全面铺开。①据共青团中央和中国青少年研究中心的一项联合调查表明,"截止到 2005 年,我国高校学生社团总数在 4.5 万个左右,平均每所高校有 20 多个。有 80%的大学生参与了校内社团,平均每个大学生参与的社团数为1.5 个以上。"②高校学生社团逐渐成为实施素质教育的重要途径和有效方式,在加强校园文化建设、提高学生综合素质方面发挥着重要作用。

从 1999 年开始,我国高校开始逐步扩招,普通高校在校学生数量急剧增加。至 2020 年 12 月,中国有各类高校 2 738 所,在校本、专科生达到 3 285.29 万人。③从中华人民共和国教育部公布的《全国教育事业发展统计公报》中可以统计出我国近十年来高校数和高校在校本、专科学生人数(见表 3.1),在高等教育大规模扩招背景下,我国高校学生社团也急剧增加。而高校学生社团数据2006 年 3 月共青团中央和青少年问题中心联合进行的一项调查统计为 45 000 个左右,目前尚无准确和最新的统计数据。另外,至2020 年 12 月,通过校园网分别查阅了北京大学等 42 所本科院校,从查阅情况来看,42 所高校共有学生社团 4 241 个,平均每所高校有 100 多个。

---

① 曹乔.大学生素质教育计划实施研究.西南交通大学,2010(7):39.
② 孙晔.新生代学生社团异军突起.中国青年报,2006-3-25.
③ 2020 年全国教育事业发展统计公报.http://www.sdgb.cn/274377.aspx.

表 3.1　我国 2010—2020 年年近十年来高校数及高校在校本、专科学生数

年　　度	高校数（单位：所）	在校学生数（单位：万人）
2020	2 738	3 285.29
2019	2 688	3 031.52
2018	2 663	2 831.03
2017	2 631	2 753.59
2016	2 596	2 695.84
2015	2 560	2 625.30
2014	2 529	2 547.70
2013	2 491	2 468.07
2012	2 442	2 391.32
2011	2 409	2 308.50
2010	2 387	2 231.79

当前,我国高校学生社团数量在迅速增长的同时,学生社团的内涵和外延也在不断扩张。首先是高校学生社团的凝聚力和影响力逐渐增强。组织承诺(Organizational Commitment)是当代社会心理学的一个重要概念,"它是指组织成员对组织的认同并愿意积极参与其中的程度"。[①]高校学生社团作为大学生的群体组织,其组织承诺反映出大学生成员对社团的认同和投入程度,是衡量高校学生社团凝聚力和影响力的重要指标。著名的高校学生社团研究者彭志越博士采用多阶段随机抽样方法,从华中科技大学、武汉大学等 6 所高校的144 个校级大学生社团中抽取 600 个学生成员样本,并构建多元回归模型进行分析后认为,就整体而言,当前我国高校学生社团的组织承诺状况比较良好,学生成员的组织承诺度较高。其次是社团管理逐渐完善。[②]自 1997 年始,共青团中央号召成立高校学生社团联合会

[①]　赵小艳.组织承诺视阈下高校学生社团激励机制探微.中国电力教育,2012(4):138.

[②]　彭志越.高校学生社团中的组织承诺及其影响因素分析.邵阳学院学报(社会科学),2002(5):141—143.

后,目前各个高校基本都成立了学生社团联合会,有些城市,例如北京、上海、重庆、登封等相继成立了市级的高校学生社团联合会,甚至有些省,例如辽宁、浙江、广东、湖北等成立了省级的高校学生社团联合会,各个高校的学生社团联合会之间的沟通日趋密切。高校已经从传统的以团委和(或)学生会进行管理为主过渡到在团委和(或)学生会的指导下以学生社团联合会的自主管理为主,这使得高校的学生会和学生社团发挥各自的优势,强化各自的职能,互相协作和配合,共同为共青团组织服务,从而为整合校内资源为学生社团自我发展提供有效路径。最后是高校学生社团的功能更加多样化。目前我国高校学生社团已经不是停留在兴趣和爱好的培养上,社团活动逐渐成为实施素质教育的重要途径和有效方式,在加强校园文化建设、提高学生综合素质、引导学生适应社会、培养公民意识、促进学生成才就业等方面发挥着重要作用,是新形势下有效凝聚学生、开展思想政治教育的重要组织动员方式,是以班级年级为主开展学生思想政治教育的重要补充。

表3.2　高校学生社团的组织承诺状况

组织承诺度	人数	％
组织承诺度高	133	27.6
组织承诺度较高	192	39.8
组织承诺度低	110	22.8
组织承诺度很低	47	9.8
总　计	482	100.0

二、我国高校学生社团不同时期的发展特征

正如铂金所言:"从真正意义上说,研究事物的历史就在于研究事物发展的变化与稳定。说得更具体些,它既研究影响全部人类组织机构变化与稳定的过程,也研究这些变化和稳定的内在因

素。"①因此,在明晰我国高校学生社团发展历程的基础上,仍需揭示我国高校学生社团变化和稳定的动力特征。

(一) 新中国成立前:社会政治环境影响高校学生社团的涨落

我国近代的高等教育可以说是"西方大学的凯旋"②,我国近代的高校学生社团也深深留下西方"民主、自由"思想文化的烙印。尽管我国高校学生社团是学习西方的产物,但它又是成长于中国半殖民地、半封建的社会环境之中,具有了很多独特的中国风貌。我国近代高校学生社团是新兴的事物,具有很强的生命力。不可否认,它也是不成熟的,有着许多瑕疵。总的来看,复杂的社会政治环境影响着高校学生社团的涨落。一方面,内忧外患的社会政治环境激发着大学生结社的热情。外有帝国主义入侵,内有官僚和军阀统治,在中华民族危亡的时刻,广大青年爱国学生清醒地认识到,个体的力量是十分微薄的,只有团结起来,依靠集体的力量进行抗争才能够变革旧社会、建设新中国,这样的强烈愿望成为当时高校学生组织结社的主要动因。另一方面,动荡的社会政治环境推动着高校学生社团的不断发展。20世纪的中国始终处在复杂动荡的社会形势下,时代需要广大知识分子和青年学生承担唤醒民众、组织救亡图存的历史重任。这与享有相对独立自主权的现代高校学生社团不同,早期的高校学生社团与中国近代以来的社会现实,特别是不断动荡的社会政治局势紧密联系在一起。每逢中国发生重大的社会政治事件,也必然会伴随着学生社团运动的风起云涌。1903年,日本与沙皇俄国为了侵占中国东北和朝鲜,在中国的土地上挑起了一场帝国主义战争,激起

---

① 〔美〕伯顿·R.克拉克.高等教育新论——多学科的研究.王承绪等译.杭州:浙江教育出版社,1988:24.

② 〔加〕许美德.中国大学1895—1995:一个文化冲突的世纪.北京:教育科学出版社,2000:32.

了中国人民的无比愤慨,直接引发了"抗俄铁血会"的成立,"抗俄铁血会"通过办报、印发传单、发布檄文和游行集会等方式抗议清政府的软弱,声讨日俄帝国主义列强的侵略罪行。"抗俄铁血会"的爱国行动为各校学生树立了榜样,他们纷纷仿效成立敢死团、学生军、北伐队、守卫团等社团组织,掀开了我国学生社团运动的序幕。①以至于其后爆发"五·四运动"和"一二·九运动"均与中国当时发生的政治事件密切相关,进一步激发更多的学生投入到改造社会、救亡图存的爱国运动中,形成了学生社团发展的两波热潮。可见,在当时社会政治环境影响下,改造社会、救亡图存成为全国各地青年大学生及其社团的主要奋斗目标。

除此之外,学校也对学生社团发展起着重要的推动作用。我国最早的学生社团虽然是在社会政治运动影响下由学生自发形成的,但是这其中也受到以校长和教师为代表的学校方面的大力支持,许多学生社团都有校长和教师的积极参与,因而表现出与校方要求的高度一致。这种一致性既与当时学生社团本身早期发展的不成熟有关,也与中国几千年的传统思想文化有关,更与中国近代高等教育形成的特殊背景有关。这一时期的高校学生基本上都接受过中国传统思想文化,深受中国旧式的道德观念熏陶。在我国传统的思想观念中,"师道尊严"是毋庸置疑的。而我国早期的大学也涌现出大批学识、人格都出类拔萃、有强烈社会责任感的知识分子,他们投身学术、热心教育、关爱学生。例如,北京大学第一任校长蔡元培先生,为全面营造新型的大学校园文化氛围,他支持师生参加或组建社团,鼓励开展学术、思想、文化和体育等方面的社团活动,有时候,蔡元培还主动参加学生社团活动,并给予学生社团各种鼓励和指导。特别是"为了倡导新式的道德风尚,他还亲自组织发起了'进德会'"。②蔡元培

---

① 陈莉.中国大学生组织发展研究.华中科技大学,2007(6):36.
② 石新明.论蔡元培先生的"扶植社团"思想.北京科技大学学报,2001(2):31.

先生所积极倡导社团的思想及其举措很快使北京大学的社团活动氛围空前高涨起来,也成为五四前后以北京大学为代表的高校学生社团走向兴盛的尤为重要的原因之一。

(二) 新中国成立到改革开放初:国家力量主导高校学生社团的转型

通过对新中国成立后到改革开放初期高校学生社团发展整体状况的描述,可以看到,这一时期的高校学生社团与新中国成立以前的高校学生社团相比,发生了根本性的变革,高校学生社团在国家政治力量主导下实现了体制"转型"。这一时期高校学生社团发展的最突出变化就是在新民主主义文教政策的指导下实现了从旧的体制过渡到新的体制,这也是中国社会政治转型的直接反映。新中国成立后,中国共产党依据解放区办学经验和苏联老大哥的高等教育模式对国民政府时期的"大学"进行了彻底改造,这些高校及其学生社团基本上切断了与以前的联系,高校学生社团的体制经历了一场彻底的变革。从50、60年代中国整体社会的现实和高等教育的环境来看,当时的高校学生社团完全是一种"国家计划指令"的结果:怎么成立社团,哪些学生社团能够存在,高校学生社团能够发挥什么样的作用等等,完全是由党和国家,甚至是直接由党中央决定的。在党和国家与大学生个体之间除了几个官方性学生组织,再无自发形态的学生社团生存空间。这是一个高度集中统一的社会,高校学生社团、社团文化与整个社会组织、社会文化保持着高度的同质性。显而易见,在新中国成立以后到改革开放初期的一段时间里,高校学生社团已成为社会主义国家政治内容的一部分。

(三) 改革开放新时期:多种力量共同参与高校学生社团的发展

首先,现代大学生多样化的需求推动着高校学生社团发展。人的需要遵循着从低层次向高层次不断上升的规律,也就是说,当低层次的需要得到基本满足之后,追求更高层次需要的不断满足便会成为人们行为的内在动因。随着全球化浪潮和知识经济越来越深入影响到社会各个层面,大学生自主发展意识增强、自由空间需求越来越大,传统意义上班级、学生会等也越来越不能满足学生变化了的学习及其他方面的需求。尤其是目前在校大学生以 90、00 后为主,他们出生在改革开放已经卓有成效的时代,从家庭背景、经济基础、社会环境等各方面都与以往青年学生有着很大的不同,这些新生代大学生挑战传统和权威,自主意识强,强调自我选择权,加之不同的学生个体差异增大,需求层次、思想观念和价值取向呈现多元化态势,当代大学生通过积极参与社团,来实现自我多样化需求的不断满足。

其次,国家对高校学生社团发展的政治引导。经过新中国成立初对高校的社会主义改造后,高校的学生工作一直是党和政府的重要任务。改革开放后,学生社团开始与高校思想政治教育工作相融合,并成为高校思想政治教育工作中的新载体。通过加强对学生社团的管理,我国高校学生社团在政治方向和发展方向上与国家要求总体保持了一致。但是在一系列风波的影响下,高校学生社团活动有失去正确方向的可能性,甚至在个别学校里出现了宣扬资产阶级腐朽思想的学生社团,严重背离党和人民的要求。为此,党和政府进一步加强了大学生的思想政治教育工作,要求高校学生工作必须旗帜鲜明地反对资产阶级自由化思潮,并先后颁布实施了《关于进一步加强和改进大学生思想政治教育的意见》《关于加强和改进大学生社团工作的意见》和《高校学生社团管理暂行办法》等政策文件,明确了我国高校学生社团发展的政治方向,将高校思想政治教育工作与学生社团管理进一步结合起来。

再次,高校对高校学生社团"一体两翼"的有效管理。"一体两翼"的高校学生社团管理模式是指在我国的高等院校里,以共青团工作为"一体",以学生会和学生社团组织为"两翼",使共青团组织更大限度地发挥对学生会和学生社团的教育和管理作用。①同时也通过高校的学生会和学生社团发挥各自的优势,强化各自的职能,互相协作和配合,共同为共青团组织服务,从而为整合校内资源,为共青团、学生会以及学生社团三者之间和谐发展提供有效路径。经过文化大革命的十年混乱后,高校的教学、管理工作在逐渐回到正常轨道上来,高校的共青团、学生会以及学生社团工作开始恢复并得到快速的重建。广大学生希望有一个宽松、稳定、有序的学习生活环境,对高校教育秩序的恢复也是积极响应和热情参与。大批新的学生社团不断出现,并实现了一定程度的自我教育、自我管理和自我服务。在重建的过程中,高校始终坚持党领导学生工作的重要方针,学生会和学生社团必须紧紧地依靠党的领导、共青团组织的帮助,对学生社团的教育管理开始成为共青团工作的重要任务,它成为这一时期我国高校学生社团发展的显著特点。因此,虽然"一体两翼"学生社团管理模式是依据高校教育管理的要求而重建,但也是符合当时高校学生社团发展的客观性需要。

最后,社会力量开始参与到高校学生社团的建设。随着高校学生社团开放程度的不断增强,社会各界力量也开始参与高校学生社团的建设,一些企业、社会团体的社会人士等也加入学生社团中来,以校外指导教师、顾问等形式参与学生社团的活动、参与学生社团发展的策划,也有一些社会企业和企业家,也从大学校园里找到了他们现实的市场机遇、未来的人力资源抑或应该担当的社会责任,对高校学生社团发展进行资金支持和赞助。根据上海团市委进行的一次关于高校学生社团经费来源的专题调研,社会赞助占学生社团活动经费的 22%②,社会力量的支持使得高校学生社团从内部加强了与社

① 朱建彬.高校共青团组织"一体两翼"工作格局探索.绍兴文理学院学报(教育教学研究),2003(12):30.

② 杨立德.西南联大的斯芬克司之谜.云南:云南人民出版社,2005:232.

会的联系。一部分紧随社会潮流主题的应用型高校学生社团应运而生,如环保协会、营销协会等,这也加速了高校学生社团的社会化进程。

三、我国当代高校学生社团发展面临的困境

华勒斯坦说过:"分析任何社会体系的发展,都要研究其发展的三个时间段,即形成阶段、正常运行阶段和困境阶段。"①我国高校学生社团作为复杂社会体系的分支系统,其伴随着社会体系的发展,必然也经历这三个阶段。实际上,我国高校学生社团在曾经的发展过程中也遇到过困境,有时候出现发展停滞,甚至是生存危机。在很大程度上,我国高校学生社团的发展困境不仅仅是因为社会环境的突变,也是我国高校学生社团固有的结构和功能不能适应外部环境的需要。从我国高校学生社团历史发展的角度来看,其发展困境的存在是一种客观存在,且不以人的主观意识而改变,因为它来自我国高校学生社团内外部的不确定性动力因素,也就是"涨落"。由于这种"涨落"的客观存在,所以到一定阶段就会形成发展的瓶颈,从而造成整个高校学生社团发展的变革。迄今为止,我国高校学生社团发生了三次转型,那也就是显示出我国高校学生社团经历了两次发展困境:第一次困境的发生是由于新的国家政治体制的确立,高校学生社团步开始步入社会主义的轨道,造成高校学生社团由旧体制向新体制转变过程当中,其自发性的组织特质减退,组织发展一度进入很长一段时间的沉寂期;第二次发展困境则是改革开放以前,准确地说就是"文化大革命"中所受到的严重冲击,高校学生社团作为大学生自发性组织的地位发生动摇,高校学生社团的发展基本上处于瘫痪状

---

① 〔美〕伊曼纽尔·华勒斯坦.知识的不确定性.王昺等译.山东:山东大学出版社,2006:25.

态。当前,我国高校学生社团发展也正面临着新的困境。

(一) 我国当代高校学生社团发展的主要困境:"体制化生存"

尽管我国当代高校学生社团的发展无论是速度还是规模都得到了很大的提高,但是同时也出现了种种的问题,这是毋庸置疑的,众多的专家和学者从各个方面对我国当代高校学生社团发展中出现的问题进行了探析。赵峰认为,"高等教育产业化政策及其大规模扩招带来的高校管理、教师、服务资源相对减少,学生管理工作者主要忙于应付日常具体事务,难以有效应对有关高校学生社团发展的长效机制建设,严重制约了社团发展。"①徐振浩认为,"不少高校在奖学金评定、推优、就业等方面和社会工作挂钩,学生会的任职和工作情况是其中一个重要的方面。由于自发组织的学生社团其任职和工作不能得到学校的认可,导致不少学生认为社团活动没有价值,参与度较低。"②王晓亮认为,"目前,高校学生社团的发展受到经费不足、硬件设施等客观因素制约,学校能够提供的经费有限。"③赵锦权则认为,"社团的突出问题就是社团的行政化和官僚化,社团中带长的头衔成为优秀学生标志。社团中带长的头衔成为职业规划重要一步。社团中带长的头衔成为权力体验的实验田。只要和团委老师搞好关系,就能带长。"④费坚和俞锋从长三角部分高校抽取了180个学生社团进行调查后认为,"我们越来越感觉到社团发展到了一个瓶颈期,社团发展必须要有自己新的动力系统。一般来讲,因为社团生成的兴趣因素的主导,而不是为了迎合上级政策或者学校党政机

① 赵峰.新形势下高校学生社团引导与激励机制研究.辽宁行政学院学报,2012(2):140.

② 徐振浩.新形势下高校学生社团建设的问题与思考.高教与经济,2007(3):62.

③ 王晓亮.激发高校学生社团活力的几点思考.黑龙江教育(高教研究与评估),2010(1):36.

④ 赵锦权.高校学生社团商业化、行政化与应对策略.长江大学学报(社会科学版),2010(2):233.

关的要求。"①当然，以上专家和学者的观点也不能够完全判断我国当代高校学生社团发展正处于困境阶段，毕竟也没有一个精确的指标来表示困境阶段，但至少可以说，我国当代高校学生社团发展已经面临着困境。

对于我国当代高校学生社团发展所面临的困境，可以发现专家和学者们的关注主要集中在三个方面：一是对高校学生社团定位模糊，即认识不到学生社团发展既需要高校党委、团委的指引，又必须从学生的兴趣出发，符合广大同学的需求，否则得不到广大同学的支持和认可，从而失去了生存的基础；二是高校学生社团的自治不足，社团自治是社团赖以生存的核心理念，是社团独立性的保障，然而，社团自治不足，已成为制约社团发展的关键障碍；三是社会化程度低，即学生社团活动领域仅限于校园的范围、活动经费仅限于学校的拨款和成员会费等，使得学生社团难以实现可持续发展。但是，无论是高校学生社团的定位问题，自治不足问题，还是社会化程度问题，也许都可以归结成一个词：体制原因。专门从事中国 21 世纪教育发展研究的熊丙奇教授将其称之为高等教育的"体制迷墙"，这同样也是我国当代高校学生社团发展中最深层次的困境。也可以说在当前的高校学生社团发展的体制中生存的教师和学生实际上已经严重体制化，他们已经习惯了"体制化生存"。所谓"体制化生存"，即如何依附于体制，谋求自己最大的利益。②在这里，"体制化"的利弊是一种客观存在的现实标准，而客观存在的标准未必就一定完全符合高校学生社团生存的最终价值追求。当然需要指出的是，这里的"体制化"不是高校学生社团自身建立体制，而是被政府体制化或者被高等学校等外部力量体制化。"体制化生存"是我国当代高校学生社团发

---

① 费坚，俞锋.高校学生社团的现实困境及整合发展路径.黑龙江高教研究,2009(2):22.

② 熊丙奇.体制迷墙——大学问题高端访问.成都:天地出版社,2005:87.

展的异化状态,因为我国当代高校学生社团发展不是一个围绕大学生需求的逻辑与爱好共同体的准则开展的,而是一个围绕国家的特殊需求与学校控制的有效展开而形成的可控性组织。尤其是当人们把当代高校学生社团"培养什么人"的问题提高到国家的政治稳定与组织生命力延续的高度来对待的时候,高校学生社团发展就成为关系到国家意识形态教育的严肃性问题。大学生的需求问题就不得不让位给政治的判断问题,政治正确就成为引领当代高校学生社团发展的唯一方向标。

　　"体制化生存"表现在我国当代高校学生社团组织机构的运转上,就是我国当代高校学生社团的运行是由国家引导和高校合力控制的运行过程。这种合力控制,不仅是政治的,也是行政的,更是经济的。不仅在宏观的层面上,而且也在微观的层面上展开。对高校学生社团组织运转的政治控制,指的是高校学生社团在办团理念上的政治化,而无法以生活化的准则作为高校学生社团的运转原则;高校学生社团组织运转的行政控制,指的是高校学生社团受到学校主管机构的直接驾驭,而没有作为独立权力支持体制维系的机构特质;高校学生社团运转的经济控制,则是指高校学生社团在运转资源的吸纳上缺乏自主权,而直接受到运转经费的行政划拨的制约。三者将高校学生社团的自主性群体活动控制压制为一个平面化的状态。高校学生社团运作的立体化空间丧失掉了。一个平面化的高校学生社团,就不可能兼容各种有利于大学生自主需求的特立独行之士容身其间,也就不可能使高校学生社团有一个与国家与高校各行其责的独立领域,更不可能使高校学生社团具有一个宽松的自由人文氛围。高校学生社团作为大学生兴趣与爱好共同体的组织特质也就难以显示出来。试想,一个高校学生社团在领导人配备、发展决策、活动方式、机构设置、规模大小、经费发放甚至活动场地诸方面既受到学校行政主管当局的控制,又受到学校行政主管当局划拨经费的约束,我国当代高校学生社团还能为兴趣与爱好共同体提供什么样的自主发展空间呢？

（二）我国当代高校学生社团发展困境的历史性追溯

我国当代高校学生社团面临的发展困境，它的根源仍然在于1949年新中国成立以来的高度集中化、计划式的高校教育管理模式。虽然我们说这是全面学习苏联高等教育体制的结果，但是也无可否认，这首先为了顺应当时国家政治体制变革的需要。20世纪50年代的我国高等教育的院系调整完全改变了中国高等学校及其学生社团发展的独立性。从此之后，中国的高等学校一方面成为一个庞大的教育行政系统之下的分支部门，在其最极端的情况下，从大学生招生到毕业生工作就业都要由上级教育行政部门来决定；另一方面它们也变为政治教育和政治活动的中心。国家用行政手段对所有的大学生组织进行一体化改造，行政强制性的"一刀切"，剥夺了大学生自主建构社团组织的空间和机会，高校学生社团从此纳入了苏联式的高度集中计划性的模式，其特点是高校学生社团的类型与社团活动都要和国家的政治路线保持高度一致，学校对学生社团活动实行高度集中统一的计划管理，按国家的政治宣传和高校的政治教育设计学生社团，学生社团活动的重心放在政治学习或者与经济建设直接相关的科普教育上，高校学生社团由此成为具有明显的行政化和政治化特征。

在我国改革开放三十多年之后的今天，随着高校办校自主权的扩大，大学生组织方式和活动方式等方面又开始向大学生的真实需求回归。高校学生社团的自主权也越来越大，空间也获得进一步的拓展，高校学生社团在形式上成了法人，在组织与活动策划、指导教师聘任和奖罚、经费乃至营利方面越来越有自主权。伴随着这种自主权和活动空间的扩大，在一定程度上，高校学生社团可以自己决定以何种方式应对外界的需要以办出自己社团特色。这一点在很多高校中都有明显的体现，比如清华大学强调"科学型"的学生社团发展目标；北京大学的学生社团传承"思想自由，兼容并包"之特色；而华中科技大学校长李培根提出"开放式的高等教育来引领大学生发展"。①该校的学生社团也以"开放式"为发展目标，其主要活动、资源等的边界延伸到社会之中。然而抛开那些具体的享有较大办学自主权的高校不谈，就宏观而言，由于中国的特殊国家意识形态定位，国家之上的政党理念，所以，我国大多数的高校学生社团在很大程度上仍然处在集中化的控制模式之中，我国当代高校学生社团在实质上依然是高校行政部门一个下属机构的性质，而不是独立自主的自发性组织。

（三）他组织机制：我国当代高校学生社团发展困境的实质

他组织是从事物自身看，它的组织化，不是其自身的自发、自主过程，而是在外部特定动力驱动下的组织过程或结果。我国当代高校学生社团发展的体制化生存，究其本质不是依靠自组织动力而是在他组织动力约束下的制度安排。这是我国高校学生社团当前在发展中面临困境的实质。通过对比自组织和他组织机制的异同可以更加看清我国当前高校学生社团发展困境的根源。作为组织方式而言，他组织和自组织各有各的功能。他组织也是组织化的非常重要的方式。自组织能够形成的首要条件是保持与外部环境的开放性，而开放就必须与外部环境发生能量、物质以及信息的交换，要有外部因素起到相应的作用。正如前面谈到的，高校学生社团想要发展，就必须要社会的非特定的干预。而且，随着社会的进一步发展，自组织在演化到一定阶段的时候，更加需要外部环境的参与。这是因为不论是组织本身还是外部环境都已经变得越来越复杂和不确定，单纯依靠组织自身的相互作用已不足以迅速满足系统对组织行为有效协调的要求。他组织便成为协调组织发展的手段之一，它是为对付日

---

①　李培根.论开放式高等教育阴.高等教育研究,2007(9):2.

益增大的复杂性而进化出来的,可以从更高层次处理组织的内外部信息,组织内外也产生了从事协调控制的子系统,比如高校学生社团中的各个部门机构等等。

我国当代的高校学生社团也并不是一个封闭组织,而是一个开放的社会组织,它也需要和外部环境进行能量上的交换。高校学生社团的自组织演化,说到底是大学生以群体的形式对时代和社会变化的回应。高校学生社团必须受到外部社会因素,也就是他组织的调节。在现代中国社会,随着高校学生社团与社会的联系越来越紧密,这种趋势将会变得越来越明显。高校学生社团同样要在自组织和他组织之间保持必要的张力平衡。但是,作为组织长期的演化机制而言,自组织机制则是根本性的,也可以说,自组织是一切事物的基本过程。当然他组织也可以作为事物演化的机制,但是前提只有当"他组织"系统的外部指令系统能够接收内、外全部信息,并能对其全部加以处理时,他组织可以优于自组织机制。正如从事自组织理论研究的吴彤曾经非常形象地指出,"包办婚姻"偶尔也会比"自由恋爱"更符合当事人的长远利益,但其前提是包办者必须相当于一个全能的"神"。①自组织机制的演化动力是系统内部子系统的相互作用推动了系统的演化,因此,系统整体和内部各个子系统都具有活力。相反,他组织机制的动力来自系统外部全能的力量。外部的控制力量如果不行,系统的运转就会失灵。事实上,这种全能的"神"的力量是不可能长期存在的。

可见,强调自组织动力机制对于我国当代高校学生社团发展而言尤其具有十分特殊的意义。高校的社团是大学生进行自我教育、自我管理、自我服务的有效组织形式,而且是大学生全面成长最需要发挥自主性和创造性的地方。与所有类型的高校学生组织不同,高校学生社团原则上(当然实际上不完全是)是爱好、兴趣、人生理想、

---

① 吴彤.生长的旋律—自组织演化的科学.济南:山东教育出版社,1996:100.

职业规划等问题应该独立、无条件被提出的地方,在对思想的自由探索上面,其他高校学生组织都无法与高校学生社团相比,高校学生社团这种组织特性决定了高校学生社团是不能够以他组织机制来演化的。当高校学生社团被"他组织"时,高校学生社团的各个子系统的相互作用就会发生紊乱,这会造成两个结果,一是不会发展成为成熟的要素;二是要素退化,使复杂系统向无序的线性方向退化。换言之,高校学生社团不能形成正常的竞争和合作,从而失去发展的内部动力。

四、我国高校学生社团发展的趋势

近些年来,我国高校学生社团主动适应社会发展和高校教育教学改革需要,得到了极大发展与繁荣,参与人数急剧增加,数量种类日趋多元,网络优势充分体现,管理制度不断完善,活动内容日趋丰富,活动形式灵活多样,对外联系明显增多,高校学生社团已逐渐成为繁荣校园文化的主要阵地,在学生中间具有广泛的影响力。目前,我国高校学生社团呈现出多元化、网络化、精细化、社会化、品牌化等一些新的发展趋势,值得我们关注。

(一) 高校学生社团的多元化发展

高校学生社团作为由学生自身根据兴趣爱好、为实现共同愿望而成立的学生组织,是大学生自我服务、自我管理、自我教育的有效形式,在丰富大学生课余生活、培养大学生的实践能力和创新精神、提升大学生综合素质、繁荣校园文化、拓宽思想政治教育途径等方面发挥了重要作用。随着社会发展和高校教育教学改革,高校人才培养目标不断与社会发展需求相衔接,面对高校教育社会化趋势的不断发展,越来越多的大学生们认识到参加学校的学生社团,可以培养和发展自身的兴趣爱好,锻炼和提升自身的综合素质,为以后更好地进入社会积累经验和阅历。在这一背景下,近些年来我国高校学生社团得到了快速发展,各大高校不管是社团数量还是参加社团的学生数都有"井喷式"增长,在每年的社团招新季,很多高校都会上演"百团大战"的热闹场面,呈现出百花齐放、百家争鸣的繁荣景象。2013年,北京高校中登记在册的社团有3 400多个,社员24万多人,但实际上要超过这个数字,社团组织约有5 000多个,超过68%以上的大学生都表示在大学期间都有过社团经历。①

目前,我国各大高校随着社团数量和参加社团人数的不断增加,社团发展趋向呈现多元化趋势。"90后""95后",甚至是"00后"逐渐成为在校大学生主体,他们生活在我国改革开放和国家逐渐走向富强的新时期,是在思想解放、价值观多元、科学技术飞速发展、互联网广泛应用的大环境下成长起来的"Z世代",其思想观念、价值取向、行为方式、实际需求、兴趣爱好、学习方式等方面都与以往的大学生们有很大的不同。一些原来不被关注的领域、近期新兴的领域等逐渐进入大学生的视野,成为他们追逐和关注的对象。外加社会多元化的发展对大学生的素质要求也变得更加多元,原先结构单一、活动单一、形式固定的传统学生社团已不再能够满足大学生们日益多元化的需求。为了满足大学生日益多元化的需求,高校学生社团必须勇于突破传统框架,不断与时俱进,及时进行创新和拓展,以更加多样、务实、轻松、新颖、自主的发展模式赢得大学生的青睐,充分发挥自身在提高大学生们综合素质、丰富"第二课堂"、繁荣校园文化等方面的作用。作者通过对全国多所高校学生社团调研数据进行统计分析,发现78%的学生认为本校学生社团"种类越来越多",72%的学生认为本校学生社团"分类越来越细",自己可选择的范围越来越大。

---

① 搜狐教育.《学生社团数量激增 透视大学校园里的"百团大战"》. https://kaoyan.eol.cn/yuan_xiao_xin_xi/201312/t20131215_1052459.shtml.

随着学生社团发展趋向日益多元化,学生社团的类型也不断丰富。高校学生社团可以说是学校生活的"晴雨表",大学生们对社会热点、社会发展趋势都有着敏锐的观察和把握。笔者在调研过程中发现,在去年全社会提倡垃圾分类之时,不少高校就涌现出了相关主题的社团。虽说文艺类、体育类等传统社团依然是大学生们关注的重点,但近些年来志愿服务类、专业实践类、学术科技类等方面的社团也越来越受到大学生们的欢迎,如以关注留守儿童和空巢老人为目的的"以爱之名"志愿服务协会,以提高师范生教学技能为目的的"未来之师"协会,以克服拖延、提高自律能力为目的"天天向上"自律协会,以关注大学生心理健康为目的的"绿丝带"心理协会,以提高大学创新、创业能力为目的的"双创"协会等。一些在内容和形式上均不同于传统社团的,契合时代潮流、张扬个性发展的学生社团也十分受到特定人群的喜欢,如轮滑协会、电竞协会、COSPLAY 协会、无人机协会、街舞协会等。

(二) 高校学生社团的网络化发展

互联网作为报纸、广播、电视之后出现的第四媒体,近些年来得到飞速的发展,信息化时代的到来极大地增强了人们的社会意识,拉近了人们交流的距离。中国互联网络信息中心(CNNIC)发布的《第47 次中国互联网络发展信息报告》指出:"截至 2020 年 12 月,我国网民规模为 9.89 亿,互联网普及率达 70.4％……网民总体规模已占全球网民的五分之一左右,构成了全球最大的数字社会……在我国网民群体中,学生最多,占到 21％"[1],而大学生网民又占到了学生群体的主要部分。他们作为互联网的原住民,把互联网作为他们获取信息和沟通交流的主渠道,网络对他们的思想观念和行为方式等方面

---

[1]　中国互联网络信息中心(CNNIC),《第 47 次中国互联网络发展信息报告》,http://www.cac.gov.cn/2021-02/03/c_1613923423079314.htm.

的影响也越来越广泛、越来越深刻。这一现象不可避免地要延伸到学生社团上，从而也促成了学生社团的网络化发展趋势。

高校学生社团的网络化发展主要表现在日常运行、成员互动、组织架构等方面以网络为主要途径和依托。电脑和智能手机的普及，以及校园 Wi-Fi 的全覆盖，促使网络在学生社团建设和发展中的作用越来越明显。学生社团为了提高工作效率，纷纷触网，形成了线下和线上的双向联动。网络不仅大大拓宽了学生社团的活动空间，增加了信息的传递量，而且为社团提供了一个很好的自我展示的平台和途径。目前，规模较大的一些学生社团都运营有自己的 QQ 空间、微信公众号、微博、抖音号等，建立有自己的工作微信群、QQ 群等，他们依托网络进行活动宣传、社团招新、安排工作、联络感情、成员互动等。学生社团的网络化发展还在一定程度上促进了社团组织架构扁平化和简约化发展。现代管理学理论认为，扁平化管理模式可以缩减直线式信息传递冗长的传播渠道，提高工作效率。社团组织架构的扁平化省去了信息传递中过多的中转和媒介，使得特定信息通过网络可以直达特定人群，提高了社团工作运行的效率，使得社团能够主动适应在大学生们快速高效的生活节奏，顺应时代潮流的发展。

高校学生社团的网络化发展另一个重要表现就是大学生网络社团的出现与发展。由共青团中央和中国青少年研究中心进行的一项调查显示：参加网络社团的大学生比例达到 14.0%，平均每人参与的网络社团为 1.99 个。[①]大学生网络社团按照其活动内容和组织方式的不同，大致可以分为三大类：一是传统学生社团的网络化，即现实中的学生社团将其活动场域移至网上；二是以大学生网络论坛为依托的虚拟社区，如百度贴吧、知乎圈子、豆瓣小组、微博超话等，大学生们在相对固定的网络空间里发表个人看法，参与讨论和活动；三是以专业网站、微信公众号等为依托的专题性的学生网络社

---

① 石国亮.高校学生社团发展的新趋势.青年探索，2009(3)：3—7.

团。这些网络社团大都具有类型的丰富性、环境的虚拟性、交互的及时性、管理的开放性、传播的广泛性等特点，呈现出发展迅速、准入门槛较低、组织结构松散、管理难度较大等发展态势，给传统的高校学生社团教育管理模式带来了一定的冲击和挑战，需要我们认真对待和研究。

（三）高校学生社团的精细化发展

近些年来，随着高校学生社团队伍的不断发展壮大，高校学生社团的管理制度越来越精细化。首先来说，高校学生社团发展的大环境持续向好，党和国家各相关部门对高校学生社团发展越来越重视，先后颁布了高校学生社团规范化管理的相关文件，积极推动和指导高校学生社团的发展。例如，2016 年 1 月份，共青团中央、教育部、全国学联共同印发了《高校学生社团管理暂行办法》，该办法共分为总则、管理机构、成立年审和注销、组织建设、活动管理、经费管理、工作保障、附则①八个部分，涉及高校学生社团的管理的方方面面，为高校学生社团的规范化管理指明了方向，对促进高校学生社团的健康发展具有重要意义。目前，全国绝大多数高校都根据此文件，结合本校学生社团发展状况和特色，都制定了本校的学生社团管理办法。除此之外，很多高校还成立了本校的学生社团联合会，社联在校团委的指导下，对全校学生社团进行统筹管理，对新成立的社团进行审批和指导，对经营不善的社团进行注销，指导社团制定完善社团章程和各项规章制度，对社团招新、活动开展、财务状况、社团注册等相关事务进行管理，协调不同社团之间的关系，对社团年度发展进行考评等，促进社团管理的规范化。

---

① 中华人民共和国教育部官网，团中央、教育部、全国学联联合印发：《高校学生社团管理暂行办法》出台. http://www.moe.gov.cn/jyb_xwfb/s5147/201601/t20160113_227746.html.

　　高校学生社团发展在外部管理大环境持续向好发展的基础上，其内部管理也在日趋规范。"无规矩不成方圆"，科学、合理的社团内部管理制度，对学生社团的健康发展具有重大作用，只有建立完善的内部管理制度，才能确保学生社团的运行有章可循，才能尽可能地避免社团因内部管理混乱而造成的发展困境。学生社团内部管理大体涉及会员招新、换届选举、经费的管理与使用、活动的策划与开展、组织架构与运行等几个大的方面，据此，学生社团在社团章程指导下，需要制定相应的招新制度与退出制度、换届选举制度、会员权利和义务、经费管理制度、社会例会制度、社团相关职能部门履职制度、活动策划与开展规范流程、档案管理制度等，通过相关制度的制定与完善，提升社团运行的高效性、规范化。除此之外，越来越多的高校为学生社团配备了指导老师，在作者的调研中，83％的社团都有自己的指导老师，甚至有的还有两名指导老师，这对社团的规范化管理都有非常重要的提升作用。

　　高校学生社团的精细化发展极大促进了社团的健康发展。在当下，如果想要成立一个新的社团，社团的发起人会联络所有有意向加入的同学共同商量社团的名称、章程草案、组织架构、特色活动、初步分工等方面的内容。正常运营的社团，在学校团委和社团的指导下，大都会定期召开全体大会，商讨社团发展的一些大事，如修改章程、换届选举、举办活动、经费花销等，特别是社团要举办大型活动时，更是需要召开大会进行动员，通过集思广益和群策群力确保活动办得出彩和成功。一些社团对社团干部的考察，对评优评先如"优秀团员""优秀社员"等名额的确定，也大都摒弃社长或会长"一言堂"的做法，实行仔细评议。甚至一些存在运营困难的社团，想要解散撤销社团，也需要经过全体会员大会的讨论，广泛听取民意，共同决定社团的命运。还有的社团在章程中规定，只要有一半以上的会员对社团主要负责人不满意，通过召开全体大会就可以罢免相关负责人。

（四）高校学生社团的社会化发展

随着社会的发展和时代的变化,高校学生社团逐渐走出校园,迈入社会的大门,不断与社会接轨,呈现出社会化发展趋势。所谓高校学生社团发展的社会化,是指高校学生社团在发展过程中主动走出校园,不断与社会接轨,以社团特点和发展需要与社会建立各种密切联系,逐步适应社会的发展,这是高校学生社团发展进步的表现,也是其发展的客观需求和必然趋势。当下每所高校都成立有众多社团,而每年拨付的社团活动经费却是一定的,"僧多粥少"的局面势必会造成一些规模较小、影响较小的社团只能申请到少部分的经费或者压根没有经费。为了解决经费上面的困扰,许多社团纷纷走出校园,以自身活动的特色和影响力吸引商家或企业进行赞助,而商家或企业也能够借助学生社团的活动,扩大自身在学生群体中的影响力和品牌效应,二者实现共赢。目前越来越多的学生社团与社会企业和商家展开合作,积极利用社会资源,将经费来源由原先的学校统一拨款拓展为多渠道筹集资金,一些规模较大、学校划拨经费较多的社团也会积极寻求商家、企业的赞助,以便获得更多的经费提升活动的质量和档次。在作者的调研中,92％的社团表示设置的有外联部,其主要工作就是与商家和企业建立联系,并从他们那里获得经费和物资的支持。此外,还有一些舞蹈类、文艺类、体育类、科技类的学生社团,利用自己社团的优势与社会相关机构合作,将社团活动或产品进行商业转化和产出,从而解决自身经费问题。作者在调研中,了解到一所高校的肚皮舞协会,经常与校外的一个舞蹈工作室合作,协助他们到一些商场进行商演,所获得的演出经费按照一定的比例进行分成。在这一过程中,学生的舞蹈技能得到锻炼和提升,也找到了一个展示的舞台,而合作商家则通过社团解决了人手的问题,二者共同受益,形成良性循环。

高校学生社团的社会化发展另一个表现就是不少学生社团逐步走出校内自我封闭循环的发展方式,开始将社团活动延伸到校外,把服务他人、奉献社会作为社团的宗旨,积极投身于全面建成小康社会和社会主义现代化建设,"让青春在党和人民最需要的地方绽放绚丽之花"。①作者在不同高校调研中发现,绝大多数高校都有支教、志愿服务、法律援助、环保、扶老助残等方面的公益性质的社团,而且这一类的社团在全校社团的总量中能够占到 15% 到 20%,与前些年的数据相比有明显增长。作者在调研中发现,一些学生社团积极与社区共建,在社区建立据点,以自身专业知识和技能服务社区,如一些医学类、口腔类、康复类社团,他们会定期到社区的活动中心为社团居民测量血压、血糖等,传授安全用药、有效控制"三高"、保持口腔卫生、减肥健身操等健康小常识,受到社区的欢迎;一些社团定期到社区进行文艺演出,丰富社区的文化生活;还有一些志愿服务类社团,他们会定期到社区进行志愿服务,如照顾独居老人,陪伴聋哑儿童,为困难家庭子女义务补课等。高校学生社团发展的社会化,特别的公益类社团的出现,对传播志愿服务精神、助推社会精神文明建设起到了一定的引领作用,在北京奥运会举办期间,首都各高校的志愿服务类社团积极参与其中,做了大量卓有成效的志愿服务工作,为传播奥运精神和志愿精神做出了卓有成效的贡献。②高校学生社团在从校园走向社团的过程中,了解了民情,服务了社会,锻炼了本领,奉献了爱心,在公益事业和志愿服务中实现了自己的青春理想,以自己的方式传递青春正能量,助推良好社会风气的发展。

高校学生社团发展社会化还表现在校内、校际学生社团之间的交流日趋频繁。互联网的广泛应用为高校学生社团与校内、校际之间的交流变得可行,畅通的沟通渠道和便利的资源共享平台使得学生社团们不再满足于自己的一方小天地,更愿意尝试与校内以及其

---

① 习近平总书记给北京大学援鄂医疗队全体"90"后党员的回信.人民日报,2020-3-4.

② 石国亮.高校学生社团发展的新趋势.青年探索,2009(3):3—7.

他高校志同道合的社团进行广泛交流与合作，这是社团提升自身建设、提高高校社团整体发展水平的必然趋势。笔者通过对多所高校的统计数据进行分析，发现我国社团对外交流日趋频繁，39％的学生社团都与兄弟高校的同类社团开展过合作和交流，共同举办跨校社团活动，受到当地和学校官方媒体的报道。高校学生社团通过与校内、校级学生社团之间频繁的交流，共同探讨自身发展中的经验与教训，互相取长补短，在讨论中寻求二者可以合作的契机和项目，通过共同举办更大规模、更有影响力的活动，提升双方举办大型活动的能力和水平，共同扩大影响力。此外，随着高校学生社团对外交流的日益增多，还出现了一些涉外学生社团，如北京大学就有多达二三十个专门从事国际交流的学生团体，如中韩交流协会、中法文化交流协会、模拟联合国协会等。

（五）高校学生社团的品牌化发展

所谓高校学生社团的品牌化发展，就是社团将自身的属性、价值追求、文化内涵、社团个性以及参与者融为一体，通过制定特定标识、打造社团文化、服务学生成长、瞄准目标群体、精心打造品牌活动并运用多种方式传播的发展模式，以此来促进自身的内涵式发展，在社团林立中找到自己的独特地位，扩大社团的影响力。近些年，随着高校社团的不断发展，各大高校社团的类型和数量都得到了飞速地增长。面对如此多的学生社团，如何能够吸引到更多学生的目光加入自己的组织，如何在团委老师那里获得更多的帮助提升自己的影响力，这是每个社团发展不得不思考的问题。在这一背景下，越来越多的社团开始精准定位，聚焦目标群体，打造自身特色，走品牌化发展道路。

高校学生社团的品牌化发展，使其在提升自身竞争力、培养社团会员能力、陶冶学生情操、繁荣校园文化等方面做得更好。一方面来说，高校学生社团的品牌化发展能够助推社团做大做强，社团通过树立品牌意识,开展具有时代特色又符合大学生们需求的活动,围绕社团宗旨打造品牌项目,不断提升社团活动质量和档次,增强社团管理水平,从而打造社团的核心竞争力,保持社团发展的旺盛生命力。另一方面,受到学生欢迎的品牌社团,以其自身良好的社团文化和活动平台,调动大学生们参与活动的热情和积极性,在活动中培养和发展他们的兴趣爱好,锻炼和提升他们的能力,扩大他们的交际面,提升他们的知识和视野,激发他们的潜能和创造力,帮助他们树立积极向上的精神风貌,提升他们在第二课堂中自我教育、自我培养的能力。再者,高校学生社团的品牌化发展,有利于提高高校的校园文化建设质量。社团通过实施品牌化发展道路,不仅能够提升社团的发展质量,保持社团发展的活力,而且也提升了校园文化建设的质量,促进了校园文化的繁荣。高校学生社团品牌化发展还促进了高校思想政治教育工作的开展,社团以其自身的灵活性、丰富性、趣味性,增强了对大学生们的吸引力、号召力和影响力,这在无形中弥补了学校官方思想政治教育覆盖不到的空白,助推了高校思想政治工作的开展。

高校学生社团品牌化发展,最为重要和关键的就是打造社团的品牌活动,社团活动的质量和规模决定了社团发展的层次和影响力。目前,中国青年报社在全国学联秘书处的指导下,已连续三年在全国高校当中开展"寻找全国高校百强学生社团"活动,这一活动共受到全国 600 余所高校的支持,2 300 多个社团参与竞选,竞争可谓十分激烈,而入选"全国高校百强社团"的条件之一就是要具有自己的特色和品牌活动。如光荣入选的"辽宁工程技术大学同乐相声社",以"弘扬传统文化、丰富课余生活"为社团宗旨,形成以"一个排练贯穿始终,两个训练传承经典,三个演出主场绽放光彩"的运行特色,他们社团的品牌活动就是围绕大学生身边的学习、恋爱、兼职、就业等热点话题以相声的形式展示给大家,每年举办演出 20 余场,让传统曲艺和校园生活擦出新火花,受到全校广大师生的喜爱。重庆大学的

KAB 创业俱乐部以重庆大学大学生创业基地为依托,打造以"挑战杯""创青春""互联网＋"为龙头,涵盖 ICAN 国际创新创业大赛、全国大学生人工智能大赛等 30 余个专项赛的"创新＋创业"闭环竞赛体系,组织参加创新创业大赛实践,累计获得"创青春"中国青年互联网创业大赛创意组金奖第一名、全国大学生人工智能创新大赛金奖等国家级奖励 190 余项,被评为"全国学生最具影响力双创社团"。

第四章　美国高校学生社团的发展历程与经验启示

美国是一个崇尚结社的国家,尤其是在大学里,社团种类繁多,社团活动丰富多彩。美国高校学生社团的发展历史亦源远流长,影响深远。美国众多的政界、商界、科技界、文艺界领军人物,其中大多数都曾是学生社团活动的积极分子,如尼克松、卡特、肯尼迪等都曾是学校社团活动的风云人物。美国政府、社会、院校等都十分重视学生社团,一般都积极地予以鼓励与支持。美国高校学生社团在各种力量的推动下不断变革和完善,积累了许多成功经验,对我国高校学生社团的发展研究具有十分重要的借鉴意义。

一、美国高校学生社团发展过程概述

美国高校学生社团是由殖民地时期的宗教学院向现代大学转变的过程中逐渐形成和发展起来的,并随着美国高等教育的大众化而日益完善,成为美国高等教育不可分割的一个重要组成部分。美国高校学生社团发展先后经历三个不同的历史阶段。

(一) 美国高校学生社团的初步发展(1636—1860)

从殖民地时期到 19 世纪中叶,美国仿照英国的牛津和剑桥建立起旨在培养牧师的私立院校。1636 年,来自英格兰的新移民在波士顿创立哈佛学院,拉开了美国高等教育的序幕。同美国大多数早期院校一样,哈佛也只是首次招生仅有 9 名学生的"迷你"学院,经过一个多世纪的发展,每年的新生额一直都没有超过 100 人,新生年龄普遍偏小,平均年龄只有 14 岁。[①]在整个 18 世纪,美国的高等院校都是沿袭着英国的"替代父母制"教育模式,对"新大陆"的年轻人进行文雅教育及严格的宗教熏陶,灌输传统的清教主义思想,对学生品格的培养甚于对学生智力的培养,通过制定严格的规章对学生的学习和衣、食、住、行等各方面进行管理,学生之间难以形成小团体,也就更谈不上学生社团在学院中的作用。

　　随着自由、民主、自治思想在北美殖民地的传播和在校学生的开始增多,院校里的学生群体开始兴起了文学交流和演讲的热潮。在 18 世纪中后期出现了最早的美国高校学生社团——耶鲁大学发起的一些文学社团(Literary Societies)。而后,哈佛大学、普林斯顿大学等院校也纷纷成立了各自的学生社团,其中大多数都是文学社团。当时最有名的两个文学社团一个是耶鲁的 Lionian,一个是哈佛的 Speaking Club。[②]这些社团在教师的指导下开展文学方面的辩论和演讲等活动,也搜集一些历史、文学书籍,极大地丰富了当时大学生单调的课余生活,在学生中发挥了积极的引导作用。由于受到宗教的压力,校方顾及全体学生纯正的信仰会受到误导,因此,对这些学生社团多持消极态度,甚至是给予警告。

　　18 世纪末到 19 世纪中叶,"美国高等院校的校园生活基本上仍然延续着过去的传统,虽然以文学讨论、演讲为主的各种学生社团越来越活跃,但这种活动与课堂教学的目的十分接近,因此课堂学习和社团活动有着一致的共同的基础"。[③]而非学术性学生社团仍然受到校方的严格监控。面对这种情况,学生只能以秘密的形式来组织社

---

① George W. Pierson. *A Yale Book of Numbers Historical Statistics of the College and University 1701—1976*. Yale Historical Book Publishers, 1983:49.

② 张家勇.美国大学的学生社团活动.比较教育研究,2004(4):80.

③ 陈学飞.美国高等教育发展史.成都:四川大学出版社,1989:103.

团,许多以希腊字命名的社团——兄弟会在各个大学纷纷出现。最早的兄弟会"菲贝卡协会"(Phi Beta Kappa)于1776年在耶鲁大学威廉玛丽学院成立。其他高校学生也纷纷效仿成立秘密社团,并选择三个希腊字母如"Θ、A、K"等作为会名,社团名称更是五花八门,例如,哈佛大学的"食猪社"、哥伦比亚大学的"斧头社"、密歇根大学的"猫头鹰协会"、卫斯理公会大学的"毒蛇俱乐部"等就是直接模仿的产物。在这些秘密学生社团中,最为著名的是1832年耶鲁大学学生威廉姆·拉塞尔创立的"骷髅会"。拉塞尔从德国留学回到耶鲁后极力鼓吹精英治国论,希望以学生社团为基础来铸造一个精英群落,以此让成员们互相帮助走上"通往财富和权力"的道路。自成立以来,"骷髅会"逐渐发展成为一个神秘但又神通广大的社会关系网。[①]经过170多年的发展,"骷髅会"成员几乎无所不在,遍布美国社会,从白宫、国会到最高法院,包括布什父子在内的三位美国总统也是其成员。

美国的早期院校主要是宗教的"教养"机构,学生社团具有浓厚的清教主义色彩,基本上是学术活动的附属物,社团规模小,活动内容以文学讨论为主。到了18世纪下半期,随着政治上的独立,美国经济获得较大发展,学生规模有所扩大,学术活动也开始与课余生活相分离,学生的自主性不断增强,出现了许多的秘密性社团。由于这些社团适应了学生自主发展的需要,因此,具有很强的生命力,许多院校的学生社团都一直延续至今,成为造就美国校园文化的重要力量。概而言之,美国高校学生社团在美国南北战争前的100多年时间里呈现出三个方面的特征。一是自发性。相较于最初的学习和生活完全被教师、校方的严格管制,美国院校学生逐渐争取到部分日常生活的自主权,可以说早期学生社团的形成是学生为了追求共同的文学爱好和课余生活的自主权的自发行为,是与学校的控制进行努力抗争的结果。二是"非法性"。美国早期院校的学生管理模式是

---

① 陈学飞.美国高等教育发展史.成都:四川大学出版社,1989:103.

"替代父母制",校方实行家长式的纪律约束,认为学生社团扰乱了学校纪律,更与清教主义价值不符,不承认学生社团的合法性,并因此试图清除这些学生社团,但收效甚微。三是无序性。由于学生社团难以取得"合法性"地位,只能靠隐秘的形式组织社团活动。社团的成立、管理都不成熟和完善,社团成员偏于享乐。社团之间相互独立,缺乏有效的联系和沟通。总体上来看,学生社团基本上处于一种松散无序状态。

（二）美国高校学生社团的繁荣发展（1860—1945）

1860 年美国南北战争爆发后,美国国会颁布了《莫雷尔法案》,各州出现大量的赠地学院,开始了政府财政支持高等教育的历史,它促使高等院校形成了能力本位的人才培养模式和直接为社会服务的办学特色,学生社团对于促进大学生全面发展的功能开始进入人们的视野。19 世纪下半期,随着德国高等教育理念的传入和推广,美国国际教育得到迅速发展,加速了美国高等教育的自由和全面开放。《莫雷尔法案》和德国高等教育模式给美国高等教育带来两个显著变化。一是学术研究在美国院校获得越来越重要的地位。教师无需再专注于学生的宿舍、伙食及行为问题,教师工作重心开始转向教学及研究,校方逐渐放松了对学生课外活动的控制,为学生社团的发展提供了较大空间。二是美国高等教育规模的迅速扩张,各个院校的学生人数快速增长。如 1860 年耶鲁大学新生入学的人数为 649 人,1900 年就猛增至 2 642 人,到 1945 年则达到 5 080 人。①由于学生年龄渐长和人数众多,美国高等院校的学生要求自由和自愿组织课外活动的呼声日趋高涨,虽然耶鲁大学校方曾在 1880 年规定禁止大学一年级学生参加学校社团,但是遭到学生大规模的抗议游行。

为了有效应对高等教育领域的新变化,美国高校不得不将学生

---

① 耶鲁精英与骷髅会.http://man.sina.com.cn/n/2006-05-08/104128037.html.

事务从教学和科研中分离出来,成为院校中的一个独立领域。同时校方也逐渐认识到社团活动不仅可以培养学生良好的公民素质,还可以吸纳青年学生过剩的精力,减少学生违纪现象的发生。因此,开始鼓励大学生参加各种有益的社团活动。自19世纪末,各院校纷纷建设体育馆,鼓励学生组成运动协会,参加体育竞赛。学生社团的活动不再局限于讨论文学、进行辩论,或者秘密交友,还参与体育比赛、戏剧表演等。自1866年起,哈佛的学生划船协会组织的比赛一直成为全校师生关注的热点。[①]与此同时,学生社团的自治程度也在不断提高。1896年美国高校的第一个正式的"学生政府"在宾夕法尼亚大学成立。"学生政府"是一种组织形式最为完备的学生社团,代表着全体学生的利益与校方谈判,参与学校事务的管理,它的出现标志着美国高校学生社团的发展成熟。20世纪30年代全美各个院校基本上都成立了自己的"学生政府"。1905年由纽约一些高校的学生社团联合组织成立了"校际社会主义者协会"(ISS),则预示着全国性学生社团活动从此正式走向了组织化的时代。稍后,来自常青藤盟校和中西部高校的学生发起组织了一个比较激进的学生社团——"青年知识分子组织"(YI)。全国性、地区和州级社团联合会也相继独立发展起来。1910年,哈佛大学成立了国际大学生社团联合会(Association of College Union International),美国高校的学生社团走向国际性的大联合,成为国际间大学生进行沟通与合作的有效平台。

这一时期的美国高校学生社团已经完全摆脱了校方的严格控制,成为自由活动和自我保护的团体,并实现了广泛的联合,美国高校学生社团迎来了繁荣发展的春天,突出表现在:首先,社团获得"合法"地位。在经历过长期的反抗教师和校规的严格控制之后,学生社团通过与校方积极进行对话与合作,逐渐取得了学校的认可、支持与

---

① Beverly Waters, A Yale Book of Numbers 1976—2000. *Office of Institutional Research*. October, 2001:52.

引导。正如有学者所言："在历史上，高等院校总是把学生家长而不是把学生本人看作是当事人，结果这些院校把他们自己放在家长的地位上。但是随着学生团体的成熟，学校就越来越不可能无视学生作为当事人的身份，到了现在学生便作为'公民'的身份进入了学校。"[1]其次，社团开始走向社会化。由于这一时期美国高校办学宗旨开始转向服务社会，学校和社会的边界开始慢慢消失。高校学生社团不再局限于校园内娱乐、交际的范畴，也积极投身于美国的社会慈善、民主政治和社会改革的运动中，如弗吉利亚大学的"美国民权运动协会"就积极推动了女权主义和反种族歧视运动发展，美国高校的学生社团开始成为连接学校与社会的重要关系纽带。最后，社团发展趋于成熟。美国各高校的学生社团的内部管理和制度建设趋于规范，尤其是通过联合其他形式的学生组织，成立"学生政府"（student government），代表全体学生的利益与校方进行谈判，并参与学校各项事务的管理。此外，不同区域范围的社团联合组织的成立扩大了高校学生社团的影响，提高了其自治程度，也吸引了更多的大学生加入社团中来。

（三）美国高校学生社团的全面发展（1945—至今）

第二次世界大战后，美国高等教育发展出现了新的转折。美国国会于 1944 年通过了《军人调整法案》，规定退伍军人可以获得政府资助进入大学深造，公立院校的学生数量再次激增。据统计，1945年全美大专院校在校学生约为 160 万人，到了 1967 年秋就达到近600 万人。[2]美国开始进入高等教育大众化时期。大量退伍军人涌入

---

① 　John S. Brubacher & Willis Rudy. *Higher Education in Transition*: *A History of American Colleges and Universities*. New Brunswick and London: Transaction Publishers, 1997:189.

② 　ACPA. American College Personnel Association. *Journal of College Student Development*, 1996(37):2.

各式各样的院校,校园生态出现显著变化:学生的年龄跨度较大,文化程度参差不齐,学生的发展呈现出多元化。院校的种类也迅速分化,出现了众多的职业技术学院和社区学院。高校和学生规模的快速膨胀与教学资源的相对紧缺所产生的矛盾不仅给学生造成了巨大的心理压力,也造成了社会的就业难题。尽管美国政府加强了对高等教育的重视和投入,面对有限的校内资源和社会就业的激烈竞争,大学生更多地把注意力转向个人学业和事业发展,因而,这一阶段的学生社团活动也转向了一个相对沉寂的时期。

20世纪50年代,受麦卡锡主义的影响,人们普遍害怕受到迫害,不敢表达自己的观点,整个社会都对政治抱着冷漠和排斥的态度,大学校园也到处弥漫着沉闷、单调、保守气氛。到了60年代,随着经济的持续繁荣,人们厌倦了长期的冷漠,美国社会开始出现"文化激进主义"。青年学生对未来感到迷茫,加上生活的压力、能源紧张、环境污染、贫富差距和核战争威胁等社会矛盾的凸显,激起了美国青年大学生的反抗和变革现实的雄心。20世纪60年代开始,全美终于爆发了席卷全世界的学生运动,高校学生社团在这次学生政治运动中表现最为活跃。1960年哈佛大学率先成立了"争取民主社会学生组织"(Students for a Democratic Society),简称SDS,成为60年代激进学生运动的领导核心,不仅推动大学生积极投入到反对越战、反对种族歧视等社会民主与人权运动,也要求对高校的教学和管理表达自己的意见。其他高校学生社团也纷纷加入这场政治浪潮中。1964年9月,当加州大学的伯克利校园爆发了"自由言论运动"后,加州大学参加这一自由言论运动的学生社团就达到了22个。[①]1968年后,学生运动中逐渐出现了一些有暴力倾向的学生社团,如"气象员"(AIR)、"四月部落"(OT)、"白豹党"(WP)等,它们频繁制造恶性暴力事件,引起了许多人的反感。此次大规模学生运动之后,美国高校

---

① 吕庆广.60年代美国学生运动.南京:江苏人民出版社,2005(1):71.

学生社团获得了长足发展,成为大学校园生活的重要内容。美国高校也加大了对学生社团的管理和研究,学生管理的指导思想由战前的"学生事务工作理论"发展到战后的"学生服务理论",再到现代的"学生发展理论",最终形成了以学生为中心、促进学生全面发展的学生观。各个院校加强了对学生社团的规范化建设,出台了若干关于社团管理的规章制度和法律文件。

70年代,美国的学生运动接近尾声,美国社会各个阶层的人们开始进行深入反思,各种社会活动趋于平静。大部分因适应学生运动而产生的高校学生社团也伴随学生运动的结束而分化、瓦解,高校学生社团数量开始减少,社团发展又重新进入到一个沉寂、低迷的时代。直到90年代初,美国经过近十年的改革和高等教育大环境的逐渐改善,高校学生社团活动才开始复苏和活跃起来。与以前不同的是,美国学生社团在活动上已经由过去的激进、片面追求自由而转向比较理性和务实。在强调自我实现的同时也积极关注社会责任。1991年美国国会通过了"学生知晓权法案",承认学生拥有知晓校内发生事件信息的权利,强化了对学生自治权利的保障。1993年美国政府颁布了《国家及社区服务信任法》,以法律形式积极鼓励学生社团参与社区服务,旨在开展对大学生的公民责任与服务教育。这一法律的实施,大大促进了各个高校以社区服务为主要活动内容的学生社团的大量出现。

进入新的世纪以来,美国高校学生社团发展出现了新的状况,主要表现为:首先是社团的规模更加庞大。以在校注册的学生社团数量来统计:"(截至2020年6月),哈佛大学有621个,耶鲁大学有734个,麻省理工学院有877个。"①参加社团的学生人数众多,以哈佛大学为例,"100人以上的学生社团就有73个;2019—2020年度耶鲁大

---

① FINAL. edu/institutional research/Provost Harvard Fact Book. http://www. provost.harvard.2020 new.pdf.

学报到入学本科新生 1 916 人,在校本科生总数为 7 682 人,平均 14 个学生就有一个社团。"①其次是社团管理得更加规范。高校学生社团的地位和作用已经普遍获得各方的认可与支持,并被纳入整个学校的管理范畴。如在西方文理大学,由生活委员会负责管理学生社团,并制定了相应的管理条例——《本科生社团活动手册》,对学生社团的成立、活动、经费等各个方面予以详细规定,使社团管理有法可依、有章可循,同时又维护了学生社团的自治权和独立性。再次是社团的专业化发展。随着知识经济的到来,美国高校学生的课外活动与课业之间的联系更加密切,学生广泛参与校园社团活动对他们在职场上获得成功也很有帮助,社团的专业性日益突出。诸如化学俱乐部、机器人社、管弦乐队等专业性社团在各个高校逐渐增多,社团的生活性和学术性日渐融合,在促进学生专业兴趣方面发挥着更加重要的作用。"学生们自主学习获得的专业知识比从教师那里学到的东西还要多,它给每个成员提供了个人成长的无与伦比的机会。"②最后是社团更加网络化。随着信息技术和互联网在美国大学校园的广泛普及,使得网络和学生社团密不可分。许多学生社团利用便捷的网络及其广泛的影响力来宣传和拓展社团工作,目前美国高校的学生社团大都建立起自己的专属网站;同时也出现了大量的利用网络为载体来开展活动的网络虚拟社团,其数量之多更是难以统计。

二、美国高校学生社团发展的特征

美国高校学生社团的形成与发展经历了漫长而曲折的历史演变

---

① https://apps.students.yale.edu/uor/Registered Organizations 2019-12-11.

② 〔美〕德里克·博克,乔佳义译.美国高等教育.北京:北京师范学院出版社,1991:45.

后逐渐走向成熟和完善,这也是在各种力量共同推动下的结果。

(一) 来自高校学生社团内部的推动

首先,对知识和政治权力的需求促进着美国高校学生社团的形成和发展。人的需要遵循着从低层次向高层次不断上升的规律,也就是说,当低层次的需要得到基本满足之后,追求更高层次需要的不断满足便会成为人们行动的内在动因。从美国早期院校的学生为追求共同的文学爱好和争取课余生活支配权组成的文学社团,到现代高校学生为建立学生民主自治秩序而组成的"学生政府"和实现对知识的自由追求而建立的专业社团,我们可以发现,大学生对知识和政治权力的内在需求是推动美国高校学生社团的产生、存在和发展的主要动力。并且,在美国不同的社会环境和高等教育的不同发展阶段,大学生对知识需求、政治需求的内涵和层次也是不一样的,因而,对美国高校学生社团、高等院校的影响的程度也自然是不同的,正是在不同时期的大学生知识需求和政治需求的相互共同作用下,不断推动了美国高校学生社团的自主发展。

其次,自由主义的个人价值观激发着美国高校学生社团发展。"人人享有自由",是美国《独立宣言》和在1791年制定的宪法中所规定的,它深深地烙在美利坚民族的灵魂深处,并影响着美国的各个方面,也包括美国大学生。自由,准确地说,自由和平等是美国文化最核心的价值要素。相信个人的尊严,乃至个人的神圣,他们为自己而思考、为自己而作决定、按自己认为适当的方式而生活,在教育中强调每个学生个体都是独一无二的、每个学生的价值和尊严都必须得到尊重,也是社会和高校对待学生社团所必须遵循的主要态度。社会和学校认为教育的目的是促进学生的学习和个性发展,进而促进其全面发展。也就是说,它虽然以学生个体的全面发展为目的,但更强调其个性发展,强调学生个体的与众不同、独特性。而学生社团则是实现把学生作为独特的、完整的人来发展的一种有效途径,也深刻地反映了社会和高校对学生社团的哲学认识。美国的很多大学在学生社团管理中都保持了很大的自由和灵活性,麻省理工学院的校方更是对学生社团的恶作剧一直保持着宽容,甚至是默许的态度。正如该校前校长德格雷曾说过的:"麻省理工学院的精神,它的创造力和细心,不仅在学术性的,也在轻松的项目中得到体现。幽默是这个独特的社团中不可缺少的一部分。"①

最后,美国高校大学生所具有的多种族、多宗教、多元文化背景也是滋生学生社团主义的重要根基之一。美国几百年以来一直是个移民国家,这使得美国大学校园呈现出多种族、多宗教和多元文化的特征,尤其是美国高校中种族性、宗教性以及文化性的学生社团数量多,发展异常繁荣,因为在大学校园中小群体的势单力薄,导致具有相同或相似种族、宗教和文化背景的大学生更容易走到一起,以社团的形式进行合作,共同实现重要的目标,这一特点进一步加强了美国高校学生社团的聚集力。同时,美国大学生的多种族、宗教和文化背景不仅没有成为美国高校大学生交流和同化的阻碍,反而加强了美国高校不同类型的学生社团之间的团结。

(二)美国政府与社会对高校学生社团的支持

美国政府把"确保所有高等学校学生对国家经济和政治生活中的现象具有分析批判和解决实际问题的能力,以及提高学生进行决策解决问题的技能,作为教育目的之一"。②为此,美国政府非常重视学生社团等学生组织服务社会的实践活动。有的州专门通过法案支持学生社团组织参加社会实践活动,有的州拨出专款支持这类计划,同时还建立一些大学或跨地区的全国学生社团联盟,以指

---

① 〔美〕德里克·博克.美国高等教育.乔佳义译.北京:北京师范学院出版社,1991:45.

② 陈仲,吕海.按创新实践的内在需求改革高等教育.南方医学教育,2011(4):47.

导、协调本校或全国的学生社团活动。有的州成立了学生社团社
会实践的监管机构,负责学生社团的指导和评估。1989 年布什总
统亲自启动志愿者服务行动,次年 2 月,他又签署了为"国家和社
会服务行动"提供基金的议案。1993 年 3 月,克林顿总统政府颁布
了《国家及社区服务信任法》(The National and Community Service
Trust Act),"以法律形式确定高校学生组织与社区的紧密合作,将
提供给社区的服务与学校课程联系起来,学生主动参加有组织的服
务行动,以满足社会需求的同时获得社会知识和技能。"[1]积极鼓励
学生参与社区服务实践活动,旨在联合开展对大学生的公民与服务
教育的基金支持。美国各州教育委员会主席福瑞克·纽曼(Frank
Newman)在谈及这一法案的目的时说:"学院经验应该在每个学生
心中建立国家和社区服务意识,以及帮助他人的愿望。这不应是学
院教育的副产品,而应是一个中心的、紧急的和有意识的目标。"[2]在
美国联邦政府的直接推动下,服务社会为宗旨的学生社团在美国得
到迅猛发展。

　　美国高校学生社团形成和发展受到了美国政府高度关注,相比
之下,美国社会对高校学生社团不是直接的作用,但是两者之间有着
非常密切的联系,是高校学生社团发展的重要推手,主要表现在两个
方面。首先是社会文化的影响。美国社会是建立在多元文化价值观
之上,这深深影响着美国大学的校园文化。高等教育的一项主要功
能就是同化(assimilation),即通过普遍的文化价值观将大学生吸收
融入主流社会。教育促进社会变迁的一条途径就是它鼓励一种氛围
的形成,这种环境在许多学院和大学中都存在。例如,贝宁顿学院的
一项经典研究发现,学生社团越接近社会,就越倾向接受自由主义的

---

①　胡杨,徐建军.美国大学生社会实践的经验和启示.中国德育,2007(10):93—95.

②　Dale Parnell. *Dateline 2000-New Higher Bducation Agenda*. The Cummunity
College Press,1990:94.

社会观、政治观。社会氛围影响了大学校园环境，并且形成了一张生态网。学生社团的文化并不完全是因为大学的影响，但是无法不受社会政治力量的影响。比如，学生的价值观和意识形态近年来有所改变，其中，学生的政治观改变最为明显。与 20 世纪 60 年代学生社团的激进主义相比较而言，在 20 世纪 70 年代晚期和 80 年代，多数校园里学生社团的观点倾向于接受社会现状。威廉姆斯学院一项长期研究发现，学生社团很明显不太关心社会和政治事务了，而且在道德和宗教上也更为保守。其次是社会力量的广泛参与。在美国，政治家、企业家、基金会和其他社会团体等各种力量也都不同程度地参与到学生社团的发展中。尤其是实力雄厚的工商企业界，它们把大部分的人力资源培训都寄托于高校学生社团，并在人力、物力和财力上都给予了很大的投入。同时，一些大企业还非常重视与高校学生社团在技术创新方面的合作。这种"产、学、研"合作教育的科研模式，一方面使企业获得了科技创新、产业升级、产品改造等方面的大好机会；另一方面，那些专业性学生社团可以借此契机，参与企业科研、企业生产、企业管理，累积社会实践经验并获得资金支持。此外，还有很多企业愿意资助学生社团开展内容广泛的社会服务活动，帮助他们承担一定的项目，如为伤残人员服务、为移民子女提供外语训练、为监禁青年提供指导等。

（三）美国高校对学生社团发展的引导

美国高等教育对学生社团的立法保障。由于美国是一个高度法制化的国家，美国教育法规十分完备，颁发的高等教育法规迄今为止已多达几百个。①关于学生课外活动管理的教育法规比较完善，对学生社团发展的核心指导思想就是"依法治团"，具体表现在四个方面：

---

① 〔美〕德里克·博克.美国高等教育.乔佳义译.北京：北京师范学院出版社，1991：45.

一是除了美国联邦宪法作为学校管理学生社团的最高法律依据外，各州的教育委员会也制定有针对高校学生社团事务方面的特定法律和法规；二是高校自主制定的各项详细的规章制度，这些规章对学校、指导教师、学生甚至家长和参与学生社团活动的社会实体的权利与义务都有明确的规定；三是高校管理部门职能明确，该管的管住，该放的放开，对违反法规和校纪的学生社团进行严肃处理。四是通过服务措施、咨询意见和经费提供等方式鼓励和指导学生社团进行自我管理，建立社团内部规范的管理制度。另外，学生社团自身也建立了比较完善的章程制度："它还依据自己的章程在学校内部发挥管理、协调、自律的作用。这种通过民主管理自律原则实施的学生自我管理，既增强了美国大学生的法制意识，又强化、提高了管理工作实效。"[①]教育立法在美国高校学生社团发展与变革中起到了基本的保障和推动作用，确保了社团发展的有法可依和有法必依。

美国实用主义教育模式对高校学生社团发展的深刻影响。美国高校学生社团发展受实用主义教育模式的影响十分显著。首先，实用主义强调经验的重要性，认为真正的教育应该是个人经验的改造和积累过程。大学生不仅要通过书本学习间接经验，还可以通过社团活动等实践形式获得直接的经验性认识，这为社团活动的价值提供了合理解释。其次，实用主义提倡学校是社会的一部分，学校要呈现社会，教育需要立足于社会，面向社会，这为美国高校学生社团向社会化方向发展指明了道路。美国高校学生以社团为载体，将学校作为一种社会生活方式，参与学校的一切社会活动，密切了彼此的交往，从而达到发展学生的社会协作精神和有效参与社会生活能力的目的。另一方面，学生社团通过加强与社会的联系，彻底打破了学校

①　许云昭，石鸥.差距与超越——中美教育比较研究.长沙:湖南师范大学出版社，2000(12):217.

和社会之间的界限,在某种意义上实现了"学校即社会"的内涵。再次,实用主义教育模式认为学校教育要以学生为中心,尊重学生的主导性和自我选择。在不违反法律和校规的前提下,怎么安排课余活动,成立什么社团,参加什么社团活动,应当由学生自己来定,而不是由教师或校方来定。在实用主义影响下,美国的各个高校确立了以学生为中心、促进学生全面发展的学生观,普遍都支持、鼓励、引导学生社团的发展,给学生自主发展的空间。最后,实用主义教育模式主张以大量的实际活动来代替课堂讲授和背书本,减少高校的课程量,给学生充足的课余活动时间以便于获得深入生活和进行实践操作的机会,激发学生的务实和创新精神。这样就改变了书本学习和实际操作脱离的倾向,使大学生有了大量自由支配的时间,可以参加各种类型的社团活动。据1984年美国卡耐基教学促进基金会调查,50%的大学本科生每周至少参加1个小时以上有组织的学生活动(不包括体育活动)。

美国高等院校对学生社团发展的直接推动。纵观美国高校学生社团发展的历史变迁,可以发现美国高校学生社团几乎是伴随着美国高等院校同时产生的,一部高校学生社团发展史基本上就是一部美国高等院校变革史。高等院校作为学生社团形成和发展的现实环境,其每一次变革都对学生社团产生直接的影响,包括院校的规模、课程设置、人才培养模式、办学理念等方面的变革能直接影响学生社团的类型和活动方式。从18世纪宗教色彩浓厚的"迷你"学院,再到21世纪多元文化的现代化大学,学生社团在高校中经历了公开、秘密、再公开的转变,与校方的关系也经历了合作、对抗、再合作的形式。经过努力抗争使得美国高校最终形成以学生为中心、促进学生全面发展的教育理念,目前美国各个高校都积极支持学生社团开展各种形式的社会实践活动。如耶鲁大学鼓励学生社团走出校园,积极参加社会活动,包括救济穷人、教育文盲、安慰孤独病残者、为老人服务等一系列社会服务活动。与此同时,学校还引导学生通过社团的形式来实现较高程度的自治和参与高校事务管理,如有的院校允许学生社团至少参加一个管理机构的工作,其中的校董事会必须要有学生社团的代表,有的学校为学生社团提供最多5 000美元的原始资本创办并经营新社团,或者如哈佛大学专门设置"学生社团组织管理中心",引导学生有序参与社团活动。美国高校通过积极鼓励学生社团参与学校管理,促进整个学校组织结构的扁平化和重心下移,并推动了高校事务管理的民主化。

三、美国高校学生社团发展的经验借鉴

美国是当今世界高等教育最发达的国家之一,高校学生社团发展也处于世界一流水平。学生社团在美国大学里极其重要,社团活动是美国大学生活中最为重要、最为活跃的部分,美国高校学生社团蓬勃发展的成功经验非常值得我们去深入了解、学习与借鉴,以此来推动我国高校学生社团的健康发展。

(一)借鉴的前提——全面、客观地认识美国高校学生社团的经验与启示

毛泽东在《新民主主义论》中指出:"各资本主义国家启蒙时代的文化,应该吸收有用的。外国的任何东西,要将之辩证地分为两个部分,即精华和糟粕,排其糟粕吸其精华,决不能生吞活剥地毫无批判地吸收。所谓'全盘西化'的主张,是错误的。"[①]然而高校学生社团不是某个特定阶级的"专利",在其他国家的高校学生社团也是其高等教育的重要组成部分。为了能够培养合格的公民,培养发展现代化的所必需的高水平人才,美国特别侧重于高校学生社团的教育工作,一定程度上实现了良好的反响。世界多元化的发展各种思想文

---

① 毛泽东选集(第3卷).北京:人民出版社,1991:132.

化并存、意识形态领域受到了前所未有的巨大的挑战,要想更好地引导高校学生社团发展,有必要借鉴美国在引导高校学生社团发展的一些成功做法,这对于促进我国高校学生社团更好地发展具有积极作用,但也不能忽视其鲜明的阶级性和虚伪性。因此,要认识到美国高校学生社团发展经验的积极性和局限性,结合我国现阶段高校学生社团发展的现实状况,积极调动一切有利因素,创新运用具有新时代的方式方法,系统化建立起我国高校学生社团发展的体制机制,培养符合新时代发展所实际需要的且具有较高思想素质及道德水准的现代化建设人才。

(二) 坚持的科学态度——以阶级分析为核心、运用辩证分析法,坚持中体西用、洋为中用的科学原则

借鉴并学习美国高校学生社团发展的有益经验,促进我国现阶段高校学生社团发展,但这也并非就意味着对美国高校学生社团发展的经验不分析、不鉴别、不批判、盲目推崇。我们对于美国高校学生社团发展经验的学习,要坚持马克思主义为指导的大前提,并兼顾马克思主义中国化为其目的,以阶级分析为核心、运用辩证分析法、坚持中体西用,洋为中用的科学原则。

1. 以阶级分析为核心的科学原则

美国的高校学生社团具有鲜明的阶级性,这是我们不能忽视的。从本质上和总体上去看高校学生社团,它的存在原因始终是为了维护本阶级的政治统治。20 世纪的 90 年代,世界社会主义发展到低谷、苏联和东欧社会主义政权纷纷垮台,西方乘机掀起了反对社会主义政治实践和理论、鼓吹和推销西方政治思想和政治模式的浪潮。之后,美国为代表的西方国家把正在冉冉升起的新的社会主义国家中国看作其对立面的竞争对手,大肆吹捧资本主义的民主政治才是当今世界最为理想化的模式,并极度宣扬人权的普世价值,把世界范围内的中西方、东西方交流作为政治扩张的遮羞布,充分利用美国当

时在世界暂时发展领先的科技优势和较发达的国家经济基础,在推动全球化的进程中不断向我国灌输资本主义的畸形的价值观。他们无视我国在社会主义浪潮中奋勇争先改革发展所取得的成绩,披着"民主""自由""人权"的外衣,抨击我国社会主义制度,贬低中国共产党,企图干涉中国的内政,进而使中国加入他们的阵营,希望可以通过虚假的和平演变使中国走向资本主义制度道路。面对这等抨击与挑战,我们必须更要把握好、坚持好马克思主义在意识形态的主导地位。曝光美国高校学生社团偏激的阶级内容,从而揭穿其本质,科学地运用马克思主义的阶级分析法来明确我国高校学生社团与之不同,使我国高校学生社团开展的发展方向能够始终保证是为巩固中国共产党领导,是为我国的社会主义现代化建设而服务。

2. 科学运用辩证分析法

正如马克思所说:"辩证法不崇拜任何东西,按其本质来说,它是批判的和革命的。"①马克思的辩证否定原则要求我们借鉴学习其他国家的思想政治教育时,必须要兼顾利弊,一分为二地看待。此外,列宁也曾指出:"马克思主义革命无产阶级的思想体系赢得了世界历史性的意义,是因为它并没有抛弃资产阶级时代最宝贵的成就,相反吸收和改造了两千多年来人类思想和文化发展中一切有价值的东西。"②美国高校学生社团实践中也有需要值得我们去学习和借鉴的积极因素,如服务性学习、实践性教育、心理咨询服务等。开展高校学生社团活动原则中的一些科学原则也值得我们探讨、借鉴与反思,例如:渗透性原则、层次性、主体性原则等。但不可否认美国高校学生社团发展也存在着过时的、消极的、落后的内容,是我们在借鉴过程中必须改之或避免的。对于美国高校学生社团发展的经验,我们

---

① 马克思恩格斯选集(第2卷).北京:人民出版社,1995:210.
② 列宁全集(第6卷).北京:人民出版社,1990:48.

不能一边倒,全盘否定是错误的、全盘肯定也是错误的,其正确的应对方法是科学理性地分析、去伪存真。

3. 坚持中体西用,洋为中用的科学原则

毛泽东曾指出:"中国人要用自己的头脑去思考,决定什么东西能在自己的土壤里生长。"[①]中国对于高校学生社团发展的理论和实践也告诉我们,不能忽视美国在引导高校学生社团发展实践中对促进高校学生社团发展这一方面,取得的优秀成绩,但他们的这些引导模式和方式不一定是完全正确的、完全符合我国高校学生社团的开展的唯一的有效模式,发展我国的高校学生社团必须要坚持从我国现阶段的国情出发,积极地去探索出真正适合我国高校学生社团发展的引导有效途径。我们在借鉴美国引导高校学生社团发展的有效途径时,是在我国的国情和人民实际生活方式以及政治发展规律的基础上海纳百川,形成具有中国特色、中国风格、中国气派的研究成果,促进我国高校学生社团发展的提高。不能盲目地崇拜和迷信美国等西方国家高校学生社团发展经验、简单照搬其引导高校学生社团发展的内容和途径,坚持"中"体"西"用、"西"为"中"用,对美国高校学生社团发展的优秀成果,创造创新的转换,使之能够正确独立地运用其有效引导高校学生社团发展的优秀方法,并坚持实事求是,积极探索、分析并解决当下我国高校学生社团发展中遇到的现实问题,探索出能够真正反映我国特色的且能够真正促进我国高校学生社团发展的体系化系统化理论和政策措施,促进中国高校学生社团的创新发展。

(三) 虚心学习——以能够有利于科学引导高校学生社团发展为最终目的

美国高校的学生社团非常活跃,其学生社团数量之多、种类之

---

① 毛泽东文集(第 3 卷).北京:人民出版社,1977:39—41.

杂、影响之大是其他任何国家高校学生社团所望尘莫及的。尽管我国高校学生社团发展的背景与美国有很大的差别，但是，美国各方面力量对高校学生社团发展的引导，对我国高校学生社团发展动力的引导具有借鉴作用。中国高等教育大众化涉及众多的变革，传统高校学生社团发展也面临着指导思想、服务理念、资金来源、发展方向等方面的挑战，美国高校学生社团发展历史悠久且经验丰富，对我国当前高校学生社团发展有着十分重要的经验借鉴。

1. 服务性学习是高校学生社团发展的重要理念

"服务性学习理念最初起源于英国的大学生社会服务，但实际上将社会服务与学习的概念结合在一起而形成服务性学习理论，并且加以推广实施的却是美国。"①1967 年同在美国南部地区教育董事会工作的威廉·罗姆西（William Ramsey）和罗伯特·西格蒙（Robert Sigmon）首次明确提出了"服务性学习"概念后，到了 20 世纪 80 年代中期，服务性学习逐渐发展成为一场声势浩大的教育改革运动。②90年代美国政府颁布了《国家及社区服务信任法》，以法律形式确定了服务性学习的地位。③由于美国高等教育改革的重视，在各个学校普遍推广，并逐渐成为美国高等教育的主流。目前，几乎所有的研究者对服务性学习对于大学生的教育功能都持肯定态度，服务性学习也成为美国高校学生社团的指导思想，其对美国学生社团发挥了显著的教育效果。兰德公司在其调查报告《服务性学习评价："学习与服务美国高等教育项目"调查结果》中也指出，许多科研组织的研究结果表明，"服务性学习对学生的发展，特别是公民和社会责任感、对社

①　Meyers Susan. Service Learning in Alternative Education Settings. *The Clearing House*，1999(2)：56—57.

②　〔美〕玛丽·卢·富勒，葛兰·奥尔森.家庭与学校的联系——如何成功地与家长合作.谭君华译.北京：中国轻工业出版社，2003：5.

③　崔随庆.美国服务性学习：特征、原则及操作流程.外国教育研，2008(10)：14.

会问题的理解、自我发展能力和批判性思维的发展,具有重要的积极影响。尤其是当各种条件满足了服务性学习的基本原则时,服务性学习的效果就更大、更积极。"①实际上服务性学习理念是使社团成为一个有服务理念、策略和方法的组织,提高社团成员的素质和能力,以适应社会的需要、高校的变革以及大学生个体成长规律,全方位拓展社团发展的新空间。而反观我国高校学生社团,功能较单一,缺乏服务理念,突出体现在各个高校的娱乐性、休闲性、体育性社团较多,而以服务为理念的社团偏少,照此发展下去,我国高校学生社团的发展将趋向于娱乐化和庸俗化,影响学生社团的品位和档次提升,更将影响学生社团的可持续发展。

2. 单一性结构形成高校学生社团发展的活力

美国高校学生社团的组织结构较为单一,主要为"扁平型"组织结构,即管理层次相对较少,管理幅度相对较大。这种组织结构使得高校学生社团的内部指挥链及信息链相对较短,学生社团成员在这种组织结构内可以较为容易地参与决策、相互沟通与交流,增强了社团成员的参与度、责任感和凝聚力。这种组织结构使得美国高校学生社团的沟通方式主要为"自下而上"的"上行沟通模式",其社团成员沟通的主要方式就是"群体参与沟通",因此,无论是学生社团全体成员大会抑或社团执行委员会,所有重大决策都必须依据社团章程的规定进行"群体参与沟通"。美国高校学生社团沟通方式主要是以"书面沟通""正式沟通"两种方式为主,美国高校学生社团认为"书面沟通"体现了一种固化的"契约",双方按照沟通达成的"契约"开展各类社团活动。社团成员有正规的沟通渠道对社团进行监督、反馈和建议,为学生社团创设了一个相对宽松、开放的社团环境,增强了社

---

① Maryann J. Gray, etc. Assessing Service-Learning: Results from a Survey of "Learn and Serve America Higher education". *Journal of Higher education*, 2000(32): 30—39.

团成员的"主人翁"精神,提升了社团成员的参与度,自然地调动了社团成员们内在活力。

3. 高校对学生社团发展的有效激励手段

美国高校不直接介入其学生社团运行,并不代表高校的不作为,相反高校要为学生社团制定合理的政策导向,更好地激励与约束学生社团发展。具体而言,高校的作用应体现在制定学生事务管理的总体战略:协调、管理和促进各个学生社团主体之间的合作和交流;充分利用高校的职能与政策的作用鼓励学生社团的创新活动、营造技术创新的激励机制以及为创新活动提供高效的服务,从而为学生社团发展构筑良好的符合本校校情的制度环境和基础设施,并将激励微观社团自身活力与推进总体结构调整与系统整合相结合。实际上,美国高校在二战之后就对学生社团发展起到了关键的引导作用,比如,高校在落实的《拜杜法案》中,积极倡导产学研相结合,对于学生社团与社会企业的合作机制的确立起到无可估量的激励作用,当然,这种引导是建立在高校学生社团自主选择的基础之上,而且对学生社团奖励的实施也有一整套公平公开的竞争程序作保证,而不是高校想当然地自上而下的安排。在我国,学生社团被公认为是高校素质教育的有效载体,在当前大学生素质教育已经被纳入高等教育人才培养的重要目标的背景下,政府和高校作为高等教育职能的主要体现者和执行者,是落实素质教育政策的核心力量之一,是激励与规范高校学生社团行为的外部主体,这在一定程度上可以进一步推动高校学生社团的发展。

4. 规范性经费资助是高校学生社团发展的关键

学生社团是美国高校教育工作中的重要部分,经费资助是高校学生社团发展的关键。美国学生社团要开展各种活动,邀请知名人士到校园演讲、举行讨论会,或出版刊物,都需要花费数额不等的金钱。美国高校学生社团常通过两种途径解决资金问题:一是直接向学校申请经费,二是获得学校许可举办经费筹集活动。不管采用哪种方式,学校会建议学生社团到审计办公室开办账户,以方便相关资金往来和对社团资金的监管。密歇根州立大学学生联合会(The Associated Students of Michigan State University[ASMSU])下属的资助理事会(Funding Board)为大学的学生社团提供资金支持。学生社团可以为各类活动项目申请经费,例如客座讲演、会议、娱乐和教育活动、出版物,以及其他特别的活动项目等。任何一个在大学学生生活部(Department of Student Life)注册了的学生社团都有资格申请每学期最多达3 000美元的经费。美国高校对学生社团在校内外开展筹集经费活动持支持态度。俄亥俄北方大学在其《社团干部指南》里明确指出:"如果要策划一个筹集资金或善款的活动,在校园内呼吁同学们捐钱或物往往是最方便的也是最有效的方法,因为学生随处可见"。但是学校对这类活动的管理和审批非常严格,例如俄亥俄北方大学规定,任何学生组织在开展任何资金筹备活动之前都必须得到校方允许;密歇根州立大学规定日收入超过50美元的活动,其收入必须记入社团账户,而且学生事务和服务部保留检查和审计该账户的权利。

5.社会支持是高校学生社团发展的保障

美国高校学生社团的发展除了国家和政府的支持性政策外,还通过保持自身高度的开放性来不断提升和加强学生社团的魅力。而这种魅力的展示,不能像班级那样,通过在象牙塔内潜心学术研究而获得。恰恰相反,通过开放式地建设高校学生社团,可以获取更多来自社区、企业、实业家等各种社会力量的人力、物力和财力的支持,同时也对这些支持给予高质量的回报。这样,美国的高校学生社团就成为其他学生组织不可替代、但又可互相补充、达到社会需求而学生也满意的高校学生社团。把握这一点,正是美国高校学生社团持续发展的不竭动力。当前我国的高校学生社团面临着如何保持开放性、如何吸引社会力量的问题,许多高校学生社团依然作为单一的学生课余生活和校园文化的属性内容,社会化程度非常低,没有真正同城市发展、社区发展、企业发展紧密结合起来形成相互依赖、共生共长的依赖关系。这也是我国高校学生社团难以得到外部力量及时、有效支持的症结,因此,坚持高校学生社团内外部系统的共生性和互惠性是高校学生社团可持续发展的可靠保障。

第五章 我国高校学生社团发展的引导策略

当然,我国当代高校学生社团的发展面临困境的同时也是意味着机会。也就是说,有困境的地方就有机会;相反,变革的机会正是存在于困境之中。因此,对我国高校学生社团发展引导的思路就是,要坚持正确的导向,勇于面对困境,厘清困境的实质和原因,尊重高校学生社团演化的自组织规律,同时也需要积极借鉴美国高校学生社团发展的成功经验,超越当前面临的困境,从而赢得我国高校学生社团发展的新契机。

一、坚持高校学生社团发展的正确导向

意识形态作为一种思想体系,是特定阶级或社会集团根本利益的反映,具有整合社会资源的巨大作用。十九届五中全会提出坚持马克思主义在意识形态领域的指导地位,牢牢掌握意识形态工作领导权和主导权,坚持正确导向,提高引导能力,壮大主流思想舆论。加强高校社会主义意识形态建设,不仅仅是高校党政部门、学生工作部门的职责,作为青年学生活跃的高校学生社团,也要坚持正确的意识形态导向,这不仅关系到高校学生成长的正确政治方向问题,也关系到我国整个社会主义意识形态建设的整体成效。

(一)坚持马克思主义理论的指导地位

习近平总书记指出:"在坚持马克思主义指导地位这一根本问题

上,我们必须坚定不移,任何时候任何情况下都不能有丝毫动摇。"①
我们要深刻认识坚持马克思主义在意识形态领域指导地位的重大意
义和实践要求,在坚持中不断巩固、在巩固中更好坚持,为党和人民
事业的发展提供科学理论指导。

1. 坚持马克思主义在高校学生社团的意识形态领域指导地位的
重大意义

在政治上,旗帜鲜明地把马克思主义在高校学生社团的意识形
态领域指导地位制度化,彰显了新时代青年大学生的政治自信自觉。
马克思主义是我们立党立国的根本指导思想,是全党和全国各族人
民团结奋斗的共同思想基础,是引导学生社团发展的意识形态方向。
党的十八大以来,以习近平同志为核心的党中央在科学总结青年大
学生意识形态工作经验教训的基础上,更加重视运用制度规范性操
作性强的特点推进青年大学生意识形态各项制度建设。十九届四中
全会对马克思主义在青年大学生意识形态领域指导地位作出制度化
规定,并上升到根本制度的高度,明确规定了这一根本制度的具体内
容、实现路径,充分彰显了我们党做好新时代青年大学生意识形态工
作的自信自觉。在理论上,科学总结了青年大学生意识形态工作的
基本经验,是对马克思主义意识形态理论的丰富和发展。党的十八
大以来,习近平总书记把青年大学生意识形态工作提到前所未有的
高度,系统阐述了新时代青年大学生意识形态工作的若干重大问题,
对青年大学生的意识形态工作的重要地位、根本任务、重点领域、领
导权、工作创新等提出一系列新理念新思想新观点,标志着我们党对
青年大学生意识形态工作规律的认识达到了新的境界。在实践上,
坚持马克思主义在高校学生社团的意识形态领域指导地位这一根本
制度是凝聚党心民心、打好青年大学生意识形态主动仗的根本保障。
青年大学生的意识形态工作是党和国家事业的重要组成部分,担负

---

① 习近平谈治国理政(第2卷).北京:外文出版社,2014:87.

着为党举旗、为国立本、为民族铸魂的使命,因此,把马克思主义在高校学生社团意识形态领域指导地位确定为根本制度,既是凝聚党心民心的必然要求,也是加强青年大学生意识形态领导权的治本之策。

2. 坚持马克思主义在高校学生社团的意识形态领域指导地位的具体体现

这个指导地位是坚持和完善中国特色社会主义制度的深厚支撑和坚实基础。马克思主义在青年大学生意识形态领域指导地位具有唯一性、根本性,坚持马克思主义在高校学生社团的意识形态领域指导地位,绝对不能乱,不能多元化。从更深层次上看,中国特色高校学生社团的发展道路是把马克思主义普遍原理与中国高校学生社团发展的实际相结合的过程中开创的,中国特色高校学生社团发展制度是马克思主义理论在高校学生社团制度层面的具象化。坚持马克思主义在高校学生社团的意识形态领域指导地位决定了学生社团发展的性质和前进方向。坚持马克思主义在高校学生社团的意识形态领域指导地位,要深入培育和践行社会主义核心价值观,不断提高社团成员的理想信念、价值理念和道德观念,培养能够担当民族复兴大任的时代新人。坚持马克思主义在高校学生社团的意识形态领域指导地位在高校学生社团发展的制度体系中居于关键地位,对其他制度起着决定性作用、融会贯通作用。坚持马克思主义在高校学生社团的意识形态领域指导地位,对所有社团的具体发展制度的健全完善都发挥着思想引领作用,这是由马克思主义是中国特色社会主义意识形态之魂决定的,无论是坚持以社会主义核心价值观引领学生社团建设制度,还是健全社团成员的权益保护制度,无论是完善坚持正确导向的舆论引导工作机制,还是建立健全把社会效益放在首位、社会效益和经济效益相统一的学生社团发展生产体制机制,都要高扬马克思主义的旗帜,都要紧绷意识形态这根弦。面向新时代,我们在完善和健全学生社团各个领域具体制度的过程中,必须把这个根本制度的决定性作用、融会贯通作用发挥好。

3.坚持马克思主义在学生社团意识形态领域指导地位的实践路径

在实践中,坚持马克思主义在学生社团意识形态领域指导地位,一是健全用党的创新理论武装高校学生社团工作体系。坚持马克思主义在高校学生社团的意识形态领域指导地位,首先要求就是认真学习贯彻习近平新时代中国特色社会主义思想。建立学生社团管理部门的集体学习制度、各级学生社团管理层的理论学习中心组学习制度、社团内部集中学习教育制度等,探索出了一条制度化的学习道路。二是深入探索学生社团马克思主义理论的指导研究。学生社团马克思主义理论的指导研究事关学生社团发展全局的基础工程,也是当代高校学生社团的理论创新工程和灵魂锻铸工程。在具体工作中,应注重抓住管理体系、活动体系、文化体系"三位一体"建设格局,把以马克思主义为指导全面落实到高校学生社团的思想理论建设。三是建立巩固加强和改进高校学生社团的思想政治教育制度体系。学生社团是思想政治教育的重要阵地,处于意识形态斗争的前沿,关系到培养什么人、怎样培养人、为谁培养人的根本问题。我们要切实提高抓好学生社团的意识形态工作责任感使命感,加强学生社团的思想政治教育。要建立健全全员育人的社团发展体制机制,形成思想政治教育齐抓共管的工作格局。四是落实学生社团的意识形态工作责任制。做好学生社团的意识形态工作,关键在人。要强化党管宣传、党管意识形态,牢牢掌握学生社团的意识形态工作的领导权主动权。要进一步明确各级领导干部的学生社团意识形态工作责任,坚决守好"责任田",健全完善学生社团意识形态督促考核机制和责任追究机制,强化问责刚性和"硬约束"。

(二)坚持中国高等教育发展的政策指向

党的十九大报告提出,"要坚持教育优先发展,全面贯彻党的教育方针,坚持教育为社会主义现代化建设服务、为人民服务,把立德树人作为教育的根本任务,培养德智体美全面发展的社会主义建设者和接班人。"①这就为加强高校学生社团发展提供了理论指导和实践方向。高等学校要依托学生社团这一有效载体,不断坚持为社会主义服务、为人民服务的方向,坚持德育为先的方针,把高校学生培养成全面发展、符合社会主义要求的建设者和接班人。

1. 高校学生社团发展要坚持为社会主义现代化建设服务、为人民服务

1985 年,中央《关于教育体制改革的决定》就提出:"教育必须为社会主义建设服务,社会主义建设必须依靠教育。"②这科学规定了中国特色社会主义教育的本质功能以及中国特色社会主义教育的重要地位,体现了我们党对社会主义教育的本质功能的深刻认识。2010 年颁发的《国家中长期教育改革和发展规划纲要》明确指出:"教育必须为社会主义现代化建设服务,为人民服务"。为社会主义现代化建设服务、为人民服务主要体现在高等教育培养了一大批社会主义现代化建设的高素质人才、引领着新时代的知识创新和技术创新趋势。为社会主义现代化建设服务、为人民服务的教育宗旨和方针是当前高等教育发展的一项极为重要的任务,也是高校学生社团发展必须始终坚守的一项基本原则。高校学生社团作为高校教育的重要组成部分,树立为现代化建设服务和为人民服务的思想,是高校教育发展的根本要求,更是高校学生社团发展的基本要求。从社会功能上来说,任何一个高校学生社团的存在和其服务功能的发挥,都是有益于社会主义现代化建设的,有益于为人民服务的,只是它们服务的具体内容和具体方式存在不同的差异而已。为社会主义现代化建设服务和为人民服务二者在本质上是一致的,只有树立了为人

---

① 人民出版社编写组.中国共产党第十九次全国代表大会文件汇编.北京:人民出版社 2017:25.

② 中国中共党史学会编.中国共产党历史系列辞典.北京:中共党史出版社,2019:12.

民服务的思想,通过学习科学文化知识,掌握为人民服务的本领,走向社会后才能更好地为全面建设小康社会服务、为社会主义现代化建设做出贡献。

2. 高校学生社团建设必须坚持德育为先

2004 年 8 月 26 日发布的《中共中央、国务院关于进一步加强和改进大学生思想政治教育的意见》明确指出:"学校教育要坚持育人为本、德育为先,把人才培养作为根本任务,把思想政治教育摆在首要位置。"①可见,"德育为先"是发展教育的一种指导思想,它是指在教育过程中要把德育放在优先于其他各类教育的位置并发挥其先导的作用。这种先导作用体现在:与智、体、美等方面的教育相比,德育具有首要地位,因为它决定了受教育者全面发展的方向。2014 年,中央下发了《关于进一步加强和改进新形势下高校宣传思想工作的意见》。《意见》指出:当前世界范围内各种思想文化交锋更加频繁,一些西方国家加大对我国进行战略围堵和牵制遏制力度,高校抵御和防范敌对势力渗透的任务更加繁重,落实好立德树人的根本任务更加紧迫。要进一步加强对课堂、讲座、论坛、出版、社团等阵地的规范管理,把大学生塑造和培养成为中国特色社会主义的坚定信仰者。如果说,智育培养的是学生谋生的手段和本领,是一种工具性的教育实践;德育则是培育学生做人的教育实践,学会做人是立身之本,学习知识和掌握知识只是立足社会的手段,二者相辅相成,相得益彰。总之,弘扬育人为本,德育为先的教育理念是社会健康持续发展的要求,也是学生健康成长、成才的要求。②高校学生社团建设要将这两种要求转化为自身建设和发展的基本要求,坚持育人为本、德育为先,紧紧抓住立德树人这一根本任务,进一步加强和改进社团成员的

---

① 中共中央,国务院.关于进一步加强和改进大学生思想政治教育的意见. 2004-10-14.

② 教育部.教育部关于全面深化课程改革落实立德树人根本任务的意见.2014-03-30.

思想教育工作,切实把社会主义道德的基本要求融入社团活动的全过程,引导社团成员树立正确的世界观、人生观、价值观,努力培养全面发展的中国特色社会主义伟大事业的合格建设者。

3.高校学生社团发展必须遵守法律

目前我国对于高等教育的办学已经有了一系列的法律、法规和政策性文件,并逐步将其落实在高等院校学生社团管理的实际工作当中。高校学生社团及其管理者必须加强法治意识,尤其是培养大学生通过制定章程、民主选举、自主治理等方式治理社团,培养学生的法制意识和法治精神,推动依法治国的进程。首先是学生社团章程的内容不能违反法律、法规或规章。这是社团章程能够产生"自治法"效力的前提。其次,社团成立条件、活动及其经费不能违反法律、法规或规章,这是学生社团法律治理的关键,主要从三个方面进行:一是社团成立审查。对社团的成立条件、资金来源进行审查,实施成立审批制度、年审制度等。学校对经审查合格的学生社团颁发注册登记证,载明社团名称、类别、负责人、资金来源、活动范围等要素。二是社团活动管理。建立活动立项申报制、项目负责人制、校外活动审批制等活动制度,规范社团活动的程序和机制。三是加强社团的财务管理。社团章程应对社团的财产权归属及财务权行使主体、行使权限、行使程序作出明确的规定;赋予社团例会直接处置社团财产的权力。学生社团应承担起参与学校民主管理、组织活动、丰富校园文化的职能,着力营造平等、民主、秩序、和谐的校园文化氛围。

(三) 坚持以大学生的全面发展为目标

马克思在《共产党宣言》中有一句名言:"每个人的自由发展是一切人的自由发展的条件。"[①]马克思主义非常重视每个人的全面发展,把每个人的全面发展作为建设社会主义新社会的本质要求。作

---

① 马克思恩格斯文集(第3卷).北京:人民出版社 2009:71—73.

为高等教育重要内容的高校学生社团,其建设也必须坚持以大学生全面发展为目标,以之作为高校学生社团建设取向的根本要义。

1. 坚持以大学生素质的全面发展为目标

通过参加学生社团和组织各类社团活动,可以提高大学生综合素质,从而促进大学生能力的全面发展。思想道德素质在大学生的成长成才中起着重要的作用,它决定着大学生的政治方向和做人准则。大学生通过参加社团活动,诸如参与思想理论学习、道德热点问题讨论、人生价值探讨等相关的主题活动,可以帮助其树立正确的世界观、人生观和价值观。不断增强其思想政治觉悟和理论素养,提高大学生分析和解决各种问题的能力,坚定大学生跟党走中国特色社会主义道路的信心和决心,增强大学生建设祖国、振兴中华的历史责任感、使命感和紧迫感。科技素质是大学生全面发展的重要内容。当今世界,科技竞争日趋激烈,世界各国都在加快科技发展,争先抢占科技制高点。学生社团为大学生进行各类科技活动、参加创新创业活动、专业实践活动提供了广阔的平台。根据专业特点组建的学生社团通过举办知识讲座、学习交流、参观考察、学科竞赛、义务服务等类型的活动可以促进学生专业知识的学习和消化,还能锻炼大学生的科技思维能力,激发大学生的科技兴趣,起到促进大学生开阔视野、拓宽知识面、不断提高专业技能的效果。心理素质是大学生全面发展的重要组成部分。长期以来,受应试教育的影响,忽略了对大学生进行心理健康知识的培养,加上当今社会竞争日益激烈,面对繁重的就业及生活压力,大学生容易产生各种心理问题,学生社团通过举办形式多样的心理健康科普等活动,可以增强大学生心理健康知识的认识,有效促进大学生身心健康的发展。

2. 坚持以大学生社会关系的全面发展为目标

通过社团活动的组织和参与,大学生可以逐渐在社会交往中形成丰富而全面的社会关系,进而加强与社会的交流,逐步实现大学生社会关系的全面发展。一方面要促进大学生形成和丰富社会关系。

现代信息技术、交通设施和通讯工具的发展,使得社会关系的联系越来越密切,时代的发展要求大学生要具备丰富的社会关系,才能更好地适应社会。作为社会主义事业的建设者和接班人,大学生的社会关系不应只局限于学校和家庭,而应广泛走向社会。学生社团活动为大学生在学习期间参加社会工作和社会实践活动提供了机会,不仅丰富和完善了大学生在校内的社会关系,而且为大学生在校外建立各种社会关系提供了有益的平台。通过学生社团的成立、管理和学生社团活动的参与,可以为大学生提供与他人沟通、交往的桥梁,促进大学生在校内、校外建立起更多的社会关系,从而有效地促进大学生尽早形成和丰富自己的社会关系。另外一方面,促进大学生社会关系的全面发展,仅仅形成和丰富这些社会关系是不够的,还要掌握和占有这些社会关系。马克思主义认为,人是社会关系的产物,只有依赖一定的社会关系,人才能生存和发展,只有在一定的社会关系下,人才是真正意义上的人。人类就是在不断掌握和占有这些社会关系的过程中不断成长、不断发展、不断完善,进而同整个世界的物质生产和精神生产实际地联系起来的。大学生只有掌握和占有了一定的社会关系才能更好地参与激烈的社会竞争。大学生在与同学、他人、集体等校内、校外主要社会关系交流和接触的过程中,既可以促进自身能力的全面发展,也可以实现自身对这些社会关系的掌握和占有。

3. 坚持以大学生个性的全面发展为目标

人的个性是人作为社会历史活动的主体和其他相比所具有的不同的特性,是个人的生理素质、心理素质和社会素质在不同社会领域里的集中表现。学生社团可以为大学生的个性发展提供条件。其一要促进大学生独特性的全面发展。学生社团作为大学生自发成立的学生群众组织,具有自由和民主特色,社团活动往往是由其成员自主设计、规划举办的,其形式和规模也可十分灵活,可以促进大学生德、智、体、美等方面的发展,引导大学生学会求知、学会实践、学会做人、学会生活,引导大学生独特性形成和发展。其二是促进大学生自主性的全面发展。马克思把人的个性叫"自由个性",这说明只有独立才能自主,只有自主才能自由,只有自由才能拥有个性。只有让大学生的自主性得到了充分的发展,其个性才能获得真正意义上的全面发展。作为学生社团主体的大学生进行自我管理、自我教育和自我服务,这种自主性原则不仅保证了大学生在社团活动中的主体地位,而且保证了大学生个体的个性特征可以在社团活动中得到尊重和张扬,从而实现大学生自主性的全面发展。其三是促进大学生创新性的全面发展。大学生创新性能力的培养至关重要,这不仅关系到大学生自身的创新性能力发展,而且关系到整个国家、民族的创新性能力的发展。学生社团活动为了吸引更广泛的关注和参与,不断扩大其影响力,往往需要不断创新开展活动的形式和内容,形式多样、内容丰富的学生社团活动可以激发大学生表现出富有创造性的思维并创造性地解决问题,可以逐步提高大学生的创新性能力,进而实现大学生创新性的全面发展。

二、激发高校学生社团的自组织活力

活力是自组织发展的根本。因此,推动我国高校学生社团的发展,最终还是要依靠激发高校学生社团的自组织内部的活力。我们可以通过坚持服务性学习理念、促进竞争与合作以及培养系统序参量等措施来有效激发我国高校学生社团的自组织活力。

(一) 坚持服务性学习理念

思想理念的创新是自组织获得强大活力的重要前提。美国高校学生社团的服务性学习理念为我国高校学生社团发展提供了重要借鉴。服务性学习是20世纪80年代美国高校为了促进本科生教育从教学中心向学习中心的转移而采取的创新措施之一。随着服务性学习在美国教育领域的广泛应用,几乎所有的教育者和研究者都对服务性学习对于大学生的教育功能持肯定的态度。美国高校学生社团的成功实践业已证明这是一种行之有效的实践与育人相结合的方法。党和政府也大力倡导服务性学习理念。早在2004年,中共中央、国务院在《关于进一步加强和改进大学生思想政治教育的意见》文件中指出:"高校坚持政治理论教育与社会实践相结合,既重视课堂教育,又注重引导大学生深入社会、了解社会、服务社会"。[①]高校学生社团作为实施素质教育的重要途径和有效方式,在引导学生适应社会、促进学生成才就业等方面发挥着重要作用。而服务性学习倡导社会服务理念,强调在服务社会中获得知识和能力的提升,这成为沟通社会实践与理论学习、社团发展与社会需求的桥梁,服务性学习社会服务理念的提出成为社团创新发展的切入点。从实施宗旨来看,服务性学习也与我国广泛开展的高校学生社团活动具有契合性。因此,坚持服务性学习理念,是增强我国高校学生社团自组织活力的重要举措。实际上也为高校学生社团的创新发展开辟了新的途径。

第一,用服务性学习来提高社团成员的思想政治素质。服务性学习是为国家的意识形态教育服务的,通过服务社会,让社团成员学习并养成反映国家意志的价值观。我国高校学生正确的思想政治观念的形成也不是自发的,一方面要来自课堂上书本知识的思想政治理论教育,而另一方面则要来自社会实践,尤其是通过高校学生社团组织的各种形式的社会实践活动。因为社团的实践活动能为学生提供广大人民群众的真实工作生活情景,有利于学生亲身看清形势,客观地认识社会问题,并且通过与人民群众的广泛接触来增进与人民群众的感情,体验国家的政策法律、文化思想和道德要求,从而坚定思想政治信念,并且在实践中寻找社会热点问题的解决之道,最终把

---

① 中共中央,国务院.关于进一步加强和改进大学生思想政治教育的意见. 2004-10-14.

这一实践经验内化为正确的思想政治意识。

第二,用服务性学习来增强社团成员理论联系实际能力。服务性学习是"社会服务"和"课程学习"的整合,即把"学会服务"和"在服务中学习"两种行为统一起来,这就是与学生以经济或者慈善为目的而参与社会活动或单纯为了解社会而参与活动的最大区别。社会实践性是我国高校学生社团的一大特色,社团的社会实践活动可以将学校课程与社会服务相结合,学生通过从事社会服务而获得社会知识、专业技能和操作经验,有利于促进学生将课堂理论知识向社会实践能力的转化。在服务性学习中,一方面学校将社团社会实践活动的服务内容有计划地融入各门学科知识的理论教学中,根据实践需要深化教学改革、优化教学内容;另一方面学生将社团社会实践与学科知识的学习相互整合,在活动中灵活运用各门学科知识去服务社会,从而促进教学与实践的有机衔接,提高学生理论知识与社会实践的契合度。

第三,用服务性学习来提升社团成员的社会公民责任感。杰瑞·西洛(Jerry Cirone)曾经指出:"人们不可能通过告知就知道如何做一个有责任、有知识、有关怀的公民。他们必须实际参与在过程中。"[①]社团通过服务社会的实践活动,让参与学生有机会接触、学习社会的另一面,体察不同个体和阶层间的多样性,特别是在关注公共健康、环境保护、社区工作、青少年犯罪等社会问题,在同情和帮助农民工、孤寡老人、留守儿童等弱势群体中进一步地反省和澄清自己的社会伦理观,增进对社会的经济文化事务的了解,调整以自我为中心的想法,体验到身为社会大家庭的一员,参与社会公共事务是应当的,进一步增强社会责任感与历史使命感,有利于形成终身服务社会的思想理念。这些都将促使学生审视个人价值与社会价值的关系,

---

① Croll, P. & Moses, D. Ideologies and utopias: Education professionals' views of inclusion. *European Journal of Special Needs Education*, 2000(1):1—12.

有利于对社会的关怀、责任以及公民道德的养成。

第四,用服务性学习来培育社团成员良好的职业素养和创业能力。职业素养是指"从业者所具有的内在的、相对稳定的身心特性及其结构,是决定从业者职业活动能力、工作状况及工作质量的基本因素。"①高校学生社团在服务社会的实践过程中,学生有更多的机会了解社会中的就业行情,理性思考所学专业、职业理想和社会需求之间的关系,为未来职业选择做好定位。在与许多具有职业专长的被服务者的互动中分享工作经验,获得有价值的择业建议,学习到实践操作的职业技能,形成规范的职业道德,有利于形成正确的职业素养。同时,社团服务社会的实践活动丰富多彩,但是每一项活动的规划、培训、服务、反思、评估中等任何一个环节都需要学生的积极主动参与,需要社团成员充分发挥团队合作精神,发挥主观能动性进行沟通、协助、配合,共同推动活动的顺利实施,这对学生创业能力的最终形成起着十分关键性的作用。

第五,用服务性学习来培养社团成员的创新能力。中国工程院院士李培根教授认为"启发学生主动实践,是创新能力培养的关键所在"②。高校学生社团使学生从高度紧张的被动接受知识的环境中解放出来,在科学、民主氛围内使学生感受社会的熏陶,启迪智慧的火花,使学生的主体意识得到发挥,使学生自主教育和自我发展成为可能,从而解放思想、启迪思维。另外,社团成员本身又具有学科专业的交叉性、年级的层次性和爱好的共同性特质,使得社团更具备良好的创新潜力。在现代社会重视和倡导创新的背景下,使得无论是文体性、科技性、理论性还是其他类型的社团,都能在服务社会的实践过程中接触到最新的思想、资讯和技术,在平等和互惠的原则下与

---

① 丁常文、蒋龙余.浅论高职学生社团活动与学生职业素养的培养.职业教育研究, 2009(4):24.

② 李培根.主动实践:培养大学生创新能力的关键.中国高等教育,2006(11):32.

被服务者、社区、机构,尤其是企业之间建立起多种形式、长期稳定的服务关系,进一步全面提升产学研结合的范围、力度和层次,有助于将社团成员的创新潜质转化为现实的能力,从而推进高等学校与社会共同培养创新人才。

(二) 促进社团内部的竞争与合作

自组织的活力依赖于组织成员之间的竞争与合作。良好的竞争与合作关系同样也是高校学生社团的活力源泉。社团内的竞争与合作实质上就是社团成员之间利益关系的反映。面对高校学生社团内部复杂的利益生态,既需要做到照顾高校学生社团的健康发展,还要兼顾社团成员的个体利益和需求,使社团成员的竞争与合作行为符合正确的价值目标,有效促进高校学生社团的发展。

首先,正确看待社团内部的利益关系。中国传统观念中,利益之争往往被人们错误地与"争权夺利""阴谋论"和"不择手段"联系在一起,很显然,这种有色眼镜的利益观是片面和不科学的。一方面,社团成员的利益需求是客观事实、是不容回避的。另一方面,组织内部存在的利益博弈行为体现了广大青年学生自我意识的觉醒,它使社团凝聚力增强并保持生机盎然的活力,保障学生的利益最大化,促进了学生的全面发展。但是,任何事物都具有两面性。我们也应该清醒认识到利益博弈行为也是一把双刃剑,过度追求个体利益往往使大学生陷入个人主义的深渊,不仅仅伤及自身,也会导致社团内部的恶性竞争,不利于社团内部的合作,这与社团发展目标是不相符的。为此,我们必须要对社团中的利益博弈进行规范和引导,使这种利益博弈行为符合正确的价值目标。何谓正确的价值目标? 首先要看其利益博弈行为是否符合社团的整体利益;其次要分析其行为是否尊重所要影响的个人(或社团组织)的利益;其三要看其利益博弈行为是否公正和公平,是否客观地反映实际情况。三者有机统一,缺一不可。只有符合这三个原则,社团中的利益博弈行为的目标才会找到合理之处,才符合我们积极倡导的利益观。

其次,做好社团内部利益的分配与管理。坚持公平、公开、公正的原则实现学生社团内部利益的分配与管理。利益的分配与管理的基础就是领导者要能洞察社团内部的利益分配是否合理,察觉在社团组织中谁是利益获取者,甚至是长期的利益获得者,又是哪些人沦为利益的边缘化阶层。一方面要向社团成员们宣传集体意识和正确的利益观;另一方面必须使得学生社团成员的利益和需求都能雨露均沾。在不同情况下可以通过先说服、再协商、最后如果必要的话予以强制的办法及时对社团利益重新分配,保证社团内部的利益优先向弱势群体倾斜。这里需要着重说明的是,社团领导者在道德上要尽可能以身示范,使社团成员都能感受到领导者是一位值得信任的领导,才会主动去遵守社团内部竞争与合作的"游戏规则"。

再次,完善权力结构,实现权力运行从直线式向扁平化转变。利益需要权力去维护和保障,完善的权力结构是利益公平分配的前提。社团组织的权力结构也要根据社团成员的利益分配需求逐步完善,向柔性化、扁平化方向发展。现代大学生追求"自由的个性"和"内在的激励",而目前社团中领导者——干部——成员的金字塔式权力结构常常容易导致等级权力的官僚化和集中化,影响了社团基层成员最大限度发挥潜能的积极性和创造性。在组织机构上,要减少社团成员与领导者之间的管理层次,取消多部门共管的局面。在角色扮演上,领导者必须要放下身段充当好的聆听者、各种信息咨询者和社团权力的监督者。在权力分配上,领导者尽可能地权力下放,合理进行权力分配,给予一般成员更多参与决策的机会。向社团中的意见领袖提供适当的社团管理锻炼机会,以利于权力的合理流动。

最后,在实际的学生社团运转过程中,要加强各利益主体的交流和沟通。不可能每位社团成员的利益和需求都能得到满足,这时就必须依靠与社团非正式组织或次团体中重要资讯掌握者建立对话管道,具体来说,便是领导者能与社团非正式组织或次团体的重要成员建立对话管道,能与各利益相关方的非正式意见领袖或者正式的领导者进行有效沟通,通常这些意见领袖和非正式领导者能反映群情,这对掌握社团组织利益生态资讯有相当帮助。建立包含现代网络对话平台,例如 QQ 群、MSN 和校园 BBS 等,关注活跃分子的反对意见,能加强对话频率,以化解反弹力量,让社团利益分配能顺利推行,也能适时照顾基层社团成员的利益和需求。

(三) 培养社团系统的序参量

"序参量"是自组织演化的整合力量,它也通常被认为是形成自组织活力的关键。所谓的"序参量",自组织理论认为,"序参量"是源于系统内部、能够保持系统的相对稳定性的宏观参量,它能够描述着系统的演化行为,并支配着系统内部其他变量,使系统保持着协同运行。可见,"序参量"能够支配系统向有序、稳定的方向发展,进而使系统整体功能发生倍增或放大,即实现"1+1>2"的协同效应。[①]培养并有效发挥系统"序参量"的作用,是实现高校学生社团协同发展,展现社团组织活力的关键。

1. 科学选择学生社团内的"序参量"。一般来说,在高校学生社团有序的状态下,"'序参量'一般是民主选举产生或者大多数成员自动拥戴的,因为'序参量'不但在学生社团中居于主导地位,而且甚至会决定学生社团的发展方向。"[②]如何将那些符合"序参量"条件的人选为领导者是一件十分关键的工作,选得不好,就会造成整个系统的无序或者改变系统演化的方向。[③]社团中什么样的成员才能成为序参量呢? 那就是"核心"人物,这里的"核心"人物,不是指在社团外部力量的影响下所产生的,而是在社团内组织教育活动中自发形成、具

---

① 齐秀辉,张铁男.基于生命周期企业协同能力形成的序参量分析.现代管理科学,2009(11):81.

②③ 俞杰,张岚.领导者:社会自组织系统的"序参量".新西部,2007(18):22.

有强大号召力和凝聚力的榜样人物。作为领头羊的大多数社团干部是能够起到榜样作用的,但他们不一定都能称得上是"核心"人物。因为受到自身专业、性格、气质等条件的限制,使部分社团干部难以成为社团的"核心",难以把成员紧紧团结在自己周围。真正的"核心"人物是在社团活动中涌现出来的、能够带动集体共同进步的力量。高校学生社团里很容易产生一些人品好、威信高、凝聚力强的成员,将这样的成员选拔出来进行培养,鼓励其他成员发现和学习他们的闪光点,是高校学生社团组织活力的关键。

2. 促进学生社团的"序参量"的学习与开放。"序参量"往往是社团内部的核心人物,其有序程度直接影响着学生社团的有序程度,"序参量"有序,则学生社团组织整体才有序,而一旦"序参量"不稳定或者无序,则整个学生社团也将处于混乱状态,而此时学生社团为了重新达到有序状态,将会重新确定新的"序参量"。所以,要使学生社团"序参量"处在一个开放的环境里,不断地接受社团外界的信息,不断学习,更新理念,与时俱进,改善自身知识结构,从而与外界大系统相吻合,使自己时刻具有远离平衡的动态,形成社团内部稳定有序的耗散结构。只有这样,才能使所在的社团和外界大系统不断相适应,保证自己在组织内的"序参量"地位,而不被时代以及社团里的其他参量所淘汰。

3. 扩大学生社团"序参量"的影响与作用。我们知道"序参量"是学生社团在临界的状态下竞争与合作才能取得的,"序参量"在社团里的地位一旦确立,就会对学生社团中的其他子系统的行为和运动产生影响和作用,但是这种影响力是通过推动学生社团内部的广泛合作来实现的,所以,要充分发挥社团里"序参量"作用。一方面,作为社团"序参量"的核心人物要不断加强学习,提高自身的综合能力与素质。另一方面,社团的核心人物还要提高协调合作的能力,因为取得"序参量"的地位,并不需要遵循"达尔文主义",不需要消灭和打压社团里其他的成员,而是在相互合作,相互协调中取得的,所以,核心人物还要学会正确处理好各种工作关系,带动社团其他成员协同发展,最终实现整个高校学生社团组织系统的宏观有序性发展。

三、完善高校对学生社团自组织发展的条件

我们在探讨高校学生社团自组织演化的制约机制之时,主要是分析了高校学生社团与高校之间的相互作用。换言之,高校能不能为学生社团提供自组织演化的相应的条件,将是高校学生社团能否自组织演化的关键问题。历史也证明,高校学生社团的自组织演化总是在特定的高等教育情境中进行的,当高校提供完备的条件使得高校学生社团自组织演化的制度性制约机制、物质性制约机制和文化性制约机制发生转移的时候,高校学生社团才能随之改变。

(一) 高校构建有效的激励机制

活力是高校学生社团系统演化的根本。"活力缺乏,则是激励机制运转不力。"[1]无论是从破解高校学生社团自组织演化的制度性制约机制和美国高校学生社团发展的成功经验来看,高校的激励机制既可以满足社团个体成员的情感与交往需要、权力与发展需要、成就与荣誉需要,提高学生参与社团活动的积极性,增强成员之间的凝聚力和向心力,促进大学生的健康成长和全面发展;高校的激励机制还可以改善传统的对于学生社团的刚性管理,在管理方式上避免了公式化、简单化、硬性化,有效地提高学生社团的自主性和能动性,真正实现学生社团的自我教育、自我管理、自我服务。因此,高校所构建的激励机制对促进学生社团的健康发展十分关键。

---

① 　王晖.高校学生社团激励机制的研究.南京航空航天大学,2008(5):32.

我国高校学生社团发展研究

1. 高校激励机制的内涵

"激励是指通过高水平的努力实现组织目标的意愿,而这种努力以能够满足个体的某些需要为条件。"[①]激励机制就是运用物质和精神等手段,达到激发、调动人(或者组织)的积极性和创造性为目的的工作机制。高校为促进学生社团发展的激励机制就是高校(主要是主管学生社团的高校党团委、宣传部门)根据激励理论,运用物质和精神相结合的手段,采取多种有效的方式方法,最大限度地激发学生社团及其成员的积极性、主动性和创造性,以保证学生社团发展目标的实现,不断推动学生社团的创新发展,其内涵主要体现在以下几个方面:

诱导因素的集合。诱导因素就是用于调动学生社团及其成员积极性的各种奖酬资源。对诱导因素的选取,必须建立在对社团及其成员的需要进行调研、分析和预测的基础上,然后根据高校所拥有的奖酬资源的实际情况设计各种奖酬形式,包括各种物质性奖酬与精神性奖酬、集体性奖酬与个体性奖酬。

行为导向制度。它是高校对学生社团所期望的发展方向、行为方式和应遵循的价值观的规定。由诱导因素激发的学生社团发展会是多个方向的,不一定都是符合高校的期望目标。同时,社团成员的价值观也不一定与高校期望的价值观相一致,这就要求高校在学生社团中培养符合社会主义性质的价值观。行为导向一般强调国家观念、长远观念和集体观念,这些观念都是为实现高校的各种教育目标服务的。

时空限定制度。它是指高校所建立的奖酬制度在时间和空间方面的限定。这方面的限定包括高校付诸奖酬和学生社团绩效相关联的时间规定,学生社团与一定的工作相结合的时间限制,以及有效行

---

① 〔美〕史蒂芬·P.罗宾斯,孙建敏等译.组织行为学.北京:中国人民出版社,1998:166.

182

为的空间范围。这样的规定可以防止学生社团的短期行为和地域的无限性，从而使高校所期望的学生社团的良好发展状态具有一定的持续性，并在一定的时期和空间范围内产生。

组织归化制度。"组织归化是指对社团进行教育和对违反行为规范或达不到要求的处罚和再教育，是把社团教育纳入高等教育系统的过程。它包括对社团及其成员在人生观、价值观、工作态度、合乎规范的行为方式、特定的工作效能等方面的教育，使他们成为符合高等教育规范的对象，从而成为高等教育系统的要素。"①所以，组织同化实质上是促进学生社团不断学习的过程，对高校管理具有十分重要的意义。

2. 构建学生社团激励机制的原则

第一，以人为本的原则。高校社团满足了学生个人兴趣、爱好、特长等发展需要，它为学生展示自我和发展自我提供了空间，有利于促进大学生个性的张扬。在构建学生社团的激励机制时，尽管会面临诸多主客观因素的影响，但人始终是最重要的决定因素，在高校学生社团的建设中，要为学生社团成员营造一个相对宽松的环境，要充分尊重大学生的主体地位，对每位社团成员的主体精神、主体能力和主体价值要给予充分的尊重和信任，使他们的主体作用在社团工作中得到最大限度地发挥。

第二，培养团队精神的原则。学生社团是一个为了共同目标而自发组织起来的学生组织，其中的每一位成员都必须为整个组织的共同利益而努力工作、团结协作，充分发挥自己的智慧，奉献出自己所有的力量。在强调团队精神的同时，也要保障社团成员个人利益得到满足，促进个人价值的实现，并力求使个人的个性和才能得到充分的发展。最终就是要做到个人利益与集体利益统一。只有坚持了

---

① 〔美〕戴维·波普诺著，李强等译.社会学(第10版).北京：中国人民大学出版社，1999：482.

这条原则,才能达到既使社团成员的主观能动性得到充分发挥,又培养了大学生的团队精神。

第三,公平性原则。美国心理学家亚当斯(Adams)认为:"一个人对其所得的报酬是否满意不是只看其绝对值,而且要进行社会比较或历史比较,看相对值。通过比较,判断自己是否受到了公平对待,从而影响自己的情绪和工作态度。"①高校对学生社团及其成员做到公正激励,必须对所有激励对象一视同仁,按统一标准奖罚,否则将会产生负面效应。但是也并不意味着平均主义,平均分配等同于无激励。而且基于个体自尊的需要,学生社团及其成员对"公平"的要求十分强烈,都希望能得到高校公正的认可和评价。因此,在构建激励机制的同时,应清晰地展现出公平性。

第四,物质激励与精神激励相结合的原则。物质利益的满足是人的基本需要,也是人们从事一切社会活动的根本动因。物质激励是十分必要的,但是单一的物质激励则会导致人们过度追求物质上的满足,只能实现人们低层次的需求,而精神激励则能更加促进人的行为积极性,事实上,无论是什么激励方式,其中都必然蕴藏着精神的成分,只不过在形式上精神激励更注重人的思想情感、信念和荣誉观念等因素,物质激励更偏重于实物而已。将物质激励与精神激励相结合,能够进一步满足社团及其成员高层次的需求,实现其积极性的充分发挥。

3. 构建学生社团激励机制的有效方法

一般来说,激励的方法分为两类:一是外在激励,它包括福利、晋升、授衔、表扬、嘉奖、认可等;一种是内在激励,它包括学习新知识和新技能、责任感、光荣感、胜任感、成就感等。②外在激励方法虽然能显著提高效果,但不易持久,处理不好有时会影响工作情绪;而内在

---

① 张丽娟.亚当·斯密伦理思想研究.西北师范大学,2009(7):29—31.
② 罗宾斯.组织行为学(第七版).北京:中国人民大学出版社,1997:166.

激励,虽然激励过程需时较长,但一经激励,不仅可提高效果,而且能持久有效。具体而言,适用于高校对学生社团的激励方法主要有以下几种:

(1)愿景激励。每个组织都有自己的共同愿景和价值使命,明晰学生社团的组织愿景和使命并鼓励其为之奋斗是非常重要的激励方法。例如目前高校中较多的环保社团,要使他们明确本社团的使命是使更多人认识到环境污染对人类生存有着重大的威胁。有着这样高尚的使命,可以使社团成员更具有凝聚力和战斗力。

(2)目标激励。目标是人们行为的精神支柱,也是人们行为的方向和动力。目标不同于愿景,它是具体的,经过一番努力在一定时间内可以实现的。因此,每个学生社团需要有一个激发动机、引导行为的目标。同时要把社团目标和成员的个体目标联系起来,既要保证社团的长远发展,又要注重成员个人活动舞台的扩大,从而激发社团及其成员巨大的工作热情和强烈的归属意识。

(3)情感激励。情感激励可以依靠感情得到力量,体现人与人之间的相互尊重、相互关心的良好人际关系。情感激励可以从思想上和精神上激发学生自觉地加入社团的工作中来。高校学生社团是建立在共同的爱好与兴趣基础上的较松散性组织,成员的加入和退出没有严格的规定,情感是联系社团成员的重要纽带,因而,应该着重加大对学生社团的情感激励力度,使之成为一个高效的工作团队。

(4)正激励与负激励相结合。正激励就是对学生社团的良好发展给予肯定和奖励,使其得以保持和增强;而负激励就是对学生社团的不当行为给予否定和惩罚,使其减弱、消退。高校对于学生社团的激励还是以正激励为主,负激励为辅,但要把握好质、量和时机。无论是表扬奖励,还是批评惩罚,都要做到准确、公正,以实现推动学生社团的健康发展为最终目的。

(5)竞争激励。高校学生社团作为一种自愿为原则参加的学生组织,缺乏竞争性因素,但如果没有竞争,就实现不了高校有限的物力、人力、财力等资源在各个学生社团间的合理分配,也无法满足社团及其成员成就感的需要,无法表现学生社团的活力。因此,通过鼓励学生社团之间、社团成员之间的公平竞争,可以更加充分地调动学生社团及其成员的积极性、主动性和创造性,使整个高校的学生社团发展更加有张力、活力。

(二)加强社团指导教师的队伍建设

高校学生社团自组织演化的物质性制约机制主要是高校对于学生社团的需求空间以及能够提供的物质性供给。社团指导教师是资源供给的核心。事实上,社团指导教师也是高校学生社团能否把握正确发展方向、能否有效发挥其素质教育功能,决定性的因素之一。[1]高校学生社团的指导教师通常是由高校优秀党团干部、各学科教师以及部分社会热心人士组成,是高校学生社团自组织演化的重要动力条件,加强社团指导教师队伍建设是促进高校学生社团自组织发展的重要举措。

1. 当前我国高校学生社团指导教师队伍的状况

目前,社团指导教师队伍已经呈现出素质提高、力量加强、工作投入的良好气象。但就总体而言,社团指导教师队伍建设还不能很好地适应新形势下加强和改进高校学生社团工作的需要,还存在一些困难和问题,仍然是促进高校学生社团科学发展工作中比较薄弱的环节。

首先,社团指导教师职责定位有待明确。对工作职责的准确定位是做好一切工作的前提。关于社团指导教师的工作角色和工作职责,由于各个高校学生社团的管理模式缺乏统一性,对社团指导教师

---

① 胡继冬,高中建.高校学生社团组织属性的再认识.思想教育研究,2011(10):70—72.

的工作时间、方式、范围等也都没有明确而具体的规定,而且大部分的规定大多是形式上的,由此所产生的问题是:在监督社团指导教师履行工作职责方面缺少现实的保障机制,在社团指导教师工作绩效的评估上难以得到客观量化,在贯彻执行特别是激发社团指导教师主动性方面缺乏充足的经费支持。学生社团的主管机构(一般是团委)与高校教务、科研等教师主管部门缺乏协作,对社团指导教师的奖罚制度也难以落到实处。正是对于社团指导教师工作定位的模糊性也导致了高校师生甚至部分领导干部中逐渐形成"社团指导教师是一种挂名岗位、是一种临时职业、指导学生玩,别出乱子"的错误观念,再加上非职业化和待遇偏低,一些在岗的社团指导教师从自身发展和前途考虑,不能也不愿潜心指导工作,真正与高校学生社团紧密接触的工作时间非常有限,工作目标底线一再下滑,高校学生社团尽量少搞活动或者是不搞活动往往成为社团指导教师的最高工作目标。

其次,社团指导教师专业素养有待提高。促进社团指导教师工作的专业化和职业化是切实加强对高校学生社团的领导和管理、促进大学生全面发展、锻炼造就高素质人才的必然要求。"促进社团指导教师工作的专业化和职业化是一项系统工程,涉及社团指导教师的思想政治教育、日常管理、心理疏导和专业指导等多方面素养,需要具备思想政治教育学、心理学、教育学、管理学和社会学等相关学科知识,而高等教育大众化的新背景和学生社团的新特点等更是对社团指导教师工作提出了新挑战,这就决定了只有建设与培养具有较高专业素养的社团指导教师队伍,才能适应工作要求,对学生社团进行科学性与价值性相统一的指导、咨询与管理,实现大学生的日常生活由自发向自觉、由经验向科学的转变",①才能引领学生社团科学发展,实现大学生的全面、健康成长。当前我国高校在学生社团指

---

① 郑永廷.思想政治教育学科研究重点与难点辨析.思想教育研究,2007(5):3—4.

导教师选派中对其学科背景、专业素养、研究能力与学生社团工作的内在联系考虑不多,结果使社团指导教师队伍缺乏专业化方向,缺乏开展高水平理论研究和深层次实践工作的学术支撑,从而在实际的指导工作中对学生社团重管理、轻教化,重技能、轻政治,重实务操作、轻规律梳理,忙于事务而疏忽教育;仅作一般表面要求,无暇理性思考,创新和发展更是奢谈,陷入经验主义或教条主义,很难有效对所从事的学生社团工作深入学习和研究。

最后,社团指导教师队伍整体力量有待充实。党和国家各部门长期以来非常重视高校学生社团指导教师的重要作用,尤其是 2005年 1 月 13 日共青团中央、教育部联合发出的《加强和改进大学生社团工作的意见》中强调:"要充分调动专业教师的积极性,选派有专长和责任心强的教师指导学生社团建设,并创造条件,提高社团指导教师的主动性、积极性、创造性和工作水平。"①但是,在高等教育大众化的今天,许多高校因招生规模不断扩大而学生社团数量剧增,社团指导教师人数远远不足,来自江苏省 2007 年 65 所高校的抽样调查表明:"在所调查的 65 所高校学生社团中,只有将近 60%的社团有指导教师。"②在这有限的社团指导教师队伍中,还有些社团指导教师把工作当作职称评定的"跳板",甚至也有些教师是被"拉壮丁式"去承担社团指导工作,其工作热情和工作效率可想而知。因此,也就出现有些学生社团"无师指导"的局面,甚至许多大学生从加入社团到毕业时退出社团都不知道指导教师是谁的状况。尽管也有些学生社团开始尝试开展自主招聘指导教师,但结果大多是"无师问津"。社团指导教师队伍力量的稳定性和学生社团工作的连续性、继承性得不到保证,社团指导教师工作质量无法获得持续提高,必然会影响其在学生社团中的作用。

---

① 教育部,共青团中央.关于加强和改进大学生社团工作的意见,2005-01-13.
② 石国亮.高校学生社团发展的新趋势.青年探索,2009(3):4—5.

2. 多措并举，全面加强高校学生社团指导教师的队伍建设

第一，明确职责是加强社团指导教师队伍建设的前提。

社团指导教师不同于专业课教师，也不同于辅导员，他不仅承担着对社团活动进行专业性指导，同时还肩负着对社团进行日常思想政治教育的重要任务。从现实来看，只有"又红又专"方能做好社团指导教师。一方面要思想引领，侧重思想政治教育的生活化。社团指导教师的思想引领职责要求将思想政治教育活动与学生的社团生活世界紧密相联，使学生在对现实社团生活的自主体验中受到教育，引导他们在各自社团的文化生活中自主体验并进行自我生活世界的建构过程，并在这个过程中成为大学生身心健康成长的知心朋友和精神导师。另一方面要对学生的社团活动进行专业性指导。现代的高校学生社团已经不仅仅是大学生兴趣和爱好的组合，无论是学生社团活动的内容，还是具体的策划实施，社团活动都已经非常专业化。[1]社团指导教师工作的重要任务就是将自己扎实的理论知识和丰富的实践经验融合在学生社团活动的指导中，成为学生社团的合格的技术顾问和指导专家。

第二，坚持自我教育和专业培训相结合，有效提升社团指导教师的专业素养。

学生社团指导教师专业素养提升的核心和关键在于通过自我教育来实现。首先，要养成自我学习的观念。思想观念是行动的灵魂，并决定意识行动，只有牢固树立自我学习的思想观念，才能传授给学生最新的思想，用于指导社团实践活动，才能使得指导行为体现其价值。其次，要坚持自我教育。自我教育就是社团指导教师要有意识地、主动地对自己进行教育，主要是从知识、技能、道德和情意四方面进行教育。自我教育能够使社团指导教师不断拓宽知识领域，丰富

---

① 蒋占峰.高校思想政治理论课教师兼任辅导员的思考.思想理论教育导刊,2008(9):56.

自己的情感,发现自身的弱点和不足,有利于社团指导教师实现个体价值的内驱力,从而可以创造性地开展工作。开展专业培训是提升社团指导教师专业素养的重要途径。①专业培训是指导教师有组织地获得专业知识的重要方法。高校具有丰富的师资力量,可以为社团指导教师提供专业学习的机会和环境。通过邀请名师专家系统、全面地讲授,可以让社团指导教师在最短的时间内掌握与教育工作有关的教育原理、心理辅导、教师法规等必要的知识。近年来,关于社团指导教师的各种专门的学习班崭露头角,如职业生涯规划的学习、心理咨询师的培训等。通过这些专业的学习,不断满足学生社团或学校对指导教师工作的期望。

第三,坚持培养和发展相结合来充实社团指导教师队伍。

要高度重视高校学生社团指导教师的地位和作用。要善于从社团指导教师最关心、同社团指导教师利益最密切的问题入手,建立完善的激励和保障机制。努力创造良好的政策环境、工作环境和生活环境,使他们做工作有条件、干事有平台、求发展有空间。社团指导教师既有专业素养和理论基础,通过担任社团指导教师又锻炼了他们的组织管理等多方面的能力,这是为校内外不同岗位培养高素质的人才,是为我们的事业培养高素质人才。我们要通过政策设计、制度设计和机制设计,搭建社团指导教师队伍发展的"立交桥",形成促进社团指导教师队伍成长的良好环境和氛围。此外,社团指导教师中的优秀骨干是引导学生社团科学发展的核心要素,与大学生素质教育效果直接相关,在人力资源上不能轻易获得,具有特殊的知识和技能,并且不能通过简单的学习和工作积累获得。一旦这些优秀的社团指导教师流失,人力资源的重置成本会非常高昂,对学生社团乃至高校的伤害都非常大。高校要有发展性的眼光,应实施基于"组织

---

① 王亚娟.校本培训:未来教师继续教育的重要形式.陕西教育(高教版),2011(9):52—54.

承诺"的人力资源管理,与之缔结"家庭式"的心理契约,建立长期的聘用关系。

(三) 构建素质教育导向的社团文化

正是因为有了代代相传的文化底蕴的强有力支撑,学生社团才能在漫长的历史演变中生生不息,发展壮大,历经磨难而信念愈坚,为学生的全面成长做出了不可磨灭的贡献。可见,破除高校学生社团自组织演化的文化性制约条件本身就是对其自组织发展的动力贡献。社团文化通常是以场的形式去提升社团及其成员的综合素质,从而形成推动学生社团发展的精神力量。在当前我国高校学生社团处于内涵式发展的关键时期,那么该如何构建具有素质教育导向的社团文化,从而推动社团发展呢?

1. 构建具有素质教育理念的社团文化

美国学者托马斯·萨乔万尼(Thomas Sergiovanni)认为构建校内共同体是人们文化交往的需要和知识获取的手段,并指出:"校内共同体的联结是文化的联结,是以'我们'为核心,包括习俗、规范、共享的概念和默契,而不是以'我'字当头为表征的理性联结,素质教育视域中的社团是一个学习共同体,社团文化作为一种素质教育理念就是要唤醒社团的文化自觉意识,强调文化的联结,突出'我们'这一核心。"①所谓唤醒文化自觉是"让大学生对社团文化的存在和发展形成一种自问自明的意识,引导社团成员去主动关注我们置身其中的组织从哪里来,怎么形成,有何特点,将往何处去等问题,并通过致力于对这些问题的思考和解答的过程中实现综合素质的形成和提升,使指导教师、核心人物、成员、制度、规范、交往行动等要素在核心

①　冯大鸣.沟通与分享:中西教育管理领衔学者世纪汇谈.上海:上海教育出版社,2002:253.

价值引导下，建构出一个鲜活的素质教育场。"①

2. 构建作为素质教育资源的社团文化

社团文化中的素质教育资源丰富多样，涵盖时间和空间两个维度。社团的制度、规范、活动、指导教师、核心人物等不仅是文化元素，而且也是真实可辨的素质教育资源。毋庸置疑，社团指导教师是素质教育的主要影响源之一，也是重要的素质教育资源。核心人物作为社团的精神领袖和学习楷模，担负着带领大多数成员协同进步的任务，是不可忽视的素质教育资源。社团规范体现着文化的张力，是极具有潜质的素质教育资源。总之，作为素质教育资源的社团文化生活的形成，依靠多种不同力量的共同推动。但是，另外一方面，我们也要深刻认识到作为素质教育资源的社团文化具有整体性和内隐性的特点，它蕴含于社团生活的角角落落，使广大社团成员在生动鲜活的人、事、制度中和无数的细节中进行思想的内化，悄无声息地将文化感知、生活世界和学习行为有机融合在一起。

3. 建构作为素质教育情境的社团文化

传统上的素质教育往往由于脱离现实生活情境，不可避免地沦为律令说教和抽象知识理论的灌输而为人们所抨击。社团文化最大的优势在于赋予"生活体验"的情境，因为素质和能力的习得，只有在生活和交往中才能真实掌握。如果说文化是人类自己编织的意义之网，那么高校的社团文化就是大学师生之间、学生之间交往变迁中绵延绘织、亮活鲜丽的什锦，它扎根于大学知识殿堂的沃土，蕴含着一代代的社团精神，沉淀着深厚的文化养分，展现在大学生的言谈举止之间。由于社团文化是由部分自治和部分协调的制度按照一定原则构成的整合体，建构作为素质教育情境的社团文化，不能是将所谓的管理文化、制度文化、行为文化、物质文化和精神文化的割裂打造，而是要遵循特定社团文化的本土化和整体性原则，这样才能建构出具

① 朱炜论.高校德育的培育性和整体性文化特征.江苏高教，2008(3)：87.

有素质教育真实情境的社团文化。

四、加强对高校学生社团自组织发展的社会支持

自组织理论认为,系统要保持可持续发展,就必须要保持系统的开放性,保证与外界系统的能量、信息、资源的互动。因此,我国高校学生社团自组织系统演化的重要条件就是保持着开放性,与社会各界的交流中寻求支持性的动力。具体而言,本研究认为加强高校学生社团发展的社会支持主要包括如下几个方面:

(一) 搭建高校学生社团—企业合作联盟的平台

当前,越来越多的社会企业和企业家,也从大学校园里找到了他们现实的市场机遇、未来的人力资源以及应该担当的社会责任。在我国当前高校学生社团快速发展的背后,我们会不时看到企业家的身影,企业日益成为推动高校学生社团发展中不可忽视的重要影响力量。

1. 社会企业对于学生社团发展的责任性

美国经济学家爱德华·弗里曼(Edward. Freeman)认为:"企业的生存依赖于利益相关者之间的相互作用,企业作为一个公民,应该在发展中承担自身的社会责任,要对各类利益及相关者负责。利益相关者不但是指那些影响企业目标的个人和群体,而且还包括那些受企业目标实现过程影响的个人和群体,其中包括:企业的员工、消费者、供应商、竞争者、政府、当地社区、环境、社会弱势群体以及整个社会。"[①]高校学生社团也对企业的可持续发展起着非常重要的作用。高校学生社团是企业可持续发展的利益相关者,具体表现在如下几个方面:

---

① Freeman. R.E. *Strategic Management：A Stakeholder Approach*. Boston Pitman Publishers，1984：26.

首先,改革开放以来,我国高等教育事业获得长足发展,特别是随着高等教育的大众化后,我国高等院校的在校学生人数众多,并呈现逐年上升趋势。2020年,全国各种形式的高等教育在学总规模为4 183万人;①这使得在校大学生成为数量庞大的新一代消费群体。加之现代大学生年轻活跃,喜欢追求时尚,购买力强,在未来很长一段时间内市场消费潜力巨大。其次,随着我国素质教育的全面开展,带有专业性和实践性的高校学生社团的科技创新能力日益增强。由于学生社团没有太多条框的限制和成本的压力,凭借高校的科技资源,创新能力可以得到最大程度的释放。例如,大学生科技型社团在历届"全国挑战杯"、"数学建模"以及"机器人大赛"等重大科技竞赛活动中都取得了显著的成绩,甚至有很多的科技创新成果获取发明专利,直接推广运用到企业的产业或产品中去,不仅促进企业的技术进步,也给企业带来直接的经济效益。最后,新世纪最宝贵的是人才,"人才战略"已成为各知名企业关注的重点。"人才战略"就是把人才作为一种战略资源,对人才培养、吸引和使用作出的重大的、宏观的、全局性构想与安排来提高企业核心竞争力。"人才战略"被广泛认可,说明了人才对企业发展的重要性,而经过社团生活锻炼成长出的大学生又是企业招聘优秀人才的主要来源之一。

可见,无论是作为企业可持续发展的庞大消费群体,带给企业直接的经济效益,还是对企业的人力资源储备来讲,作为大学生主要群体组织的学生社团亦是企业重要的利益相关者,优化学生社团与企业的关系、支持和促进学生社团的发展,不仅是企业可持续发展的需要,也是营造和谐社会环境的重要责任。

2. 企业与学生社团合作的优势

企业与高校学生社团合作是推动高校学生社团发展的创新举

---

① 2020年全国教育事业发展统计公报.http://www.sdgb.cn/274377.aspx.

措。它是指依托企业的资源和优势,整合高校学生社团与企业的资源,培养大学生全面发展所需要的内在品质、思维方式以及外在能力。这种合作是对传统高校学生社团发展理念的创新。

首先,有助于实现高校学生社团与社会企业的互利双赢。对于学生社团而言,与企业合作有助于充实和优化 KAB(Know About Business)社会知识、拓展和深化实践基地、丰富和繁荣大学校园文化氛围、推动和转化技术成果,为拓宽学生社团发展途径、丰富学生社团特色、提升学生社团声誉,打造了一个与大学生成长发展方向相吻合的综合平台。对于企业而言,学生社团对企业的宣传、企业家的现场演讲,可以使大学生了解并认可企业的理念,增强大学生对企业品牌的认同感,企业本身得到了实惠;同时,企业在互利合作的过程中,能够充分了解高校学生社团的现状和大学生成长的规律,从而在社团中挑选、吸纳优秀实用性人才为企业服务;而更高层次的意义在于,企业参与学生社团建设,推动高校学生社团的发展壮大也是企业社会责任意识强的重要体现,能够激励企业在获取经济利益的同时追求更高的价值目标。

其次,有助于充分调动学生社团发展的能动性,激发社团成员的自主创业意识。竞争是市场经济的本质属性。能够主导扶持学生社团发展的企业,往往都经过了竞争的洗礼,并形成了"没有竞争就没法生存"的观念,在这种观念的主导下,企业必然对学生社团及其成员如何适应社会竞争提出更高的要求,调动学生社团能动性,扩大社团品牌在社会上的应用和转化,使学生社团具有更广泛的生命力和影响力。就社团成员个体来说,在就业压力的社会背景下和企业的联合,可以激发他们自主创业意识,渴望以学生社团为创业平台,培养参与社会竞争相匹配的能力,在社会竞争中赢得自己的生活。[①]

---

① 马琳,孙晶晶.企业社会责任与大学生就业相关性研究.现代商贸工业,2008(10):214.

最后,有助于树立企业形象,营造良好的社会氛围。企业参与高校学生社团的发展和人才培养,可以使大学生获得丰富的社会实践机会,提升全面素质,增强社会适应能力,也可以帮助企业树立负责任的社会形象,扩大企业的软实力。学生社团和大学生的健康成长又使包括企业在内的各个社会成分看到了希望和未来,推动创新型社会氛围的形成和发展,最终使得高等教育与社会氛围之间形成一个良性的循环,达到企业和高校学生社团的资源共享,两者相互促进,共同发展。

3. 学生社团与企业合作模式的构建

高校学生社团发展理念的革新,必须从实用型、社会化角度出发,采用"总体设计、分项实施、自愿匹配、阶段考核"的原则和"引进来、走出去"的方针,从而形成学生社团与企业互利合作模式(如图 6.1)。

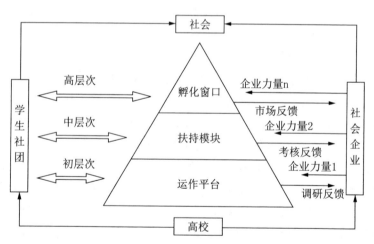

图6.1 高校学生社团与企业合作模型

第一,运作平台建设,社团企业化与企业力量初始化凸显两大优势。企业与学生社团合作模式在"金字塔"的底层"运作平台"建设上，与传统的学生社团建设模式有着明显的区别。一是在运作平台中，我们所树立的基本观点是将学生社团进行企业化运作，便于与社会企业进行融合与对接。随着市场经济的发展，社会已经不再给大学生留下毕业后适应社会的时间，社会需要的是和社会已经融为一体的人才，如今高校也在从不同的途径创造条件促进大学生的社会化，这其中，学生社团作为一个平台起到了非常重要的作用，学生社团企业化运作，必然形成学生社团小企业、小社会的现象，使大学生有更多的机会熟悉社会企业的运作方式。①二是在运作平台中，更为积极主动地引入企业力量，这也大大突破了"校内发展"的视野局限。在这个过程中，通过企业导师授课、专业技能教育以及实践实习岗位等多种形象化、实体化的内容导入，在初步合作阶段注重提高大学生的社会认知度和企业认可度。

第二，企业力量彰显，扶持模块建设双向配比。企业与学生社团合作模式"金字塔"的第二层次为扶持模块建设。在该阶段中，着力培养社团成员的综合素质与技能。与第一阶段有较大区别的是，在第二个层级中注重企业力量的导入，同时更加侧重于将学生导向社会专业化发展。在这个过程里，要以企业与学生社团的双向配比为主要方式。一是要把对企业的选择定位在大中型企业，并着力引入模块化的企业力量，如企业外联部、企业技术研发部以及企业人力资源部等具体的组织模块，而并非企业家个人；二是根据学生社团类型的选择和综合考察将其纳入某一特定模块，进行专项技能的专项化教育和针对性孵化。

第三，孵化窗口建设推优选精。企业与学生社团合作模式"金字塔"的最高层级为孵化窗口，这一层级是实现新型学生社团建设的最终目标，是实现学生社团建设品牌化和持久化发展的关键所在。孵化窗口阶段的落实主要依托企业建立三种企业力量介入方式。一是

---

① 李金明,刘尊旭.高校社团企业化运作模式初探.黑龙江高教研究,2003(6):54.

以社会企业子公司的设立为主要形式,创立以特定项目研发或服务项目开拓为主要内容的独立企业。此种形式的主要特色在于社会企业通过全资控股,独立企业的实体经营以及后续发展交由与社会企业双向配比成功的学生社团负责落实,如果学生社团在后续发展中可以较好地控制和有效运营,则可以通过认购公司股份成为公司利益的真正享有者。这种形式可以相对减少学生社团的合作风险。二是社会企业为学生社团企业化运作提供资金和技术支持,学生社团以企业化经营管理,并享有全部的资本权利或主要的资本权利;社会企业则对学生社团实体享有部分股份,并以日后获得红利或出售该股权获取投资回报。"在这个过程,除重视企业与学生社团资金联系之外的内外沟通与合作,同时高校在二者之间起着极为重要的协调者与评估者的作用。"①三是融合前两种形式而形成的方式。即在学生社团进行企业化运作中,由社会企业提供资金、技术、场地等方面支持,而学生社团则通过业务联系和定期考核为主要纽带与社会企业产生联系;学生社团发展到一定阶段后,则由学生社团实体和社会企业双向选择,由社会企业享有部分股份,来获取回报,或者是由社会企业享有学生社团实体的控股权,而学生社团实体则享有部分股份并得到一定数量的股份回购资金。

(二) 依托社区的优势推动高校学生社团发展

社区是大学的直接性外围环境,社区与学生社团的合作具有先天性的便利条件。社区与学生社团的合作中,学生社团具有专业优势、人才优势、技术优势,可以通过挂职锻炼、提供服务以及技术合作等方式参与社区建设,同时也利用社区的资源、文化、环境等方面的优势资源和力量促进学生社团的发展。

---

① 俞金波,黄文光.大学生创业类人才培养校企合作模式研究.思想教育研究,2010(5):40.

第五章　我国高校学生社团发展的引导策略

1. 依托社区的资源优势来推动学生社团发展。社区里有人才、资金和设施等方面的资源优势，可以支持学生社团的发展。人才资源的支持：社区中有丰富的来自各个行业的专家技术能手等人才资源，充分利用这些人才资源，请他们到高校学生社团参加教育活动或技术辅导，无疑可提高社团活动的方法和质量；资金的支持：就目前情况而言，高校学生社团的活动经费光靠高校的拨款是很难照顾全面的。为此，高校学生社团必须积极通过各种途径来实现经费来源的多元化，以维持活动长久地开展下去。社区可以通过一定形式进行筹集，或以社会捐赠或以有偿接受服务的形式对高校学生社团进行资金支持，提供高校学生社团活动的资金保障；设施方面的支持：社区有许多相关的设施，比如博物馆、图书馆以及一些社会教育活动中心等，高校学生社团加强与这些社区设施的联系和合作，以寻求社区设施对高校学生社团的支持和配合。高校学生社团的一部分实践活动甚至可以在这些社区设施内进行，因为对高校学生社团而言，具有这些活动的体验，将有利于培养他们的求知欲和思考能力。

2. 依托社区的文化优势来推动学生社团发展。随着以工业化为标志的现代化程度的提高，居民的独立意识及文化素质开始增强，也大大提高了社区居民的生活品位、公民意识和社会责任感，而社区文化的兴起，正是对这种状况的有力回应。社区文化是指"在一定地域内的社会共同体所反映出来的有关人的行为倾向、生活方式、风俗习惯、文化品位、生存环境等文化现象的总和。"①社区文化建设以社区为依托，发源于社区，发展在社区，通过以文化设施为载体，以丰富多彩的文化建设活动等形式，使得社会主义精神文明建设落到实处。具有健康、高尚、丰富等特殊的社区文化所产生的教育引导、凝聚激励、规范约束的文化辐射功能给高校及其学生社团以极大的影响，有

---

① 胡元林，王涛.高校学生社团社会化功能透析.教育与职业,2005(9):32—33.

助于大学生树立以为人民服务为核心的人生观、价值观,培养服务社会经济发展和文化进步的奉献精神。高校学生社团作为积极能动的文化主体,可以为丰富和繁荣校园文化进行服务。走向社会工作后,他们不仅带着所学的专业文化知识技能,而且带着对社区文化的理性认识和深厚的情感,成为公民意识的践行者和传播者。

3. 依托社区的环境优势来推动学生社团发展。学校教育是有目的、有计划、有组织地进行的,对大学生的成长起主导作用。然而,学校教育并非是教育的全部。学生的生活脱离不了社会大环境,社会环境是最大的育人课堂。高校学生社团是社会的一个组成部分,随着高校学生社团与社区的接触越来越紧密,大学生的思维、观念时刻受到社区环境的影响。社区内的图书室、博物馆、青年活动中心等教育设施是学生社团思想道德学习活动的基地。社区还可以给高校学生社团提供社会调查、职业技能培训、勤工俭学机会,引导高校学生社团深入了解和学习社会经验,适应社会发展环境。大学生要真正成才,还离不开他们所处的社区环境的熏陶。因此,只有以社区为依托,积极开展社区教育,调动学校、社区的力量,形成育人合力,优化整个社区环境,才能发挥出更大的育人效应,才能引导大学生正确认识社会,让高校学生社团积极参与社区实践活动,在投身于社区建设中,找到自己的人生坐标,是大学生全面发展不可缺少的重要内容。

(三)运用城市的资源促进高校学生社团发展

1. 城市是高校学生社团发展的资源库

托马斯·伯顿(Thomas Berton)说过:"一个没有一所重要大学的城市是一个不完整的城市。"[①]一所大学就是一个城市的"名片"。大学的出现与城市文明的诞生相伴相随,大学"聚散人才、孵化科技、

---

① Thomas Bender(eds), *The University, and the City: from Medieval Origins to the Present.* New York & Oxford University Press, 1988:212.

传播文明"的功能也使大学在城市文明进程中始终扮演着重要的角色。在信息化全球化的今天,随着我国高等教育大众化的不断深入,今天的大学已不再是一个封闭与独立的社会和空间单元,而是一个与城市互动的开放系统。城市就是大学的外在环境,大学的资源在这种互动机制中得到了更大的开拓与发挥,大学的需求也通过这种机制得到了更高质量和更高效率的满足。随着社会与经济联系的愈加紧密,大学和城市不断从这种机制中获取发展的动力,从而更加促进了大学和城市相互依存和互动互利的关系。①

学生是大学最基本的要素,是构成大学实体的重要部分。分散的学生个体的力量及其影响是十分有限的,而我们不难发现,正是高校学生社团组织的角色在其中起到了举足轻重的作用,在当代高校体系中愈加强大,日益成熟的高校学生社团组织与发展中的城市共生相依。它一方面对高校学生产生着统合、同化和凝聚的效果,另一方面也实现了个体力量简单相加之上的最大超越。高校学生社团组织是学生个体的代言,也是学生通往外部城市环境的桥梁,成为大学生与城市之间相互作用的中间媒介,它让现代大学生从城市固有基础中得到充分营养,成为高校学生社团发展的天然资源库。同样,这一桥梁和媒介作用也使得高校学生社团组织成为城市发展的不竭源泉和动力。

2. 高校学生社团也展现出城市海纳百川的精神面貌

城市的产生和发展,资源聚集的过程是关键一步,并且这个过程永不停歇,成为其永恒的价值追求。城市像一个强大的磁场,吸引着人才、资本、科技、文化等城市发展必不可少的资源,成为各类集散中心和高地是城市发展的策略。因此,城市的文化容不下封闭和禁锢,海纳百川才是城市的性格和态度。我们可以发现,城市中最能将多元文化包罗万象并且调和和谐的地方往往是高校。而在高校中,学

---

① 吕斌.大学校园空间持续成长的原理及规划方法.城市规划,2002(5):24—28.

生社团组织正是创造和调和这种文化的排头兵和主力军。

首先,学生社团成员来自不同的地域和阶层,入学之前经历各自不同的成长轨迹,因此,学生社团自形成之初便汇聚了最广泛的地域文化背景和阶层文化的烙印。随着国际交流的频繁,留学生群体日益庞大,也带来了异国文化和价值观。主要基于高考的高校录取及教育,是社会文化碰撞交融、阶层有序流动最重要的途径之一,学生社团正是这种融合之路的起点。对于学生社团来说,多元共生的局面与生俱来。其次,高校作为培养学术文化的基地,文、理、医、工等门类因各自的发展特点,各自侧重不同的风范,作为学生群体组织的学生社团除了受到高校整体精神的感知力外,在知识研习的过程中势必潜移默化地形成具有学科特色的文化,丰富多彩的学生社团活动无疑就是各个学科的文化交流与融合过程,也构成了社团文化的百花齐放特色。最后,当代高校对于学生社团的建立发展秉承越来越开放的态度,学生社团多样化,活动发展空间更为广阔,更积极地促进了校园文化的繁荣。近几年来高校的学生社团数量持续快速增加,社团发展多样化,以至于无法用原有的学术、文艺、实践、体育等笼统的大概念来分类,像复旦大学为代表的上海高校就对学生社团进行了从四大类到十七类的社团分类改革。①除了高校正式认证的学生社团以外,更为松散、灵活的甚至虚拟的学生社团等也成为校园文化不容忽视的力量。

3. 开发利用城市资源促进高校学生社团发展

第一,整合城市资源促进学生社团发展,实现多方共赢。学生社团的财政支持多半来自高校有限的拨款,其他经费来源成分并未形成适宜的比例。为了避免低成本、低质量的运行,学生社团就必须进一步拓展其经费筹措的渠道。作为高等教育领域对我国市场经济改革的一种回应,体现在学生社团的经费来源上就是将市场作为新的

---

① 王林.论高校学生社团的创新性发展.江苏高教,2010(2):118.

资源配置渠道,增加来自民间的筹资。目前我国城市资本流动性过剩,如果城市对民间资本投资教育领域给予税收优惠,那么带给学生社团的收益将是非常可观的。另一方面,一些城市的新兴产业缺少人才储备和智力支持,政府可以引导学生社团根据市场需要进行类型和专业的重组、调整,找准政府、社团和企业的共同利益点以实现多方共赢。同时,学生社团作为"市民"个体,必然受到城市精神的熏陶,正如"市民通过自己的行为方式形成了这个城市独有的精神状态,另一方面,也正是这个城市的独有的精神状态约束着这个城市市民的行为方式"。城市丰厚的土壤给学生社团的发展提供了广阔的天地。

第二,结合城市产业特点,培养特色社团,走差异化竞争道路。高校学生社团的本质是培养大学生的能力和素质,能力和素质培养的质量高低也是衡量一个社团成功与否的标准之一。在激烈竞争的学生社团中,如何突出重围,树立自己的品牌和特色?那么,扎根于本土,从城市产业经济的发展中获取源源不断的动力,走出一条差异化的道路是他们必须面对的问题。这就要求学生社团充分考虑城市经济以及专业领域对人才培养的需求,在办团思想上突出鲜明的"地方性",在人才规格、培养目标、活动设计和活动形式上有较强的为地方服务的针对性,及时了解区域经济的发展趋向,适时根据相关专业领域的发展进行调整,以便更好地服务于城市经济和行业领域,在不断满足市场需求的同时,自身得到更快的发展与提高。如美国斯坦福大学的社团发展与硅谷有着密切的联系,其中某些专业社团更是为硅谷"量身定做",像"穿 T 恤衫"俱乐部的社团目标是塑造新一代小企业家,强调开拓新科技新企业的"小企业精神"。

第三,以城市的创新带动社团的创新。城市是创新的基地,创新也是城市崛起的重要推动因素。创新能力是衡量城市核心竞争能力的重要标志。为了迎接全球竞争日益加剧和科技日新月异的挑战,伦敦、纽约、东京等全球城市纷纷制定和实施了创新计划,如纽约提出打造"世界媒体中心"、伦敦制定了"伦敦创新战略与行动计划"、东京提出建设"研究型学院城市"。上海也把增强创新能力放在突出的重要地位,提出要"率先提高自主创新能力",未来上海要塑造"亚洲创新与智慧之城",重点发展以影视、剧院、音乐、动漫、绘画等为核心的创意文化和时尚文化。创意产业的发展需要培育创意文化、创新精神,形成"敢为天下先"的开拓创业精神和鼓励创新、宽容失败的社会氛围,使创新成为城市精神的重要内涵。①高校学生社团依托城市的创新优势,从城市中汲取养分,享受城市发展的红利,以城市创新精神带动社团创新。当城市文化以特色鲜明的、推陈出新的姿态存在,高校文化和学生社团也往往被烙上所在城市的痕迹。

---

① 周国平.建设全球城市——上海未来五年发展战略.上海干部管理学院学报,2008(1):21.

结论与展望

我国高校学生社团发展涉及国家、社会、高校以及大学生需求等多方面的因素，涉及对于当前高校学生社团的历史积淀、现实困扰与发展趋势的准确把握，也涉及对国外高校学生社团发展的成功经验的学习与借鉴。这些都决定了本研究是一个非常复杂的问题。我深知，对于一个非常复杂的问题不是仅仅依靠一个一二十万字的著作就能完全解决的，本书在别人研究的基础之上得出了一些结论，并对后续的可能研究进行了初步的展望。

一、研究的主要结论

伴随着市场经济和全球化的快速发展，我国高等教育加快了改革的步伐，高校学生社团的地位和作用也愈发突出。因此，有必要全面认识和掌握高校学生社团发展的一般规律，并对其进行科学引导。然而，国内外关于探究高校学生社团发展规律的研究成果委实很少，这无疑增加了这一问题的研究难度。因而，本书在此基础上的研究成果一定是初步和建设性的。通过本研究得出的结论主要有以下几个方面：

（1）高校学生社团发展从理论上应该是一个自组织动力机制主导下的演化过程。按照自组织理论的观点，我国高校学生社团是一个自组织系统，其发展应该是通过内部动力机制来适应外部环境变化以此增加自身的有序性和组织结构的自组织系统演化过程。这种自组织的内在动力机制包括两个方面:正反馈和负反馈,一方面促使高校学生社团不断地向更高水平发展,一方面维系高校学生社团的传统性。高校学生社团能否发生自组织演化的关键还在于遵循一定的制约机制:制度性制约机制、物质性制约机制以及文化性制约机制。

(2)我国当代高校学生社团发展的实然状态,即所面临的发展困境,究其本质是高校学生社团的系统演化主要不是依靠自组织动力机制而是在他组织动力约束下的制度安排。通过分析不同阶段我国高校学生社团发展的动力特征、总结不同学者对我国当代高校学生社团发展问题的研究,概括出我国当代高校学生社团的困境,即"制度化生存",并指出我国高校学生社团发展困境的真正原因是高校和社会未能给我国高校学生社团提供自组织演化的环境和条件,从而使得其组织失去了发展动力。

(3)研究我国高校学生社团发展的一般机理就是要破解我国当代高校学生社团发展的困境,其关键在于培育我国高校学生社团自组织动力机制发展的能力。在理论分析、历史与现实的结合以及国外经验借鉴的基础上,本书认为,我国高校学生社团自组织发展需要激发我国高校学生社团发展的组织活力、完善高校对高校学生社团发展的条件以及加强对高校学生社团发展的社会支持等。

二、研究的不足之处

本书对我国高校学生社团及其发展问题进行了粗浅性的探讨,取得了一定的认识和研究成果,毫无疑问,本书必然会存在一些不足之处,敬请同行、专家的批评指正,也作为下一步研究的起点。

其一,本研究主要是对高校学生社团发展规律的揭示和发展路径的探求,对我国高校学生社团发展所处的宏观社会背景也给予了必要说明。但由于本研究是在历史变迁——机理分析——中外参照——政策建议的逻辑形式下对我国高校学生社团进行研究的,因而对我国高校学生社团所处的制度环境没有进行针对性和典型性的分析。事实上,我国高校学生社团的健康发展离不开高校的学生工作制度和国家的高等教育管理制度两个层面的制度环境。对制度环境的解读是理解我国高校学生社团发展的重要前提。限于此,本研究对这两方面虽有所涉及,但还是不够深入。

其二,本书以多种理论相结合来分析我国高校学生社团发展特征与运行机理,在此基础上提出针对性的政策和建议。显而易见,对我国高校学生社团的发展特征和运行机理进行理论分析、阐释是本文的主要特色。然而,问题皆有两面性,理论研究是本书的主要特色,同时也构成了本书的不足,即在微观层面实证研究方面的薄弱。由于我国高校学生社团发展的相关数据较少,限制了本书对于高校学生社团微观层面发展过程中各种要素之间关系的实证研究。今后本人应用更多的实证研究来进一步探究高校学生社团发展中各种激励因素、障碍因素与动力因素等。

其三,本研究局限于宏观层面对我国高校学生社团发展进行了探讨。截至 2020 年 6 月 30 日,全国高等学校共计 3 005 所,其中普通高等学校 2 740 所,含本科院校 1 258 所、高职(专科)院校 1 482 所;成人高等学校 265 所。这些高校类型繁多,按照现代高等教育体系要求和扎根中国大地办大学的要求,当前我国高等教育发展实行的是分类指导,大约有 600 多所高校都在持续探索应用转型,这些转型中的学生社团明显附带着应用转型特征,在其发展中不可避免也带有各种应用转型特征。对于转型中的学生社团发展的特征、机制及其引导策略的研究需要充足调研,列举足够的案例进行具体分析。今后需要针对这些探索应用转型的高校学生社团开展详细和深入的研究。

三、研究的展望

本研究紧紧围绕着高校学生社团发展,把理论分析与实践相融合、历史与现实相嫁接、中外同质物相参照等方法探析我国高校学生社团的发展规律,进而在此基础上所提出的引导我国高校学生社团发展的政策和建议必然是属于理想状态,会受到多方面变量和发展趋势的影响,这也是本人以后进行深入研究的重要方向之一。因此,下一步的研究将会主要聚焦于我国高校学生社团发展的若干更深层问题:

(1) 高校学生社团凝聚力问题。众所周知,高校学生社团是若干具有相同爱好和兴趣的大学生自发组成的群体,也是为了实现共同的目标而工作的团队,其凝聚力主要表现为社团对其成员的吸引力和成员之间的相互吸引力,显示着社团的活力和战斗力。高校学生社团的凝聚力直接影响着社团成员的士气,影响着社团的工作效率和创新能力,影响着社团生活的质量。因高校学生社团凝聚力的不足而导致社团运行缺乏效率,不仅是个十分重要的理论课题,而且是个正受关注的直接影响学生社团健康发展的现实问题。因此,凝聚力是高校学生社团现实社会生活中的焦点,也是决定着学生社团生存与发展的重要因素。所以,高校学生社团凝聚力研究必然将是促进高校学生社团行为合理化及提高高校学生社团工作绩效所需要深入思考的问题。

(2) 高校学生网络社团的教育引导问题。高校学生网络社团是高校学生社团发展的新形式,它既有传统大学生社团的特点,又有现代网络文化的印记,发展规模不断扩展。据近期有关部门的一项调查结果显示,从参加社团的平均数来看,大学生参与的网络社团数多于现实生活中的社团数。由此可见,网络社团已经对大学生产生了很大的影响。大学生网络社团自发而松散,有的因公益聚合,有的依靠兴趣凝集，还有的游走于道德与法律边缘，活跃在虚拟空间与现实世界之中，已经成为大学生生活、学习、娱乐的重要组织形式，极大拓宽了大学生知识交流和个性发展的空间，对大学生的心理健康、政治倾向、价值理念、思维模式、行为规范都产生了深刻而广泛的影响，同时也给高校思想政治教育工作带来了新的机遇和挑战。高校要用科学、全面、发展的眼光来审视大学生网络社团，通过采取"深入研究、掌控主动、思想引领、加强监督、横向联合"等管理策略，引导大学生网络社团进行"自转"的同时又有规律地"公转"，实现高校"育人之网"与大学生"志趣之网"的有机融合。

（3）高校学生社团发展的资金来源问题。经费资助是影响高校学生社团可持续发展的重要因素。虽然我国高校非常重视学生社团的发展，对学生社团的资助力度也很大，但是由于一些主客观方面的原因，高校可用于学生社团资助经费总体上有限，尽管高校每年对于学生社团的经费支持都在增长，但是也还是满足不了学生社团活动日益增长的开销。"巧妇难解无米之炊"，经费来源问题成为制约学生社团发展的瓶颈，使学生社团许多良好功能没有得到充分发挥，难以最大限度地满足大学生在第二课堂上的综合素质发展需求，为大学生提升综合素养搭建适当平台。活动经费是学生社团正常运转的"润滑剂"，制作宣传海报，举办文体活动，开展相关的社会实践都需要经费的支撑。目前学生社团的主要经费来源于高校的批复、成员缴纳的会费和社会赞助商的赞助，经费总量有限，缺乏持续保障，分配不均等使得一些学生社团难以实现自己成立的初衷。有的学生社团为了能有充足的活动经费，想方设法去校外拉赞助，组织成员给社会企业做宣传，这就容易引发社团成员对社团活动的积极性降低，甚至产生抵触感，导致社团应有的功能无法正常发挥。因此，应积极探索高校学生社团的经费保障制度，推动高校学生社团的可持续发展。

总之，我国高校学生社团的发展虽然面临着纷繁复杂的局面，有机遇，也有挑战。但是，高校学生社团内在的组织本质属性决定了其发展的未来之路。改革开放四十多年来的艰难历程也向世人说明，随着我国经济体制改革的不断深入，相应的政治体制改革也将成为一种必然，伴随之而来的将是制度的变迁和利益的重新分配。高等教育发展同样也面临着改革创新的时代要求，与此相适应，高校学生社团也只有在创新发展的过程中寻求自身的完善。我们一定要把握有利时机，营造宽松、平等、自由、规范的氛围，尽可能地引导我国高校学生社团在规范的环境中健康成长，发挥其思想政治教育主要阵地的作用，帮助大学生全面发展，成为社会主义合格的建设者和接班人。我们要始终相信，思考所带给我们的不只有困惑，也有希望和光明。

参考文献

［1］2009 年全国教育事业发展统计公报.http://www.sdgb.cn/ 274377.aspx.

［2］2010 年全国教育事业发展统计公报.http://www.sdgb.cn/ 274377.aspx.

［3］ACPA. American College Personnel Association［J］. Journal of College Student Development，1996(37)：2.

［4］Beverly Waters. A Yale Book of Numbers 1976—2000 Office of Institutional Research October，2001.

［5］Croll，P. & Moses，D. Ideologies and utopias：Education professionals' views of inclusion［J］. European Journal of Special Needs Education，2000(1)：1—12.

［6］Dale Parnell. Dateline 2000—New Higher Education Agenda ［M］. The Cummunity College Press，1990：94.

［7］FINAL. edu/institutional research/Provost Harvard Fact Book［EB/OL］. http://www.provost.harvard. 2010 new.pdf.

［8］Fracaroli Avenues to America's to Past：Readings in America History，with Student Activities［M］. New Jersey：Generenal Leaning Corporation press，1988：25.

［9］Freeman. R.E. Strategic Management：A Stakeholder Approach［M］. Boston Pitman Publishers，1984：26.

［10］George W. Pierson. A Yale Book of Numbers Historical

Statistics of the College and University 1701—1976[M]. Yale Historical Book Publishers, 1983:49.

[11] Hogatt. College Outcomes and Student Development: Filling the Gaps.College Student Affairs Administration[M]. Simon & Schuster Custom Publishing, 1986:62.

[12] https://apps.students.yale.edu/uor/Registered Organizations[EB/OL]1999-04-11.

[13] Jerry H. Robbins & Stirling B.Williams, Jr.Student Activities in the Innovative School[M]. Minneapolis: Burgess Publishing Co., 1969:10.

[14] John M. Hawes. Investigation of benefit for college student association actions on several aspects[J]. American Secondary Education, 1995(32):1.

[15] John S.Brubacher & Willis Rudy. Higher Education in Transition: A History of American Colleges and Universities[M]. New Brunswick and London: Transaction Publishers, 1997:189.

[16] Kapp & McKaig Student Activities in the Innovative School[M]. MinneaPolis Burgess Publishing Co., 1982:236.

[17] Lariviere. Cultural Perspeces in Student Affairs Work[J]. American College Personnel Association. hieago Press, 1990(12):47.

[18] Lipset, S.M, & Altbach. P.G Student politics and higher education in the United States[J]. Comparative Education Review, 1966(10):320—349.

[19] Maryann J. Gray, etc. Assessing Service-Learning: Results from a Survey of "Learn and Serve America Higher Education" [J]. Journal of Higher Education, 2000(32):30—39.

[20] Meyers Susan. Service Learning in Alternative Education Settings[J]. The Clearing House, 1999(2):56—57.

［21］ MIT. http://baike. baidu. com/view/673409. htm［EB/OL］，2001-08-19.

［22］ Paul W. Terry. Supervising Extra-curricular Activities in the American Secondary School［M］. New York：McGraw-Hill Book Company，1930：13—14.

［23］ Thomas Bender（eds），The University，and the City：from Medieval Origins to the Present［M］. New York & Oxford University Press，1988：212.

［24］ William W. Lyons. The importance of Institutional Mission. College Student Affairs Administration［M］. Simon & Schuster Custom Publishing，1997：53.

［25］〔德〕H·哈肯.协同学：大自然构成的奥秘［M］.凌复华译，上海：上海译文出版社，2013：7—9.

［26］〔英〕阿什比.科技发达时代的大学教育［M］.滕大春等译.北京：北京人民教育出版社，1983：21.

［27］〔美〕艾伦·布鲁姆.走向封闭的美国精神［M］.北京：中国社会科学出版社，1994：357.

［28］〔美〕伯顿·R·克拉克.探究的场所：现代大学的科研和研究生教育［M］.杭州：浙江教育出版社，2001：98—101.

［29］〔美〕伯顿·克拉克.高等教育系统——学术组织的跨国研究［M］.王承绪等译.杭州：杭州大学出版社，1994：219.

［30］蔡国春.美国高校学生事务管理的观点、实务及其启示［J］.黑龙江高教研，2002（1）：104—105.

［31］蔡红生.中美大学校园文化比较研究［M］.北京：中国科学出版社，2010（6）：26.

［32］曹乔.大学生素质教育计划实施研究［D］.西南交通大学，2010（7）：39.

［33］常艳芳.大学精神的人文视界［D］.东北师范大学，2004

(7):67.

[34] 陈莉.中国大学生组织发展研究[D].武汉:华中科技大学,2007(6):36.

[35] 陈学飞.美国高等教育发展史[M].成都:四川大学出版社,1989:103.

[36] 陈仲,吕海.按创新实践的内在需求改革高等教育[J].南方医学教育,2011(4).

[37] 辞海[M].上海:上海辞书出版社,1999:1361.

[38] 崔海英.大学生非正式组织影响力研究[M].北京:中国经济出版社,2009:89—91.

[39] 崔随庆.美国服务性学习:特征、原则及操作流程[J].外国教育研,2008(10):14.

[40] 〔美〕戴维·波普诺著,李强等译.社会学(第十版)[M].北京:中国人民大学出版社,1999:482.

[41] 〔美〕德里克·博克,乔佳义译.美国高等教育[M].北京:北京师范学院出版社,1991:45.

[42] 丁常文,蒋龙余.浅论高职学生社团活动与学生职业素养的培养[J].职业教育研究,2009(4):24.

[43] 丁秋怡.大学生社团的建设与现状研究[D].重庆师范大学,2011(6):23.

[44] 段新庄.组织行为学视角下的内部控制研究[D].河南大学,2010(5):1.

[45] 房俊东.新时期我国高校学生社团发展与对策研究[D].华南理工大学,2010(5):5.

[46] 费坚,俞锋.高校学生社团的现实困境及整合发展路径[J].黑龙江高教研究,2009(2):22.

[47] 冯大鸣.沟通与分享:中西教育管理领衔学者世纪会谈[M].上海:上海教育出版社,2002:253.

[48] 冯向东.创新源于实践[M].武汉:华中科技大学出版社,2006:49—50.

[49] 冯向东.大学职能的演变与大学的开放性[J].中国高等教育,2007(10):25.

[50] 高祥阳.学生社团——大学生思想政治教育的有效载体[J].北京支部生活,2006(4):8.

[51] 〔美〕格莱夫斯,吴康译.中世教育史[M].上海:华东师范大学出版社,2005:88.

[52] 韩巧霞,段兴立.美国高校的社会实践体系及经验借鉴[J].中国电力教育,2008(12):147.

[53] 何振.学生发展理论对我国高校学生工作的启示及应用[J].中国集体经济,2009(8):5.

[54] 〔美〕亨利·罗索夫斯.美国校园文化:学生·教授·管理[M].谢宗仙等译.济南:山东人民出版社,1996:9.

[55] 洪晓楠.科学动力学因素的函数关系分析及其启示[J].自然辩证法研究,2007(2):32.

[56] 胡继冬,高中建.高校学生社团组织属性的再认识[J].思想教育研究,2011(10):70—72.

[57] 胡建军.高校学生社团存在的问题与思考[J].黑龙江高教研究,2005(9):141—142.

[58] 胡杨,徐建军.美国大学生社会实践的经验和启示[J].中国德育,2007(10):93—95.

[59] 胡元林,王涛.高校学生社团社会化功能透析[J].教育与职业,2005(9):32—33.

[60] 贾仁安,丁荣华.系统动力学——反馈动态性复杂分析[M].北京:高等教育出版社,2002:67—69.

[61] 蒋占峰.高校思想政治理论课教师兼任辅导员的思考[J].思想理论教育导刊,2008(9):56.

[62] 教育部教育年鉴编纂委员会编.第二次中国教育年鉴[M].北京:商务印书馆,1948:230.

[63] 〔美〕金·默顿.科学社会学[M].鲁旭东,林聚任译.北京:商务印书馆,2003:293.

[64] 〔美〕金·默顿.十七世纪英格兰的科学、技术与社会[M].范岱年,吴忠,蒋效东译.北京:商务印书馆,2000:15.

[65] 隽同强.学生发展理论下的我国高校学生事务管理[D].苏州大学,2010:13—15.

[66] 克里斯汀.学生发展理论在学生事务管理中的应用——美国学生发展理论简介[J].高等教育研究,2008(3):19—27.

[67] 李朝阳.大学生社团开放性建设初探[J].江苏高教,2003(3):107—109.

[68] 李金明,刘尊旭.高校社团企业化运作模式初探[J].黑龙江高教研究,2003(6):54.

[69] 李培根.论开放式高等教育阴[J].高等教育研究,2007(9):2.

[70] 李培根.主动实践:培养大学生创新能力的关键[J].中国高等教育,2006(11):32.

[71] 李冉.中国当代学生自治研究[D].中国青年政治学院,2008(4):2.

[72] 李仁伟.高校学生社团成为大学生思想政治教育有效载体的探讨[J].辽宁工业大学学报(社会科学版),2008(3):42.

[73] 李震.高校学生社团发展对策研究[D].复旦大学,2009(6):12.

[74] 〔美〕理查德·莱特.穿过金色阳光的哈佛人[M].北京:中国轻工业出版社,2002:45—49.

[75] 厉威廉.美国近年来大学学生课外活动之发展[M].台北:幼御文化事业公司(台北),1983:12.

［76］刘健清.社团志［M］.上海:上海人民出版社,1998:2.

［77］刘颖婷.教育社会学刍议［J］.企业导报,2009(6):15.

［78］楼嘉军.高校社团文化的多重结构及特点——华东师大学生社团的现状调查［J］.当代青年研究,1987(4):11—13.

［79］吕斌.大学校园空间持续成长的原理及规划方法［J］.城市规划,2002(5):24—28.

［80］吕庆广.60年代美国学生运动［M］.南京:江苏人民出版社,2005(1):71.

［81］罗宾斯.组织行为学(第七版)［M］.北京:中国人民大学出版社,1997:166.

［82］马琳,孙晶晶.企业社会责任与大学生就业相关性研究［J］.现代商贸工业,2008(10):214.

［83］〔美〕玛丽·卢·富勒,葛兰·奥尔森,谭君华译.家庭与学校的联系——如何成功地与家长合作［M］.北京:中国轻工业出版社,2003:5.

［84］欧阳大文.中国高校学生社团的比较研究［D］.湖南:湖南师范大学,2007(5):30.

［85］彭明.五四运动史［M］.北京:人民出版社,1984:112.

［86］彭赛丰,向华.高校学生社团的非正式组织解读［J］.湘潭师范学院学报(自然科学版),2009(3):85—86.

［87］彭志越.高校学生社团中的组织承诺及其影响因素分析［J］.邵阳学院学报(社会科学),2002(5):141—143.

［88］齐秀辉,张铁男.基于生命周期企业协同能力形成的序参量分析［J］.现代管理科学,2009(11):81.

［89］邱伟光,张耀灿.思想政治教育学原理［M］.北京:高等教育出版社,1999:7.

［90］屈彩霞,王海丰.思想政治教育与高校学生社团的关系［J］.思想政治教育研究,2010(6):87—88.

[91] 邵鹏文.中国学生运动简史[M].石家庄:河北出版社,1985:13.

[92] 沈小峰,吴彤,曾国屏.自组织的哲学——一种新的自然观和科学观[M].北京:中共中央党校出版社,1993:44.

[93] 石国亮.高校学生社团发展的新趋势[J].青年探索,2009(3):4—5.

[94] 石新明.论蔡元培先生的"扶植社团"思想[J].北京科技大学学报,2001(2):31.

[95] 〔美〕史蒂芬·P.罗宾斯,孙建敏等译.组织行为学[M].北京:中国人民大学出版社,1998:166.

[96] 史华楠.校园文化学[M].北京:北京医科大学出版社,1993:213.

[97] 宋文红.世纪大学:历史描述与分析[D].华中科技大学教科院资料室,2005:67.

[98] 孙锐,王战军."自组织悖论"与社会组织进化动力辨识[J].清华大学学报(社科版),2003(6):66.

[99] 孙晔.新生代学生社团异军突起[N].中国青年报,2006-03-25.

[100] 孙志海.自组织的社会进化理论:方法与模型[M].北京:中国社会科学出版社,2004:98.

[101] 田中良.共青团对新时期高校学生社团的认识与管理[J].广西青年干部学院学报,2002(4):25—27.

[102] 团中央组织部.中国共产主义青年团章程(总则)[M].北京:中国青年出版社,2009:4.

[103] 汪流.我国体育社团改革与发展研究——中华全国体育总会及地方体育总会改革与发展的思考[D].北京体育大学,2008:6.

[104] 王晖.高校学生社团激励机制的研究[D].南京航空航天大学,2008(5):32.

[105] 王骥.论大学知识生产方式的演化——自组织理论的视角[D].华中科技大学,2009:138.

[106] 王雷.论高校学生社团党建工作的创新[J].中国成人教育,2005(4):46—47.

[107] 王莉.科技类学生社团的发展与专业素质提升[J].当代青年研究,2010(8):12.

[108] 王莉.科技类学生社团的发展与专业素质提升[J].当代青年研究,2010(8):49.

[109] 王立群.论学习型学生社团的构建与人的全面发展[J].继续教育研究,2006(1):161—163.

[110] 王林.论高校学生社团的创新性发展[J].江苏高教,2010(2):118.

[111] 王其藩.系统动力学[M].北京:清华大学出版社,1985:31—33.

[112] 王绍光,何建宇.中国的社团革命——中国人的结社版图[J].浙江学刊,2004(6):71—77.

[113] 王卫放.高校学生社团发展中的问题及对策[J].中国青年研究,2004(7):125—128.

[114] 王晓亮.激发高校学生社团活力的几点思考[J].黑龙江教育(高教研究与评估),2010(1):36.

[115] 王笑君.大学生社团状况的调查与思考[J].吉林教育科学,1999(7):59—60.

[116] 王秀芳.学生社团活动对校园文化的影响[J].南京师范大学学报,2005(9):15.

[117] 王亚娟.校本培训:未来教师继续教育的重要形式[J].陕西教育(高教版),2011(9):52—54.

[118] 王志坚.高校学生社团与和谐校园文化建设[J].教育探索,2008(6):116.

[119]吴彤.生长的旋律——自组织演化的科学[M].济南:山东教育出版社,1996:100.

[120]吴彤.自组织方法论纲[J].系统辩证学学报,2001(2):5.

[121]吴彤.自组织方法论研究[M].北京:清华大学出版社,2001:10.

[122]邢光晟,毛波杰.高校学生社团科学发展问题刍议[J].江苏高教,2010(5):125—126.

[123]熊丙奇.体制迷墙——大学问题高端访问[M].成都:天地出版社,2005:87.

[124]徐元红.论社会转型期高校学生自治的拓展[J].教育探索,2006(9):46.

[125]徐振浩.新形势下高校学生社团建设的问题与思考[J].高教与经济,2007(3):62.

[126]〔加〕许美德.中国大学1895—1995:一个文化冲突的世纪[M].北京:教育科学出版社,2000:32.

[127]许云昭,石鸥.差距与超越——中美教育比较研究[M].长沙:湖南师范大学出版社,2000(12):217.

[128]杨国忠.高校学生社团建设的理性思考[D].东北师范大学,2004(11):2.

[129]杨立德.西南联大的斯芬克司之谜[M].昆明:云南人民出版社,2005:232.

[130]耶鲁精英与骷髅会.http://man.sina.com.cn/n/2006-05-08/104128037.html.

[131]叶澜.世纪初中国教育理论发展的断想[J].华东师范大学学报(教育科学版),2001:1.

[132]〔美〕伊曼纽尔·沃勒斯坦.知识的不确定性[M].王禹等译.济南:山东大学出版社,2006:25.

[133]〔比利时〕伊·普里高津.从存在到演化:自然科学中的时

间及复杂性[M].曾庆宏等译.上海:上海科学技术出版社,1986:22.

[134]〔比利时〕伊·普里高津.非平衡系统的自组织[M].徐锡申译.北京:科学出版社,1986:58.

[135]〔法〕伊·斯唐热.从混沌到有序——人与自然的新对话[M].曾庆宏,沈小峰译.上海:上海译文出版社,2005:175.

[136] 游小培.奏定学堂章程颁行百年祭[J].浙江社会科学,2004(6):114.

[137] 俞杰,张岚.领导者:社会自组织系统的"序参量"[J].新西部,2007(18):22.

[138] 俞金波,黄文光.大学生创业类人才培养校企合作模式研究[J].思想教育研究,2010(5):40.

[139]〔美〕詹姆斯·杜德斯达.21世纪的大学[M].刘彤,屈书杰,刘向东译.北京:北京大学出版社,2005:21.

[140] 张承祖.我国高校学生社团组织研究[D].苏州大学,2007(10):45.

[141] 张家勇.美国大学的学生社团活动[J].比较教育研究,2004(4):80.

[142] 张丽娟.亚当·斯密伦理思想研究[D].西北师范大学,2009(7):29—31.

[143] 张晓芳.新疆高校学生社团建设研究[D].新疆:石河子大学,2010(6):3.

[144] 张中云.我国社团发展研究综述[J].云南大学学报,2009(5):37.

[145] 赵峰.新形势下高校学生社团引导与激励机制研究[J].辽宁行政学院学报,2012(2):140.

[146] 赵锦权.高校学生社团商业化、行政化与应对策略[J].长江大学学报(社会科学版),2010(2):233.

[147] 赵丽明.新形势下高校学生社团建设的对策[J].思想政治教育研究,2006(3):108—109.

[148] 赵孟营.组织合法性:在组织理性与事实的社会组织之间[J].北京师范大学学报(社会科学版),2005:2.

[149] 赵瑞情.中学生社团生活研究[D].华东师范大学,2008(5):21.

[150] 赵小艳.组织承诺视域高校学生社团激励机制探微[J].中国电力教育,2012(4):138.

[151] 赵玉鹏,刘则渊,许振亮.基于知识图谱的美国《科学哲学》研究前沿和热点探讨[J].科学学研究,2008(6):1168—1173.

[152] 赵玉苏.学生发展理论对高校辅导员专业化建设的启示[J].淮阴师范学院学报(哲学社会科学版),2009(11):15.

[153] 郑永廷.思想政治教育学科研究重点与难点辨析[J].思想教育研究,2007(5):3—4.

[154] 中共中央国务院中发〔2004〕16号.关于进一步加强和改进大学生思想政治教育的意见[Z].

[155] 中国大百科全书(教育卷)[M].北京:中国大百科全书出版社,1985:28.

[156] 中华人民共和国国务院令〔1998〕第250号.社会团体登记管理条例[Z].

[157] 中青联发〔2005〕5号.关于加强和改进大学生社团工作的意见[Z].

[158] 周光礼.学术自由与社会干预——大学学术自由的制度分析[M].武汉:华中科技大学出版社,2003:71.

[159] 周国平.建设全球城市——上海未来五年发展战略[J].上海干部管理学院学报,2008(1):21.

[160] 周三多.管理学——原理与方法[M].上海:复旦大学出版

社,1999:336.

[161] 朱建彬.高校共青团组织"一体两翼"工作格局探索[J].绍兴文理学院学报(教育教学研究),2003(12):30.

[162] 朱炜论.高校德育的培育性和整体性文化特征[J].江苏高教,2008(3):87.

附录一　我国高校学生社团发展状况的网络调查问卷(前期调研)

一、基 本 信 息

1. 您的性别是?(　　　)

A 女　　　　　　B 男

2. 您所在的年级是?(　　　)

A 大一　　　　　B 大二　　　　　C 大三　　　　　D 大四

3. 您的政治面貌是?(　　　)

A 群众　　　　　B 共青团员　　　　C 中共党员　　　D 其他党派

4. 您所学专业属于?(　　　)

A 文史哲类　　　B 工商、管理和法学类

C 教育类　　　　D 理工农医类　　E 体育艺术类

二、调 研 信 息

(一) 加入学生社团情况

1. 您目前加入了几个学生社团?(　　　)

A 1 个　　　　　B 2 个　　　　　C 3 个　　　　　D 4 个及以上

E 1 个都没有

2. 您所在的学生社团大概有多少会员?(　　　)

A 30 人以下　　B 31 至 60 人　C 61 至 100 人

D 101 人至 200 人　　　　　　E 200 人以上

3. 您所在的学生社团成立了多长时间?(　　)

A 不到 1 年　B 2 至 3 年　　C 4 至 5 年　　D 6 至 9 年

E 10 年及以上

4. 您加入的学生社团都属于什么类型?(　　)(可多选)

A 思想理论型　B 学术科技型　C 社会服务型　D 文体休闲型

E 国防军事型　F 能力拓展型　G 其他(请注明)＿＿＿＿＿＿

5. 您加入学生社团的主要动机是什么?(　　)(可多选)

A 寻求一个学习交流的平台　　B 培养和发展自己的兴趣爱好

C 扩大自己的交际面　　　　　D 锻炼自己的能力

E 获取荣誉和学分　　　　　　F 丰富大学生活

G 随大流,看大家参加我也参加

H 其他(请注明)＿＿＿＿＿＿＿＿＿＿＿＿＿＿＿＿

6. 您通过什么样的途径了解相关学生社团并加入?(　　　)

A 社团招新

B 老师或学长学姐推荐

C 学院或班级组织加入

D 社团海报、微信推送等宣传途径

E 其他(请注明)＿＿＿＿＿＿＿＿＿＿＿＿＿＿＿

7. 您所加入当前学生社团已有多长时间?

A 半年以内　　B 半年至一年　C 一年至一年半

D 一年半至两年　　　　E 两年以上

8. 您认为加入学生社团对自身全面发展影响如何?(　　)

A 作用很大　　　　　　B 作用一般

C 作用很小　　　　　　D 纯属浪费时间

9. 加入学生社团后,您认为自身在哪些方面获得了提升?(　　　)
(可多选)

　　A 人际交往方面　　　　　　B 组织协调方面

C 语言表达方面　　　　　　D 当众演讲方面

E 兴趣爱好方面　　　　　　F 自我管理方面

G 其他(请注明)＿＿＿＿＿＿＿＿＿＿＿＿＿＿＿＿

10. 目前为止,您认为自己加入学生社团的初衷实现了吗?(　　　)

A 完全实现　　　　　　　　B 实现了一大部分

C 实现了一小部分　　　　　D 基本没有实现

E 完全没有实现

(二)学生社团组织开展活动情况

11. 您所加入的学生社团,每学期组织活动的频率大约是?(　　　)

A 没有开展活动　　　　　　B 1 至 2 次

C 3 至 4 次　　　　　　　　D 5 至 6 次

E 7 次及以上

12. 您所加入的学生社团,组织开展活动的目的是什么?(　　　)
(可多选)

　　A 完成学校、团委或院系安排的任务

　　B 社团的传统活动

　　C 为会员提供做事和交流的平台

　　D 培养和发展会员的兴趣爱好

　　E 锻炼和提升会员各方面的能力

　　F 加强校园文化建设

　　G 其他(请注明)＿＿＿＿＿＿＿＿＿＿＿＿＿＿

13. 面对学生社团所组织的活动,您的态度是什么?(　　　)

　　A 能够积极主动参与　　　　B 参与但兴趣一般

　　C 被迫参与　　　　　　　　D 基本不参与

14. 您认为学生社团所组织的活动对学生的学习有影响吗?
(　　　)

　　A 社团活动花费时间较多,影响学习

B 社团活动花费时间虽多,但不影响学习

C 社团活动可以与学习相结合,相辅相成

15. 您所加入的学生社团,对所组织的活动一般如何宣传?( )(可多选)

A 团委和社联等官方推送   B 自制海报、宣传页等

C 学校主干道等地设置宣传台 D 自己社团的微信、微博等

E 利用课间等时机去各个教室放宣传视频

F 其他(请注明)_____

16. 对于您所加入学生社团组织策划的活动,您的总体评价是什么?( )

A 活动精心组织,有吸引力,参加人数众多

B 延续老传统,形式老套,会员积极性一般

C 应付上级安排任务,缺乏吸引力,强制会员参与

D 活动安排较少,名存实亡

E 不参与,不关注

17. 您的学生社团,在举办活动时会遇到哪些方面的困难?( )(可多选)

A 活动经费不足

B 活动场地缺乏

C 没有老师指导或老师指导力度不够

D 同学们积极性不高

E 社团负责人能力有限,制约社团发展

F 其他(请注明)_____

18. 您所加入的学生社团,开展活动一般在什么地方举行?( )

A 本社团有自己固定的活动场所

B 校团委设置的活动中心

C 学院团委设置的活动中心

D 临时申请的教室

E 其他(请注明)_____

(三) 学生社团经费来源及使用情况

19. 您所加入的学生社团,其活动经费主要来源是什么?(　　　)

A 社团会员所缴会费　　　　　B 社联或团委拨款

C 挂靠学院资助　　　　　　　D 社团拉外联自筹经费

E 社会团体资助　　　　　　　F 其他(请注明)_____

20. 您所参与的学生社团,是否会将经费使用情况定期向所有会员公布?(　　　)

A 是　　　　　B 否　　　　　C 不清楚

21. 您所参与的学生社团,活动经费预算是否会写到活动策划书里?(　　　)

A 是　　　　　B 否　　　　　C 不清楚

22. 您所参与的学生社团,如何决定经费使用情况?(　　　)

A 所有花销需要报请指导老师批准

B 由社团主要负责人决定

C 全体会员召开大会共同讨论

D 谁找来的钱谁说了算

E 不清楚

F 其他(请注明)_____

23. 您所加入的学生社团,是否有专人负责社团的财务和固定资产?(　　　)

A 是　　　　　B 否　　　　　C 不清楚

(四) 学生社团管理情况

24. 您所在的学生社团有自己固定的办公或开会场所吗?(　　　)

A 是　　　　　B 否

25. 您所参与的社团如何保存以前的活动资料和相关文件的?
( )

   A 保留在固定活动场所的电脑和档案柜里

   B 没有固定活动场所,保留在社团公共硬盘和网盘里

   C 没有固定活动场所,由每届社团负责人个人进行保存

   D 不保存

26. 您所参与的学生社团是否有相应的指导教师?( )

   A 没有指导教师　　　　　B 有一名指导教师

   C 有两名指导教师　　　　D 有两名以上指导教师

27. 您认为学生社团的指导教师应该在哪些方面给予指导和帮助?( )(可多选)

   A 指导社团明确自身定位,确立自身发展目标

   B 指导社团活动的策划、申请和实施

   C 指导社团主要负责人规范内部的管理

   D 帮助社团扩大在校内外的影响力

   E 帮助社团解决经费、活动场所等临时性困难

   F 其他(请注明)_____

28. 您所参与社团如何来增强社团内部成员的凝聚力?( )
(可多选)

   A 定期召开例会,增加交流

   B 定期举办活动,以活动凝聚人心

   C 举办素质拓展、聚餐等团建活动

   D 社团主要负责人内部之间交流频繁,不太关注普通会员

   E 没采取过什么方式,社团一盘散沙

   F 其他(请注明)_____

29. 您所参与的学生社团是否有自己的社团章程或规章制度?
( )

   A 没有社团章程或规章制度

B 有,但形同虚设,没什么指导效果

C 有,但比较笼统,指导效果一般

D 有,且比较详细,指导效果良好

30. 您认为您所参与社团在管理上存在的主要问题有哪些?（　　）(可多选)

A 社团内部组织机构混乱　　　B 社团风气差,官僚化倾向

C 存在乱收费现象　　　　　　D 管理松散,凝聚力不强

E 其他(请注明)_____

31. 您所参与的学生社团组织架构形式如何?（　　）

A 两级制(主要负责人——会员)

B 三级制(主要负责人——各部门或小组——会员)

C 四级制(理事会——主要负责人——各部门或小组——会员)

D 其他(请注明)_____

32. 您所参与的是如何完成换届选举的?（　　）

A 个人自荐,民主选举　　　　B 指导老师推荐

C 社团上届社团干部推荐　　　D 社团管理部门认定

E 其他(请注明)_____

33. 您怎样看待学生社团和学生会的关系?（　　）

A 二者平行关系,都隶属于团委

B 二者隶属关系,学生会协助团委管理社团

C 二者竞争关系,二者在资源、人员等方面存在竞争

D 其他(请注明)_____

(五)学生社团对外交流情况

34. 您所参与的学生社团是否有聘请校外的相关人员担任自身的指导老师?（　　）

A 没有　　　　B 有　　　　C 不清楚

35. 您所参与的学生社团与本校其他社团或学生组织共同举办

过活动吗?(　　)

　　A 完全没有

　　B 有,但次数很少,一学期1至2次

　　C 有,相对频繁,一学期3至4次

　　D 有,比较频繁,每个月都有

　　36. 您所参与的学生社团与其他高校兄弟社团合作交流情况如何?(　　)

　　A 完全没有

　　B 有,但次数很少,一学期1至2次

　　C 有,相对频繁,一学期3至4次

　　D 有,比较频繁,每个月都有

　　37. 您所参与的学生社团是否去校外开展过相关活动吗?(　　)

　　A 完全没有

　　B 有,但次数很少,一学期1至2次

　　C 有,相对频繁,一学期3至4次

　　D 有,比较频繁,每个月都有

　　38. 您所在的学生社团是否有校外共建单位,与相关单位开展长期合作?(　　)

　　A 没有　　　　　B 有　　　　　C 不清楚

(六) 学生社团发展情况

　　39. 您所在的高校,整体社团发展态势如何?(　　)(可多选)

　　A 新增不少社团,社团数量不断增多

　　B 社团越分越细,类型不断丰富

　　C 更加注重个性发展,注重打造品牌活动

　　D 管理更加规范、民主

　　E 逐步走出校园,活动范围扩展到社会

　　F 学校不重视,学校社团正在逐渐减少

G 其他(请注明)_____

40. 您所在的学生社团(或社团举办活动)获得过什么层次的奖励?(   )(按最高级别选)

A 获得国家级、省级荣誉　　　　B 获得过市、厅级荣誉

C 获得过校级荣誉　　　　　　　D 获得过院系荣誉

E 未获得过荣誉　　　　　　　　F 不清楚

41. 您所在的学生社团会员的流失率大概是多少?(   )(按换届时会员退出情况计算)

A 小于30%　　　　　　　　　　B 30%至50%

C 50%至70%　　　　　　　　　D 70%以上

E 还没有经历

42. 您所参与的学生社团如何制定自身的发展目标?(   )

A 学校团委和社联等管理部门预先安排,结合社团自身特点遵照执行

B 吸纳指导老师意见,听取广大会员民意,社团主要负责人共同协商制定

C 完全由指导老师制定,听命于老师

D 由社团主要负责人提出相关观点,大家商讨决定

E 由社团主要负责人提出并制定实施

F 没有什么发展目标,随大流

43. 您认为制约学生社团发展的外部因素有哪些?(   )(可多选)

A 学校不重视社团活动,学生积极性受挫

B 社团管理部门管理指导不够,发展缓慢

C 没有配备专业的指导老师,或虽有指导老师但起不到相应的作用

D 活动经费缺乏,开展活动困难

E 没有固定活动场所,活动效果或次数难以保证

F 其他(请注明)_____

44. 您认为制约学生社团发展的内部因素有哪些? (　　　)(可多选)

A 社团发展定位不准,发展目标模糊

B 社团内部制度不完善,管理松散

C 社团内部缺乏凝聚力和向心力,人心不齐

D 社团主要负责人能力水平有限,不能带领社团向前发展

E 社团组织策划活动水平较低,缺乏吸引力

F 其他(请注明)_____

45. 社团文化是一个社团发展的灵魂,您认为应该从哪些方面努力来促进学生社团文化的发展?

_____

_____

46. 您认为学生社团的发展,应该得到学校哪些方面的支持?

_____

_____

47. 您对学生社团的未来发展,有哪些好的建议,请写在下面。

_____

_____

_____

附录二　我国高校学生社团发展访谈提纲

一、社团普通会员访谈提纲

1. 您加入的学生社团名称是什么？是什么类型的社团？

2. 您加入学生社团的主要目的是什么？

3. 从目前来看,您加入学生社团的初衷是否实现了？

4. 您对所加入学生社团了解多少？在换届时是否想要继续留在该社团？

5. 您在所加入的学生社团中是否感受到了凝聚力和向心力？一般通过什么形式来增强社团的凝聚力和向心力？

6. 您在所加入的学生社团,社团文化是什么？表现在哪些方面？

7. 您认为一个成功的社团,关键在于哪些方面？

8. 您所在的学生社团,是否有自己的特色品牌活动？如有的话,谈谈是如何打造的？其影响力如何？

9. 您认为学校层面对学生社团发展的重视程度如何？采取了哪些措施来促进社团的发展？

10. 您所加入的社团指导老师作用发挥得大吗？指导老师一般在哪些方面进行指导？

11. 您认为学生社团与学生会、班集体等其他学生组织相比,有什么区别？如果可以选择的话,您更想加入哪个学生组织？

12. 对于社团的发展,您是否提出过自己的意见或建议？得到的反馈如何？

13. 您对所加入的学生社团如何评价？为了社团更好的发展，您认为需要在哪些方面做出改变或努力？

二、社团会长和社团主要负责人访谈提纲

1. 您目前在社团里担任的职务是什么？担任多长时间了？

2. 您是如何成为社团会长（副会长等）？具体的换届流程是什么？

3. 您所在的社团成立多长时间了？目前有多少会员？社团的组织架构如何？

4. 您对自己社团的发展历史了解吗？该社团成立的初衷是什么？

5. 社团现在的发展愿景是什么？社团的文化是什么？

6. 您认为您成为社团会长（副会长等）主要优势是什么？

7. 社团工作会影响到您的学业吗？您如何处理社团工作和学习之间的关系？

8. 您认为社团负责人和普通会员之间是什么关系？您平时是如何处理的？

9. 您所在社团的常规活动和特色活动是什么？每次活动如何开展？

10. 社团开展活动的资金、场地等问题如何解决？

11. 作为社团主要负责人，您认为社团应该满足社团会员的哪些方面的期待？本社团做得如何？

12. 您在担任社团主要负责人期间，工作上遇到的最大问题是什么？如何解决的？

13. 您在担任社团主要负责人期间，自身素质有哪些方面的提高？主要收获是什么？

14. 您所在学生社团的指导老师在社团发展、社团活动等方面起到了什么作用？

15. 您认为当前制约社团发展的主要障碍是什么？您认为社团在哪些方面做出改革，才能更具吸引力和发展潜力？

三、社团指导老师访谈提纲

1. 您的本职工作是什么？您是如何成为学生社团的指导老师的？担任了有多长时间？

2. 担任学生社团指导老师您是主动的、自愿的？还是服从上级安排？

3. 您担任学生社团指导老师在计算绩效工资、工作量、课时量等方面上是否有所体现？您如何看待这个问题？

4. 您指导了几个学生社团？名称是什么？

5. 您是如何指导学生社团发展的？（可从社团定位、制度建设、社团文化、活动开展、主要负责人培养等方面谈起）

6. 您认为对于学生社团发展应该从哪些维度（标准）来进行评价？您如何评价目前指导的学生社团？

7. 对于学生社团开展的活动，您是如何指导的？您会亲临现场吗？

8. 在您是心目中，什么样的学生社团可以算得上优秀学生社团？

9. 您所指导的学生社团，与校外团体有无联系？您是如何监管的？

10. 您所指导的学生社团在发展上面临的最大问题是什么？您认为有什么好的解决方法吗？

11. 您认为学生参加社团的意义体现在哪些方面？一般能否达到目的？

12. 您所在高校的学生社团整体发展情况如何？

13. 您在指导学生社团发展过程中有什么心得体会？困惑有哪些？

14. 您所指导的学生社团在涉及经费支出、物资购买等方面您是如何处理的？是由您说了算还是您给出参考意见由社团内部决定？

15. 您针对自身所指导的学生发展问题是否有过深入的思考？面对未来发展您是如何规划与引导？

四、社团联合会学生干部访谈提纲

1. 您在社联干了多长时间？目前的职务是什么？具体负责什么工作？

2. 除了社联，您还参加了其他学生社团了吗？

3. 您所在高校目前有多少社团？可以归纳为几大类型？

4. 社联对学校学生社团如何管理？具体做法是什么？

5. 您认为您所在高校学生社团整体发展情况如何？面临的共性问题有哪些？

6. 您认为社联在学生社团发展过程中应该起到什么作用？具体情况如何？

7. 您遇到过解散的社团吗？具体原因是什么？

8. 您心目中的好社团应该是什么样子的？

9. 您认为当下学生社团发展有什么特点？

10. 您认为院级社团和校级社团有什么区别？

11. 针对学校社团整体情况，您认为还需要成立什么新的社团来满足学生期待？

12. 您认为当前社联在指导学生社团发展方面还存在哪些问题？怎么做可以更好地促进社团发展？

五、高校团委社团工作负责人访谈提纲

1. 您负责学生社团方面的工作大概多长时间了？

2. 从事社团工作中您认为遇到的最大的挑战是什么？

3. 您对所在高校学生社团发展历史和现状认为如何？（可从发展历史、社团类型、活动形式、时间安排、资金投入、活动场地、活动效果、指导老师等方面谈起）

4. 您认为当前制约高校学生社团发展的因素有哪些？

5. 作为社团的管理单位，团委针对当前学生社团发展状况，如何从宏观上和具体做法上引导学生社团健康发展？具体做法是什么？（可从目标愿景、制度政策、发展思路、措施抓手等方面谈起）

6. 您认为一个优秀社团应具备什么条件？学校如何评选出优秀学生社团？具体评选办法和标准是什么？

7. 您认为当前高校学生社团发展有哪些新的发展趋势和特点？

8. 您所在高校成立一个新的社团需要具备哪些条件？具体流程是什么？

9. 您所在高校团委会对社团主要负责人定期进行培训吗？会指导社团的团建吗？

10. 与区域内兄弟高校相比，您所在的高校学生社团具有什么优势和劣势？

11. 您如何看待社团文化？

12. 学校层面如何看待学生社团在促进学生成长成才、繁荣校园文化等方面的作用？

13. 您认为高校团委和社联在学生社团发展中应起到什么作用？

14. 您所在高校团委在管理社团上所坚持的主要原则是什么？

15. 您所在高校如何配备社团指导老师？是否有需改进地方？如有，具体在哪些方面？

附录三　高校学生社团发展影响因素的访谈提纲

1. 受访者基本信息登记(所属高校、性别、年龄、职务、专业背景)

2. 请问您是从何时开始从事学生社团的管理工作?

3. 请问贵校哪些促进学生社团发展方面有比较突出的表现? 如果有的话,这些学生社团分别开展了哪些具体工作? (请逐个说明,如各学生社团有重复性工作也请逐一说明)

4. 请您结合自身的工作经验,谈一谈有哪些因素影响着贵校的学生社团发展?

5. 请问您认为贵校在学生社团发展方面还存在哪些不足或问题? 造成这些不足或问题的原因是什么? 应该如何改善这些不足或问题?

6. 请问您认为还有哪些影响高校学生社团发展的相关因素?

7. 请问您在从事高校学生社团发展期间有哪些心得体会? 如果有的话,请您结合典型案例详细描述?

附录四 高校学生社团发展影响因素的调查问卷

您好！

非常感谢您参加此次调查！我们正在进行一项关于高校学生社团发展影响因素的调查，以便为高校加强学生社团发展提供依据，进而有效提升高校学生社团活动的实效，希望得到您的大力支持和积极配合。根据《中华人民共和国统计法》第十五条"属于私人、家庭的单向调查资料，非经本人同意，不得泄露"的规定。我们对您提供的所有资料严格保密，希望您不要有任何顾虑。

请按照您的实际情况填写，或在符合您实际情况的选项上打"√"

第一部分 填表人基本情况

1. 您的性别：□男 □女

2. 您的年级：□大一 □大二 □大三 □大四 □研一 □研二 □研三 □博士研究生

3. 您所在社团的种类：
□思想理论类 □科技创新类 □能力拓展类 □社会服务类 □文体休闲类 □国防军事类 □其他类

4. 您加入社团的时长：
□不足1年 □1—2年 □3—4年 □4年以上

5. 你在社团中的职务情况：
□会长 □副会长 □部长 □未任职

附录四　高校学生社团发展影响因素的调查问卷

6.您所在的社团名称_____,成立于_____年。

第二部分　高校学生社团发展影响因素调查。

您认为以下因素在多大程度上影响了高校学生社团发展？请在相应数值上画"√"。1表示完全不重要,2表示不太重要,3表示基本重要,4表示比较重要,5表示非常重要。

完全不重要——→非常重要

序号	学术研究专用,请务必如实填写	1	2	3	4	5
1	社团的制度建设					
2	社团会长的个人魅力					
3	社团活动的质量					
4	指导教师的配置					
5	社团内部的凝聚力					
6	社团的办公场地					
7	社团会长的责任心					
8	指导教师对社团工作的投入					
9	社团的集中展示平台					
10	社团内部的组织结构					
11	对指导教师的激励					
12	社团的活动场地					
13	社团成员共同的价值观					
14	社团自身的品牌活动					
15	指导教师的专业性					
16	团委对社团的指导					
17	社团会长的社团发展理念					
18	社团的衍生文化产品					

序号	学术研究专用,请务必如实填写	1	2	3	4	5
19	指导教师的社团发展理念					
20	学校的导向					
21	社团的内部运营经费					
22	社联对社团的管理					
23	网络新媒体的影响					
24	社团挂靠单位对社团发展的指导					
25	社团的外联经费					

您认为还有哪些因素可以补充_____

(问卷结束,再次感谢您的合作!)

图书在版编目(CIP)数据

我国高校学生社团发展研究/胡继冬著.—上海：
上海三联书店,2023.8
ISBN 978-7-5426-7623-8

Ⅰ.①我… Ⅱ.①胡… Ⅲ.①大学生-社会团体-研
究-中国 Ⅳ.①G645.57

中国版本图书馆 CIP 数据核字(2021)第 237971 号

我国高校学生社团发展研究

著　　者 / 胡继冬

责任编辑 / 郑秀艳
装帧设计 / 一本好书
监　　制 / 姚　军
责任校对 / 王凌霄

出版发行 / 上海三联书店
　　　　　(200030)中国上海市漕溪北路 331 号 A 座 6 楼
邮　　箱 / sdxsanlian@sina.com
邮购电话 / 021－22895540
印　　刷 / 上海惠敦印务科技有限公司

版　　次 / 2023 年 8 月第 1 版
印　　次 / 2023 年 8 月第 1 次印刷
开　　本 / 890 mm×1240 mm　1/32
字　　数 / 210 千字
印　　张 / 8.125
书　　号 / ISBN 978－7－5426－7623－8/G·1624
定　　价 / 60.00 元

敬启读者,如发现本书有印装质量问题,请与印刷厂联系 021－63779028